国土空间生态保护与修复分区研究

周 兴　陈务开　邓兴礼　钟锦玲　著

广西科学技术出版社

·南宁·

图书在版编目（CIP）数据

国土空间生态保护与修复分区研究 / 周兴等著 .

南宁：广西科学技术出版社，2024. 8. --ISBN 978-7
-5551-2255-5

Ⅰ. F129.9；X321.2

中国国家版本馆 CIP 数据核字第 2024XD2641 号

GUOTU KONGJIAN SHENGTAI BAOHU YU XIUFU FENQU YANJIU

国土空间生态保护与修复分区研究

周兴　陈务开　邓兴礼　钟锦玲　著

责任编辑：丘　平　　　　　　　　　装帧设计：梁　良

责任校对：苏深灿　　　　　　　　　责任印制：陆　弟

出 版 人：岑　刚　　　　　　　　　出版发行：广西科学技术出版社

社　　　址：广西南宁市东葛路 66 号　　邮政编码：530023

网　　　址：http : //www.gxkjs.com

经　　　销：全国各地新华书店

印　　　刷：广西民族印刷包装集团有限公司

开　　　本：787 mm × 1092 mm　　1/16

字　　　数：240 千字

印　　　张：13.75

版　　　次：2024 年 8 月第 1 版

印　　　次：2024 年 8 月第 1 次印刷

书　　　号：ISBN 978-7-5551-2255-5

定　　　价：60.00 元

前　言

　　国土空间生态保护与修复是生态文明建设的重要内容。国土空间生态保护与修复分区是国土空间生态保护与修复的基础工作，是加强国土空间生态管理的重要技术手段。本书探讨了国土空间生态保护与修复分区的理论方法及应用，包括两篇，共八章。

　　上篇为国土空间生态保护关键区域划分篇，包括第一～四章。第一章分析了国土空间生态保护关键区域划分的目的和意义。第二章介绍了国外和国内对国土空间生态保护关键区域的研究概况。第三章探讨了国土空间生态保护关键区域的概念、理论基础、原则和思路，以及基于国土空间生态保护重要性评价的国土空间生态保护关键区域划分的具体方法。第四章以广西为例，对广西国土空间生态保护重要性进行了评价，明确了广西国土空间生态保护重要性分级及空间分布，并以国土空间生态保护重要性评价为主要依据，采用 GIS 空间叠加集成方法，通过综合分析后将广西国土空间生态保护关键区域划分为山地生态保护关键区域和海岸带生态保护关键区域两大类，每大类下分具体的生态保护关键区域，共52片。其中，山地生态保护关键区域45片，海岸带生态保护关键区域7片。此外，还分析了每片生态保护关键区域的空间分布及特征，并对广西国土空间生态保护关键区域提出了具体的保护策略。

　　下篇为国土空间生态修复分区篇，包括第五～八章。第五章分析了国土空间生态修复分区的目的和意义。第六章介绍了国外和国内对国土空间生态修复分区的研究概况。第七章探讨了国土空间生态修复分区的概念、理论基础、原则和思路，以及基于国土空间生态功能衰退度和生态功能恢复力评价的国土空间生态修复分区的具体方法。第八章以河池市为例，对河池市国土空间生态功能衰退度与生态功能恢复力进行了评价，明确了河池市国土空间生态功能衰退度和生态功能恢复力分级及空间分布，并以国土空间生态功能衰退度与生态功能恢复力评价为主要依据，采用 GIS 空间叠加法与互斥矩阵模型相结合的方法，通过综合分析后将河池市国土空间生态修复分区划分为生态重点保育区、生态优化提升区、生态改良重建区、生态重点治理区 4 种类型。此外，还分析了每类生态修复区的空间分布及特征，并对河池市国土空间生态修复分区提出了具体的管控措施。

本书的出版得到了南宁师范大学自然资源与测绘学院、北部湾环境演变与资源利用教育部重点实验室和广西地表过程与智能模拟重点实验室的资助，在撰写和资料收集的过程中得到了广西各级政府相关部门的大力支持和帮助，在此一并表示最诚挚的谢意！

由于著者学术水平有限，本书的错误和不妥之处在所难免，敬请读者批评指正。

著者

2024 年 3 月

目 录

上篇 国土空间生态保护关键区域划分

下篇　国土空间生态修复分区

上篇
国土空间生态保护关键区域划分

第一章　国土空间生态保护关键区域划分的目的和意义

第一节　国土空间生态保护关键区域划分的目的

一、国土空间生态保护关键区域划分是维护国土空间生态安全的重要举措

国土空间是生态文明建设的空间载体，协调好经济发展与生态文明建设之间的平衡是中国未来经济社会可持续发展的关键。党的十八大报告提出：大力推进生态文明建设；优化国土空间开发格局，构建科学合理的城市化格局、农业发展格局、生态安全格局。党的十九大报告提出：加快生态文明体制改革，建设美丽中国；加大生态系统保护力度；实施重要生态系统保护和修复重大工程，优化生态安全屏障体系。党的二十大报告提出：推动绿色发展，促进人与自然和谐共生；提升生态系统多样性、稳定性、持续性；以国家重点生态功能区、生态保护红线、自然保护地等为重点，加快实施重要生态系统保护和修复重大工程。2023 年 12 月 27 日发布的《中共中央　国务院关于全面推进美丽中国建设的意见》提出：全面推进美丽中国建设，加快推进人与自然和谐共生的现代化；稳固国家生态安全屏障，推进国家重点生态功能区、重要生态廊道保护建设。国土空间生态保护关键区域是国家或区域生态安全的重要组成部分，划分国土空间生态保护关键区域并严格保护，不仅有利于维护国土空间生态安全，也有利于推进美丽中国建设。

二、国土空间生态保护关键区域划分是促进可持续发展的有力保障

国土空间生态保护关键区域划分是守护自然生态，保育自然资源，保护生物多样性与地质地貌景观多样性，维护自然生态系统健康稳定，提高生态系统服务功能，为人民提供优质生态产品，维持人与自然和谐共生并永续发展的有力保障。

三、国土空间生态保护关键区域划分能为国土空间生态保护提供科学依据

国土空间生态保护关键区域划分的目的之一是明确对国土空间生态安全有重要影响的关键区域，并提出保护对策，为国土空间生态保护、维护生态安全提供科学依据。

第二节 国土空间生态保护关键区域划分的意义

一、理论意义

国土空间生态保护是国土空间研究的重要内容。本研究探讨国土空间生态保护关键区域的基本概念，国土空间生态保护关键区域划分的理论基础，国土空间生态保护关键区域划分的原则、思路和具体方法，有助于丰富国土空间生态保护研究内容，具有重要理论价值。

二、实践意义

通过对广西国土空间生态保护重要性研究，并以此为依据划分广西国土空间生态保护关键区域，提出有针对性的保护策略，可为广西国土空间生态保护、维护广西国土空间生态安全提供依据，具有重要的实践意义。另外，本研究所采用的广西国土空间生态保护关键区域划分方法，可以为其他地区开展国土空间生态保护关键区域研究提供参考思路和借鉴。

第二章　国土空间生态保护关键区域的研究概况

第一节　国外研究概况

　　国外最早关于国土空间生态保护关键区域的研究是生物多样性保护关键区研究。美国最早开展了生态关键区方面的研究。早在1973年，美国的《濒危物种法》为保障濒危物种及受威胁物种正常的需要和生存，划定了一系列的关键栖息地，这些栖息地被称为"关键区（Critical Areas）"。1984年，保护基金会（The Conservation Foundation）正式提出了"生态关键区（Ecologically Critical Area）"这一说法，并将"生态关键区"定义为具有独特服务功能，相对其他的区域来说通常比较脆弱的区域。Myers（1988）在分析热带雨林受威胁程度的基础上，提出了"热点地区"的概念，并在2000年提出了全球生物多样性保护的25个优先的热点地区。世界自然基金会（World Wide Fund For Nature）主持的"全球200"计划中，根据稀有物种的丰富度、分类学上具有特征意义的物种丰富度、特有种集中分布及其生境严重丧失的程度，以生态区为基本单位将全球划分为233个热点地区。2004年，保护国际（Conservation Internation）重新评估了全球生物资源，最终确定了全球34个生物多样性保护热点地区。Rouget等（2003）基于GIS（地理信息系统）进行了区域生物多样性保护的热点空间研究。Vimal等（2012）从稀有物种的高保护栖息地、高生态完整性地域、整个区域的景观多样性等方面探讨了生物多样性保护的敏感性空间。

　　在水安全防护空间辨识方面，Vos等（2010）通过区域关键性水安全防护空间的辨识，对湿地生态系统规划了一个适应区，以应对气候变化造成的影响。Brouwer和Van Ek（2004）通过辨识关键性水安全防护空间，分析了对其保护恢复所带来的生态、社会和经济影响。在水土流失防护空间辨识方面，Zagasa等（2011）基于GIS技术，利用通用流失方程（USLE），辨识了希腊奥林匹斯山的关键性水土流失防护空间。

第二节 国内研究概况

国内最早关于国土空间生态保护关键区域的研究也是生物多样性保护关键区域（也称"生物多样性保护优先区域"或"生物多样性保护热点地区"）研究。陈灵芝等（1993）根据生物多样性的丰富程度、特有程度、受威胁程度、经济价值4个评估原则，确定中国生物多样性保护关键地区共35个。2010年9月，国务院审议通过的《中国生物多样性保护战略与行动计划（2011—2030年）》，综合考虑生态系统类型的代表性、特有程度、特殊生态功能，以及物种的丰富程度、珍稀濒危程度、受威胁因素、地区代表性、经济用途、科学研究价值、分布数据的可获得性等因素，划定了35个生物多样性保护优先区域（包括32个陆地生物多样性保护优先区域和3个海洋生物多样性保护优先区域）。王瑞安等（2014）根据贵州省生物多样性的现状，选取了生境质量指数、物种多样性指数和景观多样性指数为评价参数，借助空间相关分析方法确定了贵州省生物多样性保护热点地区，共有6个。

国内全面开展国土空间生态保护关键区域研究的成果是《全国生态功能区划》和《全国主体功能区规划》。2008年，环境保护部和中国科学院联合发布了《全国生态功能区划》。2015年，环境保护部和中国科学院发布了《全国生态功能区划（修编版）》，它根据区域生态系统格局、生态环境敏感性及生态系统服务功能的空间分异规律，在全国范围内划分了3类生态功能一级区、9类生态功能二级区、242个三级生态功能区，并以水源涵养、土壤保持、防风固沙、生物多样性保护和洪水调蓄5类主导生态调节功能为基础，确定了63个全国重要生态功能区。在这之后，各省（自治区、直辖市）也开展了本行政区的生态功能区划，并确定了重要生态功能区。2010年，国务院发布《全国主体功能区规划》，根据资源环境承载能力、现有开发密度和发展潜力，统筹考虑未来我国人口分布、经济布局、国土利用和城镇化格局，对我国国土空间进行了布局：按开发内容将我国国土空间划分为城市化地区、农产品主产区和重点生态功能区；按开发方式划分为优化开发、重点开发、限制开发和禁止开发4类主体功能区。其中，优化开发区域有3个；重点开发区域有18个；限制开发区域分农产品主产区和重点生态功能区2类，农产品主产区7个，重点生态功能区25个；禁止开发区域为依法设立的各类自然保护区域。在这之后，各省（自治区、直辖市）也开展了本行政区的主体功能区规划，并确定了重点生态功能区。

　　俞孔坚等（2012）基于大量国家基础地理信息数据对国土尺度上的主要生态过程进行分析评价和基于专家调查的归纳研究，构建了由 11 个关键生态区和 4 条主要河流生态廊道组成的中国国土生态安全格局。许尔琪等（2015）通过整合《全国生态功能区划》《全国主体功能区规划》《国土生态安全格局》《国家级公益林区划界定办法》《全国防沙治沙规划（2011—2020 年）》《全国重要江河湖泊水功能区划（2011—2030 年）》《全国水土保持规划（2015—2030 年）》等文献资料，划分中国核心生态空间，包括水源涵养区、土壤保持区、防风固沙带、洪水调蓄区、河岸防护带、生物多样性保护区 6 种类型区。

第三章 国土空间生态保护关键区域划分的理论与方法

第一节 国土空间生态保护关键区域的概念

一、国土空间

根据自然资源部办公厅 2020 年发布的《省级国土空间规划编制指南》（试行），国土空间指国家主权与主权权利管辖下的地域空间，包括陆地国土空间和海洋国土空间。

二、国土空间生态保护关键区域

关于国土空间生态保护关键区域的概念，迄今尚未得到统一的界定，但是国内已提出相关的概念。《全国生态功能区划》（2008 a，2015 b）提出了"重要生态功能区"的概念。重要生态功能区是指在保持流域、区域生态平衡，减轻自然灾害，确保国家和地区生态环境安全方面具有重要作用的区域，涵盖了生物多样性保护、水源涵养、土壤保持、防风固沙、洪水调蓄等重要生态功能保护区，包括江河源头区、水源涵养区、江河洪水调蓄区、重要渔业水域、防风固沙区和水土保持重点预防保护区与重点监督区。《全国主体功能区规划》（2010）提出了"重点生态功能区"的概念。重点生态功能区指承担水源涵养、水土保持、防风固沙和生物多样性维护等重要生态功能，关系全国或较大范围区域的生态安全，需要在国土空间开发中限制进行大规模、高强度的工业化和城镇化开发，以保持并提高生态产品供给能力的区域。许尔琪等（2015）提出了国家核心生态空间的概念。国家核心生态空间是一些占地较少却具有关键生态系统功能的区域和空间，是维护国土生态安全，维持生态系统功能最关键、不可替代的区域，也是保障国土生态安全的生态红线；国家核心生态空间被界定为水源涵养区、土壤保持区、防风固沙带、洪水调蓄区、河岸防护带和生物多样性保护区 6 个具有重要生态功能的分区。谢花林等（2018）提出了"关键性生态空间"的概念。关键性生态空间是保障区域水资源安全、生物多样性安全、地质灾害防护安全、水土保持安全，维护区域景观格局完整性和连续性的基础性用地空间。梁秋平等（2021）提出了"重要生态空间"的概念。重要生态空间专指生态产品供给能力较强、环境调节功能较强，以及生物保育等生态服务价值突出，具有特殊重要生态功能、必须严格保护的空间区域。重要生态空间主要包含两个领域：一是生态产品供给范畴，通常包括具有重要水源涵养、生物多样性维护、水土保持、防风固沙、海岸生态稳定等功能的部分；二是生态环境敏感脆弱类型，主要涉及水土流失、土地沙化、石漠化、海岸侵蚀等问题性空间。这些概念强调了国土空间生态保护关键区域是在确保国家和地区生态安全方面具有重要作用的区域，包括生态系统服务功能重要的区域和生态环境敏感脆弱的区域。

国土空间生态保护关键区域划分的目的是明确对国土空间生态安全有重要影响的关键区域并提出保护对策，以利于维护国土空间生态安全，促进人与自然和谐共生以及区域可持续发展。基于这个目的，研究者对国土空间生态保护关键区域的概念进行界定。国土空间生态保护关键区域指生态系统服务功能极重要、生态极脆弱、自然景观最独特、关系到国家或区域生态安全的区域。生态系统服务功能极重要区域包括水源涵养功能极重要区、水土保持功能极重要区、生物多样性维护功能极重要区、防风固沙功能极重要区、海岸防护功能极重要区，这些区域是自然生态系统最重要区域，也是生物多样性最富集的区域。生态极脆弱区域包括水土流失极脆弱区域、石漠化极脆弱区域、土地沙化极脆弱区域，这些区域是水土流失、石漠化、土地沙化等生态问题治理的重点区域。自然景观最独特区域包括地质地貌景观最独特区域、水体景观最独特区域、生物景观最独特区域，这些区域是自然遗产最精华、自然风景最优美区域。国土空间生态保护关键区域的自然保护地数量多且面积大、生态公益林面积大，在保持国土空间生态平衡、防止和减轻自然灾害、维护生态安全等方面具有极其重要的作用。

按照生态系统服务主导功能，国土空间生态保护关键区域有单功能区域，如水源涵养生态保护关键区域、水土保持生态保护关键区域、生物多样性维护生态保护关键区域、防风固沙生态保护关键区域等；也有多功能区域，如水源涵养与生物多样性维护关键区域、水土保持与生物多样性维护关键区域等。按照生态系统类型，国土空间生态保护关键区域可分为森林生态系统生态保护关键区域、草地生态系统生态保护关键区域、沙漠生态系统生态保护关键区域、湿地生态系统生态保护关键区域、海洋生态系统生态保护关键区域等类型。按照地带性分布，国土空间生态保护关键区域可分为热带生态保护关键区域、亚热带生态保护关键区域、温带生态保护关键区域。按照地貌分布，国土空间生态保护关键区域可分为山地丘陵生态保护关键区域、平原生态保护关键区域、海岸带生态保护关键区域。

第二节　国土空间生态保护关键区域划分的理论基础

一、生态文明建设理论

近年来，有学者对生态文明建设的概念进行了探讨，认为生态文明建设是指以生态规律为行为准则，综合运用政治、经济、文化、社会和自然的方法，依照生态系统管理的原理，建设以资源环境承载力为基础，以增强可持续发展能力和维护生态正义为根本目标的资源节约型、环境友好型和生态健康型文明社会（杨朝霞，2014）。

2012 年 11 月 8 日召开的党的十八大指出，大力推进生态文明建设。2015 年 4 月 25 日发布的《中共中央　国务院关于加快推进生态文明建设的意见》指出：生态文明建设是中国特色社会主义事业的重要内容，关系人民福祉，关乎民族未来；把生态文明建设放在突出的战略位置，融入经济建设、政治建设、文化建设、社会建设各方面和全过程，协同推进新型工业化、信息化、城镇化、农业现代化和绿色化，以健全生态文明制度体系为重点，优化国土空间开发格局，全面促进资源节约利用，加大自然生态系统和环境保护力度，大力推进绿色发展、循环发展、低碳发展，弘扬生态文化，倡导绿色生活，加快建设美丽中国，使蓝天常在、青山常在、绿水常在，实现中华民族永续发展。

划分国土空间生态保护关键区域并落实保护措施是国土空间开发格局优化和自然生态系统保护的重要内容。因此，要用生态文明建设理论来指导国土空间生态保护关键区域研究。

二、生态安全理论

生态安全是 20 世纪 90 年代初国际上出现的研究领域，它是国家安全的重要组成部分。生态安全是指人类赖以生存和发展的生态环境处于健康和可持续发展状态，即该地区的自然生态系统功能和过程能够满足持续生存与发展需求，同时又不损害自然生态环境发展的支撑潜力（陈国阶，2002；贾良清等，2005）。生态安全是随着人类社会与经济的发展，人类施加于环境的压力不断增大以致生态承载能力失衡，并对社会经济发展构成严重威胁而提出来的一种与政治安全、国防安全、经济安全和粮食安全同等重要的安全概念。从可持续发展角度来看，它是一个国家或地区安全与发展的重要基石和组成部分（贾良清等，2005；曲格平，2002；肖笃宁，2002；郭中伟，2001）。

构建并保护好国土生态安全格局是维护生态安全的重要内容。国土生态安全格局即针对国土空间中的生态环境问题，在应对气候变化和人类活动干扰的基础上，能够维持生态系统结构和过程的完整性，实现对生态环境问题有效控制和持续改善的区域性国土空间格局（傅伯杰，2019）。划分并保护国土空间生态保护关键区域是优化区域性国土空间格局的内容之一，能够维持生态系统结构和过程的完整性，使对生态安全有重要影响的生态系统得到有效保护。

国土空间生态保护关键区域是国土生态安全格局的重要组成部分，保护好国土空间生态保护关键区域是维护生态安全的重要措施。因此，利用生态安全理论来指导国土空间生态保护关键区域研究具有重要的意义。

三、生态系统服务功能理论

生态系统服务功能是指生态系统与生态过程所形成及维持的人类赖以生存的自然环境条件与效用（Daily，1997；欧阳志云等，1999）。它不仅包括各类生态系统为人类所提供的食物、医药及其他工农业生产的原料，更重要的是支撑与维持地球的生命支持系统，维持生命物质的生物地化循环与水文循环，维持生物物种与遗传的多样性，净化环境，维持大气化学的平衡与稳定（欧阳志云等，1999）。生态系统服务功能是人类生存与现代文明的基础，人类在发展社会经济的同时必须保护生态系统服务功能，维护其生命支持系统的良性循环（欧阳志云等，1999）。

生态系统服务功能分类体系较多，国内外学者已提出了相关的分类体系（Daily，1997；Costanza 等，1997；Moberg 等，1999；欧阳志云等，1999；刘纪远等，2009）。生态系统服务功能分类系统是由联合国的千年生态系统评估（The Millennium Ecosystem Assessment，简称 MA）工作组提出的分类系统，目前已得到国际社会广泛认可。MA 的生态系统服务功能分类系统将主要服务功能类型归纳为产品提供、调节、文化和支持 4 个大的功能组。产品提供功能是指生态系统生产或提供的产品；调节功能是指调节人类生态环境的生态系统服务功能；文化功能是指人们通过精神感受、知识获取、主观印象、消遣娱乐和美学体验从生态系统中获得的非物质利益；支持功能是保证其他所有生态系统服务功能提供所必需的基础功能（欧阳志云等，2009）。国内学者谢高地（2015）将生态系统服务类型概括为供给服务、调节服务、支持服务、文化服务 4 个一级类型，在一级类型之下进一步划分出 11 个二级类型。其中，供给服务包括食物生产、原材料生产和水资源供给 3 个二级类型；调节服务包括气体调节、气候调节、净化环境、水文调节 4 个二级类型；支持服务包括土壤保持、维持养分循环、维持生物多样性 3 个二级类型；文化服务则主要为提供美学景观服务 1 个二级类型。

当前，生态系统服务功能研究的热点是生态系统服务功能重要性评价和生态系统服务价值评价。生态系统服务功能重要性评价包括水源涵养功能重要性评价、水土保持功能重要性评价、生物多样性维护功能重要性评价、防风固沙功能重要性评价、海岸防护功能重要性评价等。国土空间生态保护关键区域是指水源涵养功能极重要区域、水土保持功能极重要区域、生物多样性维护功能极重要区域、防风固沙功能极重要区域、海岸防护功能极重要区域。因此，利用生态系统服务功能理论来指导国土空间生态保护关键区域研究具有重要意义。

第三节　国土空间生态保护关键区域划分
的原则和思路

一、国土空间生态保护关键区域划分的原则

（一）科学划分原则

在具体实践中，可采取两种方式：一是以构建国家或区域生态安全格局、维护国土空间生态安全为目标，采取定量评估与定性判定相结合的方法划分国土空间生态保护关键区域；二是以国土空间生态保护重要性评价结果为基础来划分国土空间生态保护关键区域。

（二）整体保护原则

要有整体保护的概念，统筹考虑自然生态整体性和系统性，结合山脉、河流、地貌单元、植被等自然边界及生态廊道的连通性，合理划定国土空间生态保护关键

区域，避免生境破碎化，加强跨区域间国土空间生态保护关键区域的有序衔接。

二、国土空间生态保护关键区域划分的思路

面向保障国土空间生态安全的要求，以增强国土空间水源涵养、水土保持、生物多样性维护、防风固沙、提供优美自然景观等功能为目标，以国土空间生态保护重要性评价（包括生态系统服务功能重要性评价、生态脆弱性评价、自然景观独特性评价、自然保护地和生态公益林评价）结果为基础，利用地理信息系统（GIS）技术，采用空间叠置集成方法，将生态系统服务功能极重要、生态极脆弱、自然景观最独特、自然保护地分布集中、生态公益林连片分布且面积大、对保障国土空间生态安全具有重要作用的区域列为国土空间生态保护关键区域。统筹考虑自然生态整体性和系统性，明确国土空间生态保护关键区域分布范围，分析国土空间生态保护关键区域的特征，提出国土空间生态保护关键区域的保护策略。

第四节 国土空间生态保护关键区域划分的方法

一、国土空间生态保护重要性评价方法

国土空间生态保护重要性评价是对国土空间生态保护重要性程度进行评价，根据生态保护重要性评价结果一般划分为极重要区、重要区和一般区3种类型。通常，极重要区的生态保护等级高，生态系统的完整性和连通性好；重要区的生态保护等级较高，生态系统具有一定的完整性和连通性；而一般区的生态保护等级低，生态系统人工属性突出。通过评价识别生态保护极重要区，可为国土空间生态保护关键区域划分提供依据。国土空间生态保护重要性评价主要包括生态系统服务功能重要性评价、生态脆弱性评价、自然景观独特性评价。生态系统服务功能越重要，生态脆弱性越高，自然景观独特性越高，且生态系统完整性越好，生态保护重要性等级就越高。

（一）生态系统服务功能重要性评价

生态系统服务功能重要性评价是对生态系统服务功能重要性程度进行评价，通

13

过评价，识别生态系统服务功能重要性等级，划出生态系统服务功能极重要区。

生态系统服务功能重要性评价主要包括水源涵养功能重要性评价、水土保持功能重要性评价、生物多样性维护功能重要性评价、防风固沙功能重要性评价、海岸防护功能重要性评价。生态系统服务功能重要性评价可采用《生态功能区划暂行规程》（国家环境保护总局，2003）、《生态保护红线划定指南》（环境保护部、国家发展改革委，2017）、《资源环境承载能力和国土空间开发适宜性评价指南（试行）》（自然资源部，2020）等规程和指南中的相关方法。

1. 水源涵养功能重要性评价

水源涵养功能重要性评价比较常用的是水量平衡法，用以评价水源涵养量，从而评价生态系统水源涵养功能的相对重要程度。水源涵养量的计算方法如式（3-1）所示（环境保护部，2017）。

$$TQ=\sum_{i=1}^{j}(P_i-R_i-ET_i)\times A_i\times 10^3 \qquad \text{式（3-1）}$$

式中，TQ 为总水源涵养量；P_i 为降水量；R_i 为地表径流量；ET_i 为蒸散量；A_i 为 i 类生态系统面积；i 为研究区第 i 类生态系统类型；j 为研究区生态系统类型数。

地表径流量的计算方法如式（3-2）所示。

$$R=(P\times a) \qquad \text{式（3-2）}$$

式中，R 为地表径流；P 为多年平均降水量；$α$ 为平均地表径流系数。

降水量大于蒸散量较多，且地表径流量相对较小的区域，水源涵养功能重要性较高。森林、灌丛、草地和湿地等生态较好的区域，由于地表径流量小，水源涵养功能相对较高。一般来说，将累积水源涵养量最高的前 50% 区域确定为水源涵养极重要区。在此基础上，结合大江大河源头区、饮用水水源地等边界进行适当修正（自然资源部，2020）。

2. 水土保持功能重要性评价

方法一：采用修正通用土壤流失方程（RUSLE）得到研究区域水土保持量，从而进行水土保持功能重要性评价。水土保持量计算方法如式（3-3）所示（环境保护部，2017）。

$$A=R\times K\times L\times S\times(1-C) \qquad \text{式（3-3）}$$

式中，A 为水土保持量；R 为降雨侵蚀力因子；K 为土壤可蚀性因子；L 为坡长因子；S 为坡度因子；C 为植被覆盖因子。通过模型计算，得到水土保持能力指数栅格图，再利用地理信息系统软件的重分类工具，将水土保持功能重要性分为 3 级，即极重要区、重要区和一般区（环境保护部，2017）。

方法二：通过识别生态系统类型、植被覆盖度和地形特征的差异，评价生态系统水土保持功能的相对重要程度。一般来说，森林、灌丛、草地生态系统水土保持功能相对较高；植被覆盖度越高、坡度越大的区域，水土保持功能重要性越高。将坡度不小于 25° 且植被覆盖度不小于 80% 的森林、灌丛和草地确定为水土保持极重要区；在此范围外，将坡度不小于 15° 且植被覆盖度不小于 60% 的森林、灌丛和草地确定为水土保持重要区。在此基础上，结合水土保持相关规划和专项成果，进行适当修正（自然资源部，2020）。

3. 生物多样性维护功能重要性评价

方法一：生物多样性维护功能重要性在生态系统、物种和遗传资源 3 个层次进行评价。在生态系统层次方面，将原生性和完整性高，需要优先保护的森林、灌丛、草地、内陆湿地、荒漠、海洋等生态系统评定为生物多样性维护极重要区，其他需要保护的生态系统评定为生物多样性维护重要区。在物种层次方面，将国家级重点保护野生动植物的分布区域，确定为生物多样性维护极重要区；将省级重点保护物种集中分布区域，确定为生物多样性维护重要区。在遗传资源层次方面，将重要野生的农作物、水产、畜牧等种质资源的主要天然分布区域，确定为生物多样性维护极重要区（自然资源部，2020）。

方法二：以生物多样性维护服务能力指数作为评价指标，计算方法如式（3-4）所示。

$$S_{bio} = NPP_{mean} \times F_{pre} \times F_{tem} \times F_{alt} \qquad 式（3-4）$$

式中，S_{bio} 为生物多样性维护服务能力指数；NPP_{mean} 为多年植被净初级生产力平均值；F_{pre} 为多年平均降水量；F_{tem} 为多年平均气温；F_{alt} 为海拔因子。通过模型计算，得到生物多样性维护服务能力指数栅格图，再利用地理信息系统软件的重分类工具将生物多样性维护功能重要性分为 3 级，即极重要区、重要区和一般区（环境保护部，2017）。

4. 防风固沙功能重要性评价

通过识别干旱、半干旱地区生态系统类型，以及大风天数、植被覆盖度和土壤砂粒含量，评价生态系统防风固沙功能的相对重要程度。一般来说，森林、灌丛、草地等生态系统防风固沙功能相对较高；大风天数较多、植被覆盖度较高、土壤砂粒含量高的区域，防风固沙功能较高。将土壤砂粒含量不小于 85%、大风天数不小于 30 天、植被覆盖度不小于 15% 的森林、灌丛、草地生态系统确定为防风固沙极重要区；在此范围外，土壤砂粒含量不小于 65%、大风天数不小于 20 天、植被覆盖度不小于 10% 的森林、灌丛、草地生态系统确定为防风固沙重要区。在此基础上，结合防沙治沙相关规划和专项成果，进行适当修正（自然资源部，2020）。

5. 海岸防护功能重要性评价

通过识别沿海防护林、红树林、盐沼等生物防护区域以及基岩、砂质海岸等物理防护区域，评价海岸防护功能的相对重要程度。将原真性和完整性高、需要优先保护的区域确定为海岸防护极重要区，区域范围自海岸线向陆地缓冲一定区域，向海区域则根据自然地理边界确定（自然资源部，2020）。

（二）生态脆弱性评价

生态脆弱性是指在特定空间区域内，在自然或人类活动的驱动下，生态环境所表现出的易变性，这种变化往往是向不利于人类生存、发展、利用的方向发展（周嘉慧等，2008）。生态脆弱性评价是对生态脆弱性程度进行评价，通过评价识别生态脆弱性等级，划出生态极脆弱区。生态脆弱性评价主要包括水土流失脆弱性评价、石漠化脆弱性评价、土地沙化脆弱性评价。生态脆弱性评价可采用《生态功能区划暂行规程》（国家环境保护总局，2003）、《生态保护红线划定指南》（环境保护部、国家发展改革委，2017）、《资源环境承载能力和国土空间开发适宜性评价指南（试行）》（自然资源部，2020）等规程和指南中的相关方法。

1. 水土流失脆弱性评价

方法一：利用水土流失调查监测的最新成果来确定不同的脆弱性区域，水力侵蚀强度为剧烈和极强烈的区域确定为水土流失极脆弱区，强烈和中度的区域确定为水土流失脆弱区（自然资源部，2020）。

方法二：根据通用水土流失方程的基本原理，选取降雨侵蚀力、土壤可蚀性、坡长坡度和地表植被覆盖等指标，将反映各因素对水土流失脆弱性的单因子评估数据，用地理信息系统技术进行乘积运算。水土流失脆弱性指数的计算方法如式（3-5）所示。

$$SS_i = \sqrt[4]{R_i \times K_i \times LS_i \times C_i} \qquad 式（3-5）$$

式中，SS_i 为 i 空间单元水土流失脆弱性指数；R_i 为降雨侵蚀力；K_i 为土壤可蚀性；LS_i 为坡长坡度；C_i 为地表植被覆盖。通过模型计算，得到水土流失脆弱性指数栅格图，再利用地理信息系统软件的重分类工具，将水土流失脆弱性分为 3 级，即极脆弱区、脆弱区和一般区（环境保护部，2017）。

2. 石漠化脆弱性评价

方法一：利用石漠化调查监测的最新成果来确定不同的脆弱性区域，石漠化监测为极重度和重度的区域确定为石漠化极脆弱区，中度区域确定为脆弱区（自然资源部，2020）。

方法二：根据石漠化形成机理，选取岩性、地形坡度、土地利用、植被覆盖度等指标构建石漠化脆弱性评价指标体系。石漠化脆弱性指数的计算方法如式（3-6）所示。

$$SS_j = \sum_{i=1}^{4} C_{(ij)} W_i \qquad 式（3-6）$$

式中，SS_j 为 j 空间单元石漠化脆弱性指数；$C_{(ij)}$ 为 i 指标在 j 空间单元的脆弱性等级值；W_i 为影响石漠化因子的权重。通过模型计算，得到石漠化脆弱性指数栅格图，再利用地理信息系统软件的重分类工具，将石漠化脆弱性分为 3 级，即极脆弱区、脆弱区和一般区。

3. 土地沙化脆弱性评价

方法一：利用土地沙化调查监测的最新成果来确定不同的脆弱性区域，风力侵蚀强度为剧烈和极强烈的区域确定为土地沙化极脆弱区，强烈和中度的区域确定为土地沙化脆弱区（自然资源部，2020）。

方法二：选取干燥度指数、起风沙天数、土壤质地、植被覆盖度等指标，计算土地沙化脆弱性指数，计算方法如式（3-7）所示。

$$D_i = \sqrt[4]{I_i \times W_i \times K_i \times C_i} \qquad 式（3-7）$$

式中，D_i 为 i 空间单元土地沙化脆弱性指数；I_i 为干燥度指数；W_i 为起风沙天数；K_i 为 i 空间单元土壤质地；C_i 为 i 空间单元植被覆盖度。通过模型计算，得到土地沙化脆弱性指数栅格图，再利用地理信息系统软件的重分类工具，将土地沙化脆弱性分为 3 级，即极脆弱区、脆弱区和一般区（环境保护部，2017）。

（三）自然景观独特性评价

自然景观指地表的自然景色，包括形态、结构、色彩等（毛文水，2001）。自然景观可以分为地形地貌景观、地质景观、水体景观、生物景观，以及综合景观。自然景观独特性评价是对自然景观独特性程度进行评价，通过评价识别自然景观独特性等级，划出自然景观独特性极高区域和独特性高区域。将具有世界级和国家级自然景观资源的区域确定为自然景观独特性极高区域，将具有省（自治区、直辖市）级自然景观资源的区域确定为自然景观独特性高区域。国土空间中自然景观独特性极高的区域，它的科学价值和美学价值极高，是国土空间生态保护关键区域。

（四）自然保护地与生态公益林分析

根据中共中央办公厅、国务院办公厅 2019 年 6 月 26 日印发的《关于建立以国家公园为主体的自然保护地体系的指导意见》，自然保护地是由各级政府依法划定或确认，对重要的自然生态系统、自然遗迹、自然景观及其所承载的自然资源、生态功能和文化价值实施长期保护的陆域或海域。自然保护地包括国家公园、自然保护区、自然公园。国家公园是指以保护具有国家代表性的自然生态系统为主要目的，实现自然资源科学保护和合理利用的特定陆域或海域，是我国自然生态系统中最重要、自然景观最独特、自然遗产最精华、生物多样性最富集的部分，保护范围大，生态过程完整，具有全球价值、国家象征，国民认同度高。自然保护区是指保护典型的自然生态系统、珍稀濒危野生动植物种的天然集中分布区、有特殊意义的自然遗迹的区域；具有较大面积，确保主要保护对象安全，维持和恢复珍稀濒危野生动植物种群数量及其赖以生存的栖息环境。自然公园是指保护着重要的自然生态系统、自然遗迹和自然景观，具有生态、观赏、文化和科学价值，且可持续利用的区域；确保森林、海洋、湿地、水域、冰川、草原、生物等珍贵自然资源，以及所承载的景观、地质地貌和文化多样性得到有效保护；包括森林公园、地质公园、海洋公园、湿地公园等各类自然公园。通过分析自然保护地的类型、数量、面积、空间分布等特征，为国土空间生态保护关键区域划分提供依据。

生态公益林是指以维护和改善生态环境，保持生态平衡，保护生物多样性等满足人类社会的生态、社会需求和可持续发展为主体功能，主要提供公益性、社会性产品或服务的森林、林木、林地（国家质量技术监督局，2001）。生态公益林分为国家级、省级和市县级公益林。其中，国家级公益林是指生态区位极为重要或生态状况极为脆弱，对国土生态安全、生物多样性保护和经济社会可持续发展具有重要作用，以发挥森林生态和社会服务功能为主要经营目的的防护林和特种用途林（国家林业局，2017）。生态公益林主要分布在江河源头、江河两岸、自然保护地、湿地和水库周边、边境、荒漠化和水土流失严重地区、沿海防护林基干林带和红树林区。通过分析生态公益林的级别、面积、空间分布等特征，为国土空间生态保护关键区域划分提供依据。

二、国土空间生态保护关键区域划分的具体方法

（一）基于单一生态要素保护的国土空间生态保护关键区域划分方法

1.基于生态系统服务功能重要性的划分方法

根据生态系统服务功能重要性评价结果，将水源涵养功能极重要区、水土保持功能极重要区、生物多样性维护功能极重要区、防风固沙功能极重要区、海岸防护功能极重要区划为生态保护关键区域，分别绘制空间分布图。

2.基于生态脆弱性的划分方法

根据生态脆弱性评价结果，将水土流失极脆弱区、石漠化极脆弱区、土地沙化极脆弱区划为生态保护关键区域，分别绘制空间分布图。

3.基于自然景观独特性的划分方法

根据自然景观独特性评价结果，将自然景观独特性极高区域划为生态保护关键区域，绘制空间分布图。

4.基于自然保护地和生态公益林的划分方法

根据自然保护地和生态公益林的分析结果，将自然保护地和生态公益林集中分布区域划为生态保护关键区域，绘制空间分布图。

（二）集成各个生态要素保护的国土空间生态保护关键区域划分方法

采用地理信息系统技术，将基于生态系统服务功能重要性、生态脆弱性、自然景观独特性、自然保护地、生态公益林等生态保护要素分别划分的国土空间生态保护关键区域进行空间叠加分析，即可得到综合生态保护要素的国土空间生态保护关键区域。考虑到各种生态保护要素都是极为重要的，在单一生态保护要素的生态保护关键区域的叠加过程中采取等权叠加方法，某一区域只要为基于一个生态保护要素的生态保护关键区域即视为国土空间生态保护关键区域。统筹考虑自然生态整体性和系统性，确定国土空间生态保护关键区域分布范围，绘制国土空间生态保护关键区域分布图并量算面积，即可最终形成国土空间生态保护关键区域划分方案。

第四章 广西国土空间生态保护关键区域划分

第一节 广西概况

一、自然环境概况

（一）地理位置

广西地处祖国南疆，位于北纬 20°54′ ～ 26°23′，东经 104°26′ ～ 112°04′，东西长约 770 km，南北宽约 610 km。广西土地总面积 23.76 万 km²，占全国国土总面积的 2.5%。南临北部湾，东连广东省，东北接湖南省，西北靠贵州省，西邻云南省，西南与越南社会主义共和国毗邻。

（二）地质与地貌

广西的地层发育较全，自元古界至第四系均有出露。其中，以古生界泥盆系、石炭系和中生界三叠系为主，古生界寒武系次之。就总体而论，沉积岩占绝对优势，各时期的岩浆岩只占广西土地总面积的 8.6%。沉积岩中，有碳酸盐岩和非碳酸盐岩两大类，碳酸盐岩主要为灰岩，次为白云岩。碳酸盐岩在广西分布广泛，占全区土地总面积的 37.8%，为喀斯特地貌的发育提供了良好的物质基础；非碳酸盐岩有砾岩、砂岩、页岩和泥岩及少量的变质岩（片麻岩和千枚岩）。岩浆岩有侵入岩和喷出岩两类，以侵入岩分布的面积为广。侵入岩主要为花岗岩；喷出岩有流纹岩、石英斑岩、橄榄玄武岩、细碧岩、角斑岩和火山碎屑岩等，面积较小，多为零星分布。

广西地处云贵高原东南边缘，地势由西北向东南倾斜。四周多为海拔 1 000 m 以上的山地、高原，中部为海拔 200 m 以下的平原、盆地，形成周高中低的盆地形状。北部山地有凤凰山、九万大山、大苗山、大南山、天平山、猫儿山、越城岭，海拔 1 000 ～ 2 000 m。东北部山地有海洋山、都庞岭、萌渚岭、花山、大桂山，海拔 900 ～ 1 900 m。西北部山地有金钟山、芩王老山、青龙山、东风岭，组成云贵高原的南缘，海拔 1 000 ～ 1 800 m。西南部山地有十万大山、大青山、公母山等，平均海拔约 1 000 m。西部为喀斯特高原，海拔约 1 000 m，高原之上有六韶山。东南部山地有云开大山、大容山、六万大山，海拔 700 ~ 1 100 m。中部山地有架桥岭、大瑶山、莲花山、镇龙山、大明山、都阳山，海拔 800 ~ 1 600 m。因受中部弧形山脉（架桥岭、大瑶山、莲花山 – 都阳山、大明山、镇龙山）的分隔，盆地又分为几个部分：弧形山脉内缘，以柳州为中心的桂中盆地；弧形山脉外缘，沿右江、郁江和浔江分布着右江盆地、南宁盆地、郁江平原和浔江平原。广西山多平原少，山地、丘陵和石山占广西土地总面积 69.7%，平原和台地占广西土地总面积 26.9%，水域占广西土地总面积 3.4%。

广西碳酸盐岩分布面积 7.88 万 km²，占广西土地总面积的 37.8%，是世界上典型的喀斯特山区之一。喀斯特地貌类型有峰丛洼地、峰林谷地和孤峰平原，峰丛洼地主要分布在桂西北，峰林谷地主要分布在桂东北和桂西南，孤峰平原主要分布在桂东南。

广西南部濒临北部湾，大陆海岸东起合浦县的洗米河口，西至中越交界的北仑河口，全长 1 628.59 km。海岸线曲折，类型多样。其中，南流江口、钦江口为三角洲型海岸，铁山港、大风江口、茅岭江口、防城河口为溺谷型海岸。钦州、防城港两市沿海为山地型海岸，北海为台地型海岸。沿海有众多岛屿，其中涠洲岛面积最大。

（三）气候与水文

广西地处低纬度地区，南濒热带海洋，属亚热带季风气候区域，夏热冬暖，夏长冬短，热量丰富。年平均气温 17 ~ 22℃，日平均气温 ≥ 10℃活动积温 5 000 ~ 8 000℃，持续日数 270 ~ 330 天，无霜期长达 280 ~ 360 天，南部有些地方终年无霜。广西降水丰富，年平均降水量为 1 200 ~ 1 800 mm，比全国平均降水量 630 mm 高出 1 倍多。年平均降水量最多的东兴市可达 2 823 mm，降水最少的田阳区也有 1 100 mm。但降水时空分布不均匀，在地域分布上以北部、南部、东部多，中部、西部少，在季节分配上表现为夏多冬少。夏半年（5—9 月），降水量约占全年降水量的 75% ~ 80%；冬半年（每年 10 月至翌年 4 月），降水量只占 20% ~ 25%，形成明显的雨季和旱季。雨热同季，一般水热系数在 2.0 左右，属湿润和半湿润气候。

广西境内河流众多，流域面积在 50 km² 以上的河流有 986 条，其中流域面积在 1 000 km² 以上的河流有 69 条。广西河流分属珠江流域西江水系，桂南沿海、粤西沿海诸河水系，长江流域洞庭湖水系，西南诸河百都河水系。西江水系主源来自云南南盘江，流入广西并成为广西与贵州的界河，与北盘江汇合后称红水河，于象州县石龙镇与柳江汇合后称黔江，于桂平市与郁江汇合后称浔江，水流往东于梧州市与桂江汇合后称西江，由此流入广东。西江水系主要支流有郁江、柳江、桂江、贺江。桂南沿海诸河是独流入海河流，主要有南流江、茅岭江、钦江、大风江、防城河等。粤西沿海诸河主流九洲江发源于陆川县，经文地流入广东。洞庭湖水系的湘江、资江发源于广西的海洋山和越城岭。百都河自广西那坡县流入越南境内。

（四）土壤与植被

广西土壤的成土母质主要为砂岩、砂页岩、石灰岩、砾岩、花岗岩的风化物及少量第四系红土、冲积物、沉积物、滨海沉积物等。其中，砂页岩类（包括紫色砂页岩）风化物占61.46%，各地均有分布；石灰岩类风化物占13.23%。广西土壤可划分为地带性土壤和非地带性土壤两大类。地带性土壤有红壤、赤红壤和砖红壤，非地带性土壤主要有石灰岩土和紫色土。土壤纬向地带性分布规律：以北回归线附近为界，以北地区大致为红壤分布带；以南至沿海地区主要为赤红壤分布带，南部沿海地区还有少量砖红壤分布。土壤垂直分布规律：黄壤为广西的垂直带谱性土壤，多分布在海拔700 m以上。不同的基带有不同的土壤垂直带谱，北部地区一般由红壤–黄红壤–黄壤–山地黄棕壤–山地草甸土构成，南部地区一般由赤红壤–红壤–黄壤–山地草甸土构成垂直带谱。土壤非地带性分布规律：发育于碳酸盐岩风化物的石灰岩土主要分布于喀斯特地区，主要种类有黑色石灰土、棕色石灰土、红色石灰土等。紫色土则发育于紫色砂岩和紫色砂页岩上，分布零星，面积不大。

广西植被类型丰富，据统计（温远光等，2014），天然植被有4个植被型纲（即森林、灌丛、草丛、沼泽和水生植被），9个植被型亚纲（包括针叶林、阔叶林、竹林、暖性灌丛、热性灌丛、暖性草丛、热性草丛、沼泽、水生植被），26个植被型组，722个群系。人工栽培植被分为5个植被型（包括用材和纸浆林、经济果木林、城市园林植被、农作物植被、人工沼泽和水生植被），20个植被亚型，298个群系。

广西的生物气候基带可分为中亚热带、南亚热带和北热带，地带性植被相应为中亚热带典型常绿阔叶林、南亚热带季风常绿阔叶林、北热带季雨林。中亚热带典型常绿阔叶林范围自贺州信都起，经昭平、蒙山南部，越过大瑶山圣堂顶，然后上柳州，沿龙江谷地北缘到河池金城江，往天峨，沿红水河与贵州接界一线的以北地区；南亚热带季风常绿阔叶林范围自容县天堂山南缘起，经大容山南麓、石南谷地、横州城南，然后由邕江谷地、南宁盆地，沿右江谷地北缘到右江区西部一线的以北至中亚热带典型常绿阔叶林范围的南界；北热带季雨林范围为南亚热带季风常绿阔叶林范围南界以南的地区（《广西森林》编辑委员会，2001）。广西的非地带性植被有红树林和石灰岩山森林，前者分布于南部的海岸带和海岛，后者分布于喀斯特山地。喀斯特山地森林有 3 种类型，包括北热带石灰岩季节性雨林、南亚热带石灰岩常绿落叶阔叶混交林、中亚热带石灰岩常绿落叶阔叶混交林。山地植被的垂直地带性变化明显，自低到高，位于桂南的十万大山为季节性雨林、山地常绿阔叶林、山顶矮林或竹林；位于桂中的大明山为季风常绿阔叶林、山地常绿阔叶林、山顶矮林；位于桂北的九万大山为典型常绿阔叶林、山地常绿落叶阔叶混交林、山顶矮林；位于桂西北的岑王老山为季风常绿阔叶林、山地常绿阔叶林、山地常绿落叶阔叶混交林、山顶矮林。

二、经济社会概况

（一）社会概况

2021 年，广西辖 14 个地级市，111 个县级行政区，其中，41 个市辖区、10 个县级市、60 个县（自治县）。户籍总人口 5 733 万人，常住人口 5 037 万人，其中市镇人口 2 775 万人，占常住人口的 55.08%；乡村人口 2 262 万人，占常住人口的 44.82%；人口密度 212 人 /km^2。

（二）经济概况

2021 年，广西地区生产总值 24 740.86 亿元，其中，第一产业增加值 4 015.51 亿元，占地区生产总值的 16.23%，第二产业增加值 8 187.90 亿元，占地区生产总值 33.09%，第三产业增加值 12 537.45 亿元，占地区生产总值 50.68%；人均地区生产总值 49 206 元。

随着生产和国民经济的发展，人民物质生活水平显著提高。2021 年，广西城镇居民人均可支配收入为 38 530 元，农民人均纯收入为 16 363 元。

三、国土空间生态现状分析

（一）生态资源

1. 土地资源

根据《广西壮族自治区第三次国土调查主要数据公报》，广西耕地面积 330.76 万 hm^2，占广西土地总面积的 13.92%；园地面积 167.03 万 hm^2，占广西土地总面积的 7.03%；林地面积 1 609.53 万 hm^2，占广西土地总面积的 67.74%；草地面积 27.62

万 hm²，占广西土地总面积的 1.16%；湿地（只包括沼泽、滩涂和红树林地）面积 12.72 万 hm²，占广西土地总面积的 0.54%；城镇村及工矿用地面积 97.99 万 hm²，占广西土地总面积的 4.12%；交通运输用地面积 35.23 万 hm²，占广西土地总面积的 1.48%；水域及水利设施用地面积 74.90 万 hm²，占广西土地总面积的 3.15%。

2. 生物多样性

（1）生态系统类型。

广西有森林、灌丛、草丛、自然湿地等陆地自然生态系统；有红树林、珊瑚礁、海草床、海岛、海湾、河口等海洋生态系统；有农田、人工林、人工湿地、人工草地和城市等人工生态系统。

（2）生物种类。

根据《2021 年广西壮族自治区生态环境状况公报》，广西是中国野生动植物分布最多的省区之一。已知陆生脊椎野生动物种类 1 151 种，列入国家重点保护的野生动物 274 种，其中，国家一级重点保护野生动物 55 种，国家二级重点保护野生动物 219 种。已知高等植物 9 494 种，列入国家重点保护的野生植物 332 种，其中，国家一级重点保护野生植物 33 种，国家二级重点保护野生植物 299 种。

3. 森林资源

根据《广西壮族自治区 2021 年林业生态资源状况报告》，广西林地面积 1 613.74 万 hm²。其中，乔木林地 11 15.63 万 hm²，竹林地 46.38 万 hm²，疏林地 0.81 万 hm²，灌木林地 294.03 万 hm²，未成林造林地 36.08 万 hm²，其他林地 120.80 万 hm²。广西森林面积 1 486.37 万 hm²，森林覆盖率为 62.55%，森林蓄积量 9.78 亿 m³。广西天然林 566.01 万 hm²，以阔叶林和石山灌木林为主。广西人工林面积 890.85 万 hm²，以松树、杉树、桉树为主。广西生态公益林面积为 510.15 万 hm²，占林地面积的 31.61%，其中，国家级公益林 437.89 万 hm²，占 85.84%，自治区级公益林 72.23 万 hm²，占 14.16%。广西商品林面积为 1 103.59 万 hm²。

4. 湿地资源

根据第二次全国湿地资源调查，广西有近海与海岸湿地、河流湿地、湖泊湿地、沼泽湿地和人工湿地 5 类 25 型，连片面积 8 hm² 以上的湿地总面积为 75.43 万 hm²。其中，自然湿地 53.66 万 hm²，占湿地总面积的 71.14%；人工湿地 21.77 万 hm²，占湿地总面积的 28.86%。在自然湿地中，河流湿地 26.89 万 hm²，占湿地总面积的 35.66%；近海与海岸湿地 25.90 万 hm²，占湿地总面积的 34.34%；湖泊湿地 0.63 万 hm²，占湿地总面积的 0.83%；沼泽湿地 0.24 万 hm²，占湿地总面积的 0.31%。

5. 水资源

根据《2021 年广西壮族自治区水资源公报》，2021 年广西降水总量 3 273.3 亿 m³，地表水资源量 1 540.5 亿 m³，地下水资源量为 349.2 亿 m³，水资源总量 1 541.2 亿 m³。

2021 年广西总供水量 268.5 亿 m³，总用水量 268.5 亿 m³，其中农业用水量 189.6 亿 m³，工业用水量 36.5 亿 m³，生活用水量 36.1 亿 m³，人工生态环境补水量 6.3 亿 m³。

6. 自然保护地

根据《2021 年广西壮族自治区生态环境状况公报》，广西已建立自然保护地 223 处，保护地面积占广西土地总面积的 9.48%。其中，自然保护区 78 处（国家级 23 处、自治区级 46 处、市县级 9 处），森林公园 61 处（国家级 23 处、自治区级 36 处、市级 2 处），湿地公园 24 处（均为国家级），风景名胜区 33 处（国家级 3 处、自治区级 30 处），地质公园 23 处（国家级 11 处、自治区级 12 处），海洋公园 2 处（均为国家级），石漠公园 2 处（均为国家级）。此外，广西还建立有世界地质公园 1 处，世界自然遗产地 2 处。

（二）生态问题

1. 水土流失面积较大

根据《广西壮族自治区水土保持公报（2021 年）》，2021 年广西水土流失面积 37 968.58 km²，占广西土地总面积的 15.99%。其中，轻度侵蚀面积 25 581.34 km²，占水土流失总面积的 67.37%；中度侵蚀面积 6 293.86 km²，占水土流失总面积的 16.58%；强烈侵蚀面积 2 688.67 km²，占水土流失总面积的 7.08%；极强烈侵蚀面积 2 061.11 km²，占水土流失总面积的 5.43%；剧烈侵蚀面积 1 343.60 km²，占水土流失总面积的 3.54%。由此可见，水土流失以轻度和中度的为主。土壤侵蚀面积较大的区域是桂西北山地区、桂中喀斯特地区、桂西和桂西南喀斯特地区。

2. 土地石漠化面积较大

根据广西第三次喀斯特地区石漠化土地监测资料，广西石漠化土地面积为 15 328.98 km²，占广西土地总面积的 6.44%。其中，轻度石漠化面积 2 237.00 km²，占石漠化总面积的 14.59%；中度石漠化面积 4 600.62 km²，占石漠化总面积的 30.01%；重度石漠化面积 8 036.69 km²，占石漠化总面积的 52.43%；极重度石漠化面积 454.67 km²，占石漠化总面积的 2.97%。石漠化土地主要分布于桂西、桂西北和桂中的喀斯特山区。

3. 森林质量不高，生态服务功能有待提升

经过长期的封山育林和人工造林，广西森林面积不断扩大，森林生态建设成效显著，2021 年广西森林面积达 1 486.37 万 hm²，森林覆盖率达 62.55%。但必须看到，广西造林树种单一，纯林比例大，人工商品林面积大、天然林面积小。2021 年广西人工林面积 890.85 万 hm²，占广西森林总面积的 59.93%。

广西生态公益林中超过 47.00% 的森林为石山灌木林，这部分森林生态区位脆弱，植被覆盖度较低，森林生态服务功能较低。此外，生态公益林中还有一些八角、油茶、板栗等经济林木，这部分公益林人为干扰强度大，不利于森林生态服务功能的提高。

部分河流（如茅岭江、钦江、大风江等）的源头区和水源涵养区的人工林面积大，天然林少，水源涵养功能减弱，影响了这些河流的生态安全。部分水库（如洪潮江水库、旺盛江水库、老虎头水库、达开水库等）周边的桉树纯林面积大，水源涵养、水土保持等功能减弱，影响了这些水库的生态安全。

4. 部分矿山生态环境问题较突出

广西矿山生态环境问题有矿山地质灾害、占用及破坏土地资源、影响及破坏地下水系统、矿山废水废渣环境污染 4 大类。矿山地质灾害的规模以小型为主。矿业开发占用及破坏土地资源是一个普遍性的环境地质问题，几乎每一处矿山或多或少、不同程度地存在着各类固体废弃物（废石、废土、尾矿等）占用及破坏土地资源问题。矿业废水主要包括矿坑水、选矿废水、堆浸废水、洗煤水等。

5. 海岸带局部生态破坏较严重

广西海岸带红树林面积 1949 年为 108.57 km²，2001 年为 83.75 km²，2013 年为 87.81 km²（范航清等，2018）。近年来，广西加强了红树林的保护和人工种植，根据广西国土调查数据，2019 年广西红树林面积为 93.31 km²。广西红树林保护修复取得积极进展，红树林面积逐年增加，但红树林总面积偏小、生境退化、生物多样性降低、外来生物入侵等问题还比较突出。

广西海岸带生长互花米草 6.86 km²（陶艳成等，2017），主要分布在丹兜海、铁山港湾、英罗港湾、北海银滩至营盘镇、廉州湾。互花米草广泛蔓延，表现为侵占宝贵的红树林滩涂资源和抑制本地红树林的生长，并会减少潮间带贝类等的生长与养殖面积（潘良浩等，2016）。

在廉州湾、北海东海岸、英罗港、铁山港湾、防城港西湾，近 20 年来因滩涂围塘养殖造成的滩涂景观破坏还没有完全恢复，需要继续综合整治。

四、数据来源

本研究所需的土地资源、林业资源、生物资源、水资源、湿地资源、水土保持、生态环境、自然保护地等数据来源于自治区和各市的相关部门。社会经济数据来源于《广西统计年鉴》。

第二节　广西国土空间生态保护重要性评价

一、生态系统服务功能重要性评价

广西国土空间生态系统服务功能重要性评价，是针对生态系统主要服务功能的重要性进行评价，以明确区域生态系统服务功能重要性等级及空间分布，为国土空间生态保护提供科学依据。本节将根据广西国土空间特征，就水源涵养、水土保持、生物多样性维护等生态调节功能进行重要性评价。

（一）水源涵养功能重要性评价

本研究采用水量平衡法来评价水源涵养量，以此为依据评价广西国土空间水源涵养功能重要性。水源涵养量计算公式见第三章第四节的式（3-1）和式（3-2）。

降水量（P）数据来源于各县（市、区）气象站的年平均降水量。

根据式（3-2），参照《生态保护红线划定指南》（环境保护部，2017）和《广西生态保护红线划定技术报告》（广西环境保护厅，2018），结合广西土地利用数据，将其分类类型与生态系统类型的分类系统进行匹配，对各类型生态系统赋予径流系数，得到各类型生态系统径流系数（如表4-1所示）。

表4-1　各类型生态系统径流系数均值表

生态系统类型	径流系数（%）	生态系统类型	径流系数（%）
水田	30.00	竹林地	2.04
水浇地	40.00	其他林地	19.20

续表

生态系统类型	径流系数（%）	生态系统类型	径流系数（%）
旱地	50.00	城镇、村庄、工矿、交通等建设用地	100.00
园地	19.20	河流、湖泊、水库、坑塘等水域	0
草地	9.37	裸土地、裸岩石砾地	100.00
灌木林地	4.17	滩涂	1.00
乔木林地	2.04	沼泽	0

蒸散量（*ET*）参照《广西生态保护红线划定技术报告》（广西环境保护厅，2018）的数据。生态系统面积（*A*）来自各县（市、区）土地利用现状调查矢量数据，对地类进行归以获得各类生态系统类型面积及空间数据。

先根据式（3-1）计算得到生态系统水源涵养量，再借助 ArcGIS 软件技术，评价得出水源涵养功能重要性结果。

区域生态系统水源涵养功能重要性评价除需考虑水源涵养量外，还要考虑区域对评价地区水资源依赖的影响程度，所以要对基于水量平衡法计算出的水源涵养重要性评价结果进行修正。例如，江河源头区、水源涵养区、饮用水源地、水库库周区等区域对评价地区的水资源依赖程度的影响大，应划为水源涵养极重要区域，经综合分析后形成广西水源涵养功能重要性分布图并量算面积。

广西水源涵养功能重要性区域分布中，极重要地区面积 68 306.15 km²，占广西土地总面积的 28.75%；重要地区面积 71 767.38 km²，占广西土地总面积的 30.20%；一般地区 97 532.42 km²，占广西土地总面积的 41.05%。

广西水源涵养功能极重要地区主要分布于广西北部地区的九万大山、摩天岭、大苗山、大南山、天平山、猫儿山、越城岭，广西东北地区的海洋山、都庞岭、花山、架桥岭、萌渚岭、八步东部山地、大桂山、昭平 - 蒙山 - 荔浦 - 平乐山地，广西中部地区的大瑶山、莲花山、镇龙山、大明山，广西西北地区的金钟山、西林南部 - 田林西南部山地、岑王老山、青龙山、东风岭、右江区北部山地、田阳北部山地，广西西南地区的大王岭、黄连山、六韶山、西大明山、大青山、四方岭，广西东南部地区的云开大山、大容山、六万大山、罗阳山，广西南部地区的十万大山。

（二）水土保持功能重要性评价

本研究采用第三章第四节所述的水土保持功能重要性评价方法二来评价广西国

土空间水土保持功能重要性，并通过识别生态系统类型、植被覆盖度和地形特征的差异，评价国土空间水土保持功能的相对重要程度。将坡度不小于25°且植被覆盖度不小于80%的森林、灌丛和草地确定为水土保持极重要区；在此范围外，将坡度不小于15°且植被覆盖度不小于60%的森林、灌丛和草地确定为水土保持重要区。结合广西水土保持相关规划和专项成果进行适当修正，综合分析后形成广西水土保持功能重要性分布图并量算面积。

广西水土保持功能重要性区域分布中，极重要区面积 54 520.99 km²，占广西土地总面积的 22.95%；重要区面积 71 397.67 km²，占广西土地总面积的 30.05%；一般区面积 111 687.29 km²，占广西土地总面积的 47.01%。

广西水土保持功能极重要区主要分布于喀斯特山地和部分非喀斯特山地。喀斯特山地包括都阳山喀斯特山地、凤凰山喀斯特山地、宜州 – 罗城 – 环江喀斯特山地、桂西喀斯特山地、平果中部喀斯特山地、江州 – 扶绥喀斯特山地、龙州 – 宁明喀斯特山地、融安 – 永福 – 鹿寨 – 柳城喀斯特山地、覃塘 – 兴宾 – 武宣喀斯特山地、上林 – 忻城 – 兴宾 – 柳江喀斯特山地、桂林市区 – 阳朔 – 平乐喀斯特山地等。非喀斯特山地包括越城岭、大南山、九万大山、海洋山、都庞岭、花山、昭平 – 蒙山 – 荔浦 – 平乐山地、大桂山、架桥岭、大瑶山、萌渚岭、云开大山、六万大山、十万大山、六韶山、岑王老山等。

（三）生物多样性维护功能重要性评价

本研究采用第三章第四节所述的生物多样性维护功能重要性评价方法一来评价广西国土空间生物多样性维护功能重要性。评价指标及分级标准如表4-2所示。依据评价标准和评价数据，经综合分析后形成广西生物多样性维护功能重要性分布图并量算面积。

表 4-2 生物多样性维护功能重要性评价分级标准

重要性分级	评价指标
极重要区	原生性和完整性高，需要优先保护的生态系统；国家级重点保护野生动植物名录的物种分布区域；自然保护区
重要区	其他需要保护的生态系统；自治区级重点保护物种集中分布区域；天然林地（位于极重要区的除外）
一般区	极重要区和重要区以外的地区

广西生物多样性维护功能重要性区域分布中，极重要区面积 29 463.11 km²，占广西土地总面积的 12.40%；重要区面积 59 033.32 km²，占广西土地总面积的 24.85%；一般区面积 149 109.52 km²，占广西土地总面积的 62.75%。

广西生物多样性维护功能极重要区主要分布于山地、海湾和海岛。山地包括猫儿山、天平山、元宝山、九万山、海洋山、都庞岭、花山北部、萌渚岭西部、八步区东部山地、昭平县北部山地、蒙山县东北部山地、大桂山东北部、架桥岭、大瑶山、大容山西南部、六万大山南部、大明山、武鸣西部 – 隆安东部喀斯特山地、环江县西北部喀斯特山地、天峨县中部山地、乐业县西部山地、岑王老山、金钟山西部、西林县东南部山地和西南部山地、右江区北部山地、田阳北部山地、大王岭、黄连山、六韶山西部和西南部、靖西市西南部和东南部喀斯特山地、大新县西部和西北部喀斯特山地、西大明山、龙州县西北部和中东部喀斯特山地、大青山、宁明县西北部喀斯特山地、江州区中部喀斯特山地、扶绥县东北喀斯特山地、十万大山。海湾和海岛包括北仑河口、珍珠湾、防城港湾、钦州湾、三娘湾、大风江口、廉州湾、铁山港湾、英罗湾、涠洲岛和斜阳岛及周边海域。

二、生态脆弱性评价

广西国土空间生态脆弱性评价是对生态脆弱性程度进行评价。通过评价，识别生态脆弱性等级及空间分布，划出生态极脆弱区，为国土空间生态保护提供科学依据。本节将根据广西国土空间特征，对水土流失脆弱性和石漠化脆弱性进行评价。

（一）水土流失脆弱性评价

本研究采用第三章第四节所述的水土流失脆弱性评价方法—来评价广西国土空间水土流失脆弱性，并利用广西 2021 年水土流失调查监测成果来确定不同的脆弱性区域。水力侵蚀强度为剧烈和极强烈的区域确定为水土流失极脆弱区，水力侵蚀强度为强烈和中度的区域确定为水土流失脆弱区，水力侵蚀强度为轻度的区域确定为水土流失轻脆弱区，其余地区确定为水土流失不脆弱区。依据评价标准和评价数据，经综合分析后形成广西水土流失脆弱性分布图并量算面积。

广西水土流失脆弱性区域分布中，极脆弱区面积 3 404.71 km²，占广西土地总面积的 1.43%；脆弱区面积 8 982.53 km²，占广西土地总面积的 3.78%；轻脆弱区面积 25 581.34 km²，占广西土地总面积的 10.77%；不脆弱区面积 199 637.37 km²，占广西土地总面积的 84.02%。

广西水土流失极脆弱区面积小，零星分布，主要位于桂西北、桂西南和桂中北地区，分别分布在百色市的隆林各族自治县、西林县、田林县、凌云县、右江区、德保县、靖西市、那坡县，崇左市的江州区、扶绥县、宁明县、大新县、天等县、龙州县，河池市的宜州区、罗城仫佬族自治县、环江毛南族自治县、都安瑶族自治县、大化瑶族自治县，柳州市的柳江区、柳城县、融水苗族自治县，来宾市的兴宾区、忻城县、合山市、象州县，贺州市的八步区，梧州市的岑溪市，贵港市的桂平市，钦州市的灵山县，防城港市的防城区、上思县。

（二）石漠化脆弱性评价

本研究采用第三章第四节所述的石漠化脆弱性评价方法二来评价广西国土空间石漠化脆弱性。先选取岩性、地形坡度、土地利用、植被覆盖度等指标作为石漠化脆弱性评价指标体系，然后计算石漠化脆弱性指数。石漠化脆弱性指数计算公式见第三章第四节的式（3-6）。指标分级标准如表4-3所示，权重采用AHP法（层次分析法，Analytic Hierarchy Process的简称）确定。

表4-3　石漠化脆弱性评价指标与分级标准

脆弱性分级	极脆弱	脆弱	轻脆弱	不脆弱
岩性	出露喀斯特	出露喀斯特	出露喀斯特	非喀斯特及覆盖喀斯特
坡度（°）	> 35	20～35	5～20	< 5
植被覆盖度（%）	< 30	30～50	50～70	> 70
土地利用	裸地、裸岩	坡耕地、园地、疏林地	林地、灌木林地、草地	水面、平坦耕地、建筑用地
分级赋值（C）	7	5	3	1

本研究以广西岩性分布图、广西地貌分布图、广西坡度分布图、广西植被覆盖图、广西土地利用图为基础，根据表4-3不同脆弱性级别赋值，绘出单因素脆弱性分布图，从中获取评价指标值。先根据式（3-6）计算得到空间单元石漠化脆弱性指数，再根据脆弱性指数借助ArcGIS软件技术，得出石漠化脆弱性评价结果，经综合分析后形成广西石漠化脆弱性分布图并量算面积。

广西石漠化脆弱性区域分布中，极脆弱区面积4 968.80 km²，占广西土地总面积的2.09%；脆弱区面积23 218.13 km²，占广西土地总面积的9.77%；轻脆弱区面积20 942.45 km²，占广西土地总面积的8.81%；不脆弱区面积188 476.57 km²，占广西土地总面积的 79.32%。

广西石漠化极脆弱区主要位于桂西北和桂西地区的喀斯特地区，主要分布在河池市的都安瑶族自治县南部和东南部、大化瑶族自治县西南部和东北部、巴马瑶族自治县东部、南丹县北部和东北部，百色市的隆林各族自治县中部和北部、凌云县南部、靖西市中东部、德保县中北部、平果市中部和西南部，崇左市的天等县中部和西部，南宁市的隆安县西部、马山县北部和西北部、上林县东北部，来宾市的忻城县中部和西部、兴宾区南部、武宣县南部，贵港市覃塘区的西北部，柳州市的柳江区中部、柳城县东北部和西南部、融安县东南部，桂林市的全州县东部。

三、自然景观独特性评价

广西自然景观独特性评价主要是将具有世界级和国家级自然景观资源的区域确定为自然景观独特性极高区域。广西自然景观独特性极高区域主要分布在以下区域。

1. 桂林市区 – 阳朔县的喀斯特地貌区

该区域有桂林漓江国家级风景名胜区和桂林喀斯特世界自然遗产地。桂林喀斯特被公认为世界上塔状喀斯特景观的杰出代表，并且被国际上认可为内陆塔状喀斯特的典型地区，是"中国南方喀斯特"系列的重要地貌形态之一，具有世界独一无二的地位（韦清耀，2014；刘倩，2015）。喀斯特峰丛峰林倒映在漓江中，形成了绚丽独特的山水风光，组成了驰名中外的桂林山水画卷。

2. 资源县北部的丹霞地貌区

该区域有广西资源国家地质公园，以典型丹霞地貌为特征，一些地貌景观甚至是全国唯一、世界少见的（李烈干等，2004）。其中，丹霞峰林（3处）为世界级的地质遗迹资源，丹霞孤峰、丹霞峰丘（5处）、八角寨蜂窝状洞穴、生死谷陡壁等为国家级的地质遗迹资源（王蕾，2018）。

3. 环江毛南族自治县西部的典型喀斯特地貌区域

该区域有环江喀斯特世界自然遗产地，属陆地锥状喀斯特的典型代表，具有峰丛洼地、峰丛谷地、峰丛峡谷等组合景观类型，保存了独特的自然景观和自然美，与全球同类型喀斯特景观美学对比具有典型性，具有非同寻常的自然美，是美学重要性权重高的区域（仲艳等，2014）。

4. 乐业县中部和凤山县南部的喀斯特地貌区

该区域有乐业 – 凤山世界地质公园，由广西乐业大石围天坑群国家地质公园和广西凤山岩溶国家地质公园组成，拥有多处世界级和国家级的地质遗迹资源。其中，世界级的地质遗迹资源有大石围天坑、大坨天坑、穿洞天坑、神木天坑、白洞天坑、红玫瑰洞穴大厅、罗妹洞、布柳河天生桥等；国家级的地质遗迹资源有香当天坑、燕子天坑、马蜂洞、迷魂洞、百朗地下河、弄潮坡立谷、六为坡立谷、风岩竖井、沙堡竖井等（王蕾，2018）。

5. 大化瑶族自治县东北部的喀斯特地貌区

该区域有广西大化七百弄国家地质公园，拥有多处世界级和国家级的地质遗迹资源。其中，世界级的地质遗迹资源有甘房弄等 5 处超深高峰丛深洼地；国家级的地质遗迹资源有极深洼地（6 处）、七百弄 – 地苏暗河系、大化至古河风景河段、岩滩库区河湖风光、大化红水河奇石等（王蕾，2018）。

6. 罗城仫佬族自治县东部和西部的喀斯特地貌区

该区域有广西罗城国家地质公园，拥有多处世界级和国家级的地质遗迹资源。其中，世界级的地质遗迹资源有睡美人山、七剑峰、科马提岩剖面；国家级的地质遗迹资源有喀斯特峰丛 – 峰林 – 孤峰演化系列（3 处）、钙化滩、天生桥、丫字山、锥状喀斯特、五指山、剑江峰林洼地（王蕾，2018）。

7. 都安瑶族自治县西南部的喀斯特地貌区

该区域有广西都安地下河国家地质公园，拥有多处世界级和国家级的地质遗迹资源。其中，世界级的地质遗迹资源有地苏地下河系、峰丛谷地（2 个）、都安巨型坡立谷；国家级的地质遗迹资源有都安峰丛峰林地貌、地苏河流域湿地、拉棠河流域湿地、莲花洞、地苏坡立谷、保安 – 百外一带高峰丛深洼地、天窗（3 处）（王蕾，2018）。

8. 鹿寨县北部的喀斯特地貌区

该区域有广西鹿寨香桥岩溶国家地质公园，拥有多处国家级的地质遗迹资源，包括香桥天生桥、九龙洞、盘丝洞、响水瀑布、响水边石坝、十二槽天井等（王蕾，2018）。

9. 金秀瑶族自治县大瑶山砂岩峰林地貌区

该区域有大瑶山地质公园，拥有多处世界级和国家级的地质遗迹资源。其中，世界级的地质遗迹资源有莲花山砂岩峰林、圣堂山砂岩峰林、五指山砂岩峰林；国家级的地质遗迹资源有古卜坳一号崖壁、圣堂口崖壁、五指山独峰、罗汉山东缘崖壁、六架加里东运动遗迹点、加里东运动不整合界面、圣堂山通天峡等（王蕾，2018）。

10. 桂平市北部山地的花岗岩地貌、砂岩峰丛地貌和中南部的丹霞地貌区

该区域有桂平国家地质公园，拥有多处世界级和国家级的地质遗迹资源。其中，世界级的地质遗迹资源有崩塌叠积洞、莲蕊峰顶、阳元石、独秀峰；国家级的地质遗迹资源有北山陡崖、皇榜拳头石、阴元石、鱼王石、乳泉、双狮回笼瀑布、绿水冲峡谷七跌水（王蕾，2018）。

11. 浦北县中部的五皇岭花岗岩地貌区

该区域有广西五皇山国家地质公园，拥有多处国家级的地质遗迹资源，包括南阳元石、人头石残峰、石蛋类垒砌造型等（韦跃龙等，2017；王蕾，2018）。

12. 大新县西部和西北部的喀斯特地貌区

该区域有花山国家级风景名胜区（大新县部分），主要有德天瀑布景观、明仕田园景观、黑水河景观。其中，德天瀑布气势磅礴、蔚然壮观，与紧邻的越南板约瀑布相连，是亚洲第一、世界第四大跨国瀑布（李乐乐等，2019）。

13. 北海涸洲岛和斜阳岛

该区域有北海涸洲岛国家地质公园，拥有多处世界级和国家级的地质遗迹资源。其中，世界级的地质遗迹资源有鳄鱼咀火山口、斜阳岛火山口（2处）、涸洲岛横路山火山口；国家级的地质遗迹资源有海蚀平台、海蚀蘑菇、环岛沙滩、火山遗迹、南湾胜景、熔岩隧道、柱状节理、珊瑚碎屑海滩（王蕾，2018）。

14. 北海银滩

银滩的海岸线长约 24 km，其陆域面积为 34 km^2，海域面积为 50 km^2。银滩以其"滩长平、沙细白、水温净、浪柔软、无鲨鱼"等特点，被称为"天下第一滩"，是国家级旅游度假区。

15. 防城港白浪滩

白浪滩位于防城港湾西南部的江山半岛东北部，海滩最宽处 2.8 km，长约 8 km。白浪滩的沙质细软，沙滩坡度极小，潮差带长达几百米，曾荣获"中国最美旅游休闲目的地""中国十佳海洋旅游目的地"等称号。

16. 防城港怪石滩

怪石滩位于防城港湾西南部的江山半岛白龙尾东部，它是我国西南沿海唯一一处海蚀地貌景区。怪石滩怪石嶙峋，形态栩栩如生、惟妙惟肖，引人入胜，现为国内著名婚纱摄影基地。

四、自然保护地和生态公益林分析

1. 广西自然保护地主要分布在山地区和海岸带

位于广西北部的九万大山－大苗山地区分布有广西九万山国家级自然保护区、广西泗涧山大鲵自治区级自然保护区、广西元宝山国家森林公园、广西红茶沟国家森林公园、广西元宝山－贝江自治区级风景名胜区；大南山－天平山地区分布有广西花坪国家级自然保护区、广西寿城自治区级自然保护区、广西三锁鸟类县级自然保护区；越城岭－猫儿山地区分布有广西猫儿山国家级自然保护区、广西银竹老山资源冷杉国家级自然保护区、广西青狮潭自治区级自然保护区、广西五福宝顶自治区级自然保护区、广西资源国家地质公园、广西八角寨国家森林公园、广西龙胜温泉国家森林公园、广西龙胜龙脊梯田国家湿地公园、广西全州天湖国家湿地公园、广西八角寨－资江自治区级风景名胜区、广西青狮潭自治区级风景名胜区、广西龙脊自治区级风景名胜区。

位于广西东北部的海洋山地区分布有广西海洋山自治区级自然保护区、广西阳朔国家森林公园；都庞岭地区分布有广西千家洞国家级自然保护区；桂林市区－阳朔的喀斯特山地区分布有广西桂林漓江国家级风景名胜区、桂林喀斯特世界自然遗产；架桥岭地区分布有广西架桥岭自治区级自然保护区、广西拉沟自治区级自然保护区；花山地区分布有广西银殿山自治区级自然保护区、广西西岭山自治区级自然保护区；萌渚岭地区分布有广西姑婆山自治区级自然保护区、广西姑婆山国家森林公园；八步区东部山地区分布有广西滑水冲自治区级自然保护区；昭平－蒙山－荔浦－平乐山地区分布有广西七冲国家级自然保护区、广西古修自治区级自然保护区、广西狮子山国家森林公园、广西五叠泉自治区级森林公园、广西昭平桂江国家湿地公园；大桂山地区分布有广西大桂山鳄蜥国家级自然保护区、广西大桂山国家森林公园、广西飞龙湖国家森林公园。

位于广西西北部的金钟山地区分布有广西金钟山黑颈长尾雉国家级自然保护区、广西王子山雉类自治区级自然保护区、广西大哄豹自治区级自然保护区；西林南部山地区分布有广西那佐苏铁自治区级自然保护区；岑王老山－青龙山－东风岭地区分布有广西岑王老山国家级自然保护区、广西雅长兰科植物国家级自然保护区、广西凌云泗水河自治区级自然保护区、广西凌云洞穴鱼类自治区级自然保护区、广西龙滩自治区级自然保护区、广西黄猄洞天坑国家森林公园、广西龙滩大峡谷国家森林公园、广西凌云自治区级森林公园、广西百色乐业大石围天坑群国家地质公园（为乐业 – 凤山世界地质公园的组成部分）；凤凰山地区分布有环江喀斯特世界自然遗产、广西木论国家级自然保护区、广西三匹虎自治区级自然保护区、广西南丹拉希国家湿地公园、广西珍珠岩 – 金城江自治区级风景名胜区；都阳山喀斯特地区分布有广西凤山国家地质公园（为乐业 – 凤山世界地质公园的组成部分）、广西大化七百弄国家地质公园、广西都安地下河国家地质公园、广西东兰坡豪湖国家湿地公园、广西东兰红水河自治区级森林公园、广西红水河 – 七百弄自治区级风景名胜区；右江区北部山地区分布有广西澄碧湖自治区级森林公园、广西澄碧湖自治区级风景名胜区、广西澄碧河市级自然保护区。

　　位于广西西部和西南部的大王岭 – 黄连山地区分布有广西大王岭自治区级自然保护区、广西黄连山 – 兴旺自治区级自然保护区（黄连山片）、广西大王岭自治区级森林公园；六韶山地区分布有广西老虎跳自治区级自然保护区、广西德孚县级自然保护区；桂西喀斯特山地区分布有广西邦亮黑冠长臂猿国家级自然保护区、广西恩城国家级自然保护区、广西下雷自治区级自然保护区、广西龙虎山自治区级自然保护区、广西底定自治区级自然保护区、广西古龙山县级自然保护区、广西那坡县枕状玄武岩自治区级地质公园、广西德保红叶自治区级森林公园、广西龙须河自治区级森林公园、广西丽川自治区级森林公园、广西大新黑水河国家湿地公园、广西花山国家级风景名胜区（大新县部分）、广西龙虎山自治区级风景名胜区；西大明山地区分布有广西西大明山自治区级自然保护区；龙州 – 宁明喀斯特山地区分布有广西弄岗国家级自然保护区、广西青龙山自治区级自然保护区、广西花山国家级风景名胜区（宁明县部分）；江州 – 扶绥喀斯特山地区分布有广西崇左白头叶猴国家级自然保护区；十万大山地区分布有广西十万大山国家级自然保护区、广西防城金花茶国家级自然保护区、广西王岗山自治区级自然保护区、广西十万大山国家级森林公园。

　　位于广西中部的大瑶山地区分布有广西大瑶山国家级自然保护区、广西金秀老山自治区级自然保护区、广西大平山自治区级自然保护区、广西大瑶山国家森林公园、广西龙潭国家森林公园、广西大五顶自治区级森林公园、广西桂平国家地质公园（部分）、广西大瑶山（金秀）自治区级地质公园、广西桂平西山国家级风景名胜区、广西大瑶山自治区级风景名胜区；莲花山地区分布有广西平天山国家森林公园；镇龙山地区分布有广西九龙瀑布国家森林公园；大明山地区分布有广西大明山国家级自然保护区、广西龙山自治区级自然保护区；武鸣西部 – 隆安东部喀斯特山地区分布有广西三十六弄 – 陇均自治区级自然保护区。

位于广西东南部的云开大山地区分布有广西天堂山自治区级自然保护区、广西吉太自治区级森林公园、广西大山顶自治区级森林公园；大容山地区分布有广西大容山自治区级自然保护区、广西大容山国家森林公园；六万大山地区分布有广西那林自治区级自然保护区、广西六万大山自治区级森林公园、广西浦北五皇山国家地质公园、广西五皇山自治区级森林公园。

位于广西南部的北仑河口 – 珍珠湾 – 防城港湾一带分布有广西北仑河口自然保护区、广西京岛自治区级风景名胜区、广西防城港东湾自治区级湿地公园；钦州湾 – 三娘湾 – 大风江口一带分布有广西钦州茅尾海国家级海洋公园、广西茅尾海红树林自治区级自然保护区、广西钦州中华白海豚自治区级海洋公园；银滩岸段 – 涠洲岛 – 斜阳岛一带分布有广西北海滨海国家湿地公园、广西冠头岭自治区级森林公园、广西南潷 – 涠洲岛自治区级风景名胜区、广西涠洲岛自治区级自然保护区、广西北海涠洲岛国家火山地质公园、广西涠洲岛珊瑚礁国家级海洋公园；铁山港湾 – 英罗湾一带分布有广西山口国家级红树林生态自然保护区和广西合浦儒艮国家级自然保护区。

2. 广西生态公益林主要分布在山地和海岸带

位于广西北部的有罗城南部 – 宜州东北部 – 环江中部喀斯特山地、九万大山、摩天岭、大苗山、大南山、天平山、越城岭、猫儿山。

位于广西东北部的有全州东部山地、海洋山、都庞岭、桂林市区 – 阳朔喀斯特山地、架桥岭、花山、萌渚岭、八步东部山地、昭平 – 蒙山 – 荔浦 – 平乐山地、大桂山。

位于广西西北部的有金钟山、西林南部山地、岑王老山、青龙山、东风岭、凤凰山、都阳山、右江区北部山地。

位于广西西部和西南部的有大王岭、黄连山、六韶山、桂西喀斯特山地、平果中部喀斯特山地、西大明山、龙州 – 宁明喀斯特山地、江州 – 扶绥喀斯特山地、十万大山。

位于广西中部的有大瑶山、大明山、武鸣西部 – 隆安东部喀斯特山地、上林 – 忻城 – 兴宾 – 柳江喀斯特山地、覃塘 – 兴宾 – 武宣喀斯特山地。

位于广西东南部的有云开大山、大容山、六万大山；位于沿海的红树林区。

第三节　广西国土空间生态保护关键区域划分

一、广西国土空间生态保护关键区域划分方法

（一）基于单一生态要素保护的广西国土空间生态保护关键区域划分

1. 基于生态系统服务功能重要性的广西国土空间生态保护关键区域划分

（1）基于水源涵养功能重要性的广西国土空间生态保护关键区域划分。

根据第四章第二节所述的广西水源涵养重要性评价结果，水源涵养功能极重要区主要分布于广西北部地区的九万大山、摩天岭、大苗山、大南山、天平山、猫儿山、越城岭；广西东北部地区的海洋山、都庞岭、花山、萌渚岭、八步东部山地、大桂山、昭平－蒙山－荔浦－平乐山地；广西中部地区的架桥岭、大瑶山、莲花山、镇龙山、大明山；广西西北部地区的金钟山、西林南部－田林西南部山地、岑王老山、青龙山、东风岭、右江区北部山地、田阳北部山地；广西西部和西南部地区的大王岭、黄连山、六韶山、西大明山、大青山、四方岭、十万大山；广西东南部地区的云开大山、大容山、六万大山、罗阳山。这些区域是广西重要河流的源头区和水源涵养区，也是广西国土空间水源涵养关键区域，划为广西国土空间生态保护关键区域。

（2）基于水土保持功能重要性的广西国土空间生态保护关键区域划分。

根据第四章第二节所述的广西水土保持重要性评价结果，广西水土保持功能极重要区主要分布于喀斯特山地和部分非喀斯特山地。广西的喀斯特山地包括都阳山喀斯特山地、凤凰山喀斯特山地、宜州－罗城－环江喀斯特山地、桂西喀斯特山地、平果中部喀斯特山地、江州－扶绥喀斯特山地、龙州－宁明喀斯特山地、融安－永福－鹿寨－柳城喀斯特山地、覃塘－兴宾－武宣喀斯特山地、上林－忻城－兴宾－柳江喀斯特山地、桂林市区－阳朔－平乐喀斯特山地等。广西的非喀斯特山地包括越城岭、大南山、九万大山、海洋山、都庞岭、花山、昭平－蒙山－荔浦－平乐山地、大桂山、架桥岭、大瑶山、萌渚岭、云开大山、六万大山、十万大山、六韶山、岑王老山等。这些区域是广西国土空间水土保持关键区域，划为广西国土空间生态保护关键区域。

（3）基于生物多样性维护功能重要性的广西国土空间生态保护关键区域划分。

根据第四章第二节所述的广西生物多样性维护重要性评价结果，广西生物多样性维护功能极重要区主要分布于山地和海岸带。广西的山地包括猫儿山、天平山、元宝山、九万山、海洋山、都庞岭、花山北部、萌渚岭西部、八步区东部山地、昭平县北部山地、蒙山县东北部山地、大桂山东北部、架桥岭、大瑶山、大容山西南部、六万大山南部、大明山、武鸣西部－隆安东部喀斯特山地、环江县西北部喀斯特山地、天峨县中部山地、乐业县西部山地、岑王老山、金钟山西部、西林县东南部山地和西南部山地、右江区北部山地、田阳北部山地、大王岭、黄连山、六韶山西部和西南部、靖西市西南部和东南部喀斯特山地、大新县西部和西北部喀斯特山地、西大明山、龙州县西北部和中东部喀斯特山地、大青山、宁明县西北部喀斯特山地、江州区中部喀斯特山地、扶绥县东北喀斯特山地、十万大山。这些山地保留有地带性的天然森林生态系统，包括北热带季雨林生态系统、南亚热带季风常绿阔叶林生态系统、中亚热带典型常绿阔叶林生态系统以及喀斯特地区特有的北热带石灰岩季节性雨林生态系统、南亚热带石灰岩常绿落叶阔叶混交林生态系统、中亚热带石灰岩常绿落叶阔叶混交林生态系统。这些生态系统的生物种类丰富，国家级保护的野生珍稀濒危物种多。广西的海岸带包括北仑河口、珍珠湾、防城港湾、钦州湾、三娘湾、大风江口、廉州湾、铁山港湾、英罗湾、涠洲岛和斜阳岛及周边海域。这些海湾和海岛拥有独特的红树林生态系统、海草场生态系统、珊瑚礁生态系统，生物种类丰富，国家级保护的野生珍稀濒危物种多。这些山地和海岸带都是广西国土空间生物多样性维护关键区域，划为广西国土空间生态保护关键区域。

2.基于生态脆弱性的广西国土空间生态保护关键区域划分

（1）基于水土流失脆弱性的广西国土空间生态保护关键区域划分。

根据第四章第二节所述的广西水土流失脆弱性评价结果，广西水土流失极脆弱区主要位于桂西北、桂西南和桂中北地区，主要零星分布在百色市的隆林各族自治县、西林县、田林县、凌云县、右江区、德保县、靖西市、那坡县，崇左市的江州区、扶绥县、宁明县、大新县、天等县、龙州县，河池市的宜州区、罗城仫佬族自治县、环江毛南族自治县、都安瑶族自治县、大化瑶族自治县，柳州市的柳江区、柳城县、融水苗族自治县，来宾市的兴宾区、忻城县、合山市、象州县，贺州市的八步区，梧州市的岑溪市，贵港市的桂平市，钦州市的灵山县，防城港市的防城区、上思县。水土流失极脆弱区极易产生水土流失，是广西国土空间水土流失治理的重点区域，划为广西国土空间生态保护关键区域。

（2）基于石漠化脆弱性的广西国土空间生态保护关键区域划分。

根据第四章第二节所述的广西石漠化脆弱性评价结果，石漠化极脆弱区主要位于桂西北和桂西地区的喀斯特地区，主要分布在河池市的都安瑶族自治县南部和东南部、大化瑶族自治县西南部和东北部、巴马瑶族自治县东部、南丹县北部和东北部，百色市的隆林县中部和北部、凌云县南部、靖西市中东部、德保县中北部、平果市中部和西南部，崇左市的天等县中部和西部，南宁市的隆安各族自治县西部、马山县北部和西北部、上林县东北部，来宾市的忻城县中部和西部、兴宾区南部、武宣县南部，贵港市覃塘区的西北部，柳州市的柳江区中部、柳城县东北部和西南部、融安县东南部，桂林市的全州县东部。石漠化极脆弱区极易产生石漠化，是广西国土空间石漠化治理的重点区域，划为广西国土空间生态保护关键区域。

3. 基于自然景观独特性的广西国土空间生态保护关键区域划分

根据第四章第二节所述的广西自然景观独特性评价结果，自然景观独特性极高区主要分布在桂林市区–阳朔县的喀斯特地貌区、资源县北部的丹霞地貌区、环江毛南族自治县西部的喀斯特地貌区域、乐业县中部和凤山县南部的喀斯特地貌区、大化瑶族自治县东北部的喀斯特地貌区、罗城仫佬族自治县东部和西部的喀斯特地貌区、都安瑶族自治县西南部的喀斯特地貌区、鹿寨县北部的喀斯特地貌区、金秀瑶族自治县大瑶山砂岩峰林地貌区、桂平市北部山地的花岗岩地貌和砂岩峰丛地貌及中南部的丹霞地貌区、浦北县中部的五皇岭花岗岩地貌区、大新县西部和西北部的喀斯特地貌区、北海涠洲岛、北海银滩、防城港白浪滩、防城港怪石滩等区域。这些区域具有世界等级或国家等级的自然景观，自然景观独特性极高，具有重要的科学研究意义和极高美学观赏价值，是著名的自然风景名胜区，也是广西国土空间自然景观保护重点区域，划为广西国土空间生态保护关键区域。

4. 基于自然保护地和生态公益林的广西国土空间生态保护关键区域划分

（1）基于自然保护地的广西国土空间生态保护关键区域划分。

根据第四章第二节所述的广西自然保护地空间分布情况，广西自然保护地主要分布在山地和海岸带。山地包括位于广西北部地区的九万大山、大苗山、大南山、天平山、猫儿山、越城岭；位于广西东北部地区的海洋山、都庞岭、花山、架桥岭、萌渚岭、八步区东部山地、大桂山、昭平–蒙山山地；位于广西中部地区的大瑶山、莲花山、镇龙山、大明山；位于广西西北地区的金钟山、西林南部山地、岑王老山、青龙山、东风岭、右江区北部山地、田阳北部山地；位于广西西部和西南地区的大王岭、黄连山、六韶山、桂西喀斯特山地、西大明山、龙州–宁明喀斯特山地、江州–

扶绥喀斯特山地、十万大山；位于广西东南部地区的云开大山、大容山、六万大山。海岸带包括北仑河口、珍珠湾、防城港湾、钦州湾、三娘湾、大风江口、银滩岸段、铁山港湾、英罗湾、涠洲岛、斜阳岛。广西自然保护地是广西自然生态系统最重要、生物多样性最富集、自然景观最独特的区域，划为广西国土空间生态保护关键区域。

（2）基于生态公益林的广西国土空间生态保护关键区域划分。

根据第四章第二节所述的广西生态公益林空间分布情况，广西生态公益林主要分布在山地，具体包括：位于广西北部的凤凰山、罗城南部－宜州东北部－环江中部喀斯特山地、九万大山、摩天岭、大苗山、大南山、天平山、越城岭、猫儿山；位于广西东北部的全州东部山地、海洋山、都庞岭、桂林市区－阳朔喀斯特山地、架桥岭、花山、萌渚岭、八步区东部山地、昭平－蒙山－荔浦－平乐山地、大桂山；位于广西西北部的金钟山、西林南部山地、岑王老山、青龙山、东风岭、都阳山、右江区北部山地；位于广西西部和西南部的大王岭、黄连山、六韶山、桂西喀斯特山地、平果中部喀斯特山地、西大明山、龙州－宁明喀斯特山地、江州－扶绥喀斯特山地、十万大山；位于广西中部的大瑶山、大明山、武鸣西部－隆安东部喀斯特山地、上林－忻城－兴宾－柳江喀斯特山地、覃塘－兴宾－武宣喀斯特山地；位于广西东南部的云开大山、大容山、六万大山。此外，位于沿海的红树林也是生态公益林。生态公益林分布区是广西的江河源头区和水源涵养区、水土保持重要区、生物多样性丰富区，划为广西国土空间生态保护关键区域。

（二）集成各个生态要素保护的广西国土空间生态保护关键区域划分

将基于生态系统服务功能重要性、生态脆弱性、自然景观独特性、自然保护地、生态公益林等生态保护要素分别划分的广西国土空间生态保护关键区域进行空间叠加，即可得到综合各个生态保护要素的广西国土空间生态保护关键区域。考虑到各种生态保护要素都是极重要的，在单一生态保护要素的生态保护关键区域的叠加过程中采取等权叠加方法，即某一区域只要为基于一个生态保护要素的生态保护关键区域即视为广西国土空间生态保护关键区域。统筹考虑广西自然生态整体性和系统性，然后确定广西国土空间生态保护关键区域分布范围，再绘制国土空间生态保护关键区域分布图并量算面积，最终形成广西国土空间生态保护关键区域划分方案。

广西国土空间生态保护关键区域面积 101 649.30 km²。其中，陆域生态保护关键区域面积 99 501.16 km²，占广西国土空间生态保护关键区域面积的 97.89%；海域生态保护关键区域面积 2 148.14 km²，占广西国土空间生态保护关键区域面积的

2.11%。

广西国土空间生态保护关键区域分布在山地和海岸带。山地包括：位于广西北部的凤凰山、罗城南部－宜州东北部－环江中部喀斯特山地、九万大山、摩天岭、大苗山、大南山、天平山、越城岭、猫儿山；位于广西东北部的全州东部山地、海洋山、都庞岭、桂林市区－阳朔喀斯特山地、花山、萌渚岭、八步东部山地、昭平－蒙山－荔浦－平乐山地、大桂山；位于广西西北部的金钟山、西林南部山地、岑王老山、青龙山、东风岭、都阳山喀斯特山地、右江区北部山地；位于广西西部和西南部的大王岭、黄连山、六韶山、桂西喀斯特山地、平果中部喀斯特山地、西大明山、龙州－宁明喀斯特山地、江州－扶绥喀斯特山地、四方岭、十万大山；位于广西中部的融安－永福－鹿寨－柳城喀斯特山地、架桥岭、大瑶山、莲花山、镇龙山、大明山、武鸣西部－隆安东部喀斯特山地、上林－忻城－兴宾－柳江喀斯特山地、覃塘－兴宾－武宣喀斯特山地；位于广西东南部的云开大山、大容山、六万大山、罗阳山。海岸带包括北仑河口、珍珠湾、防城港湾、钦州湾、三娘湾、大风江口、廉州湾、银滩岸段、铁山港湾、英罗湾、涠洲岛、斜阳岛。

二、广西国土空间生态保护关键区域划分方案

广西国土空间生态保护关键区域分为山地生态保护关键区域和海岸带生态保护关键区域两大类，每个大类下分具体的生态保护关键区域，共 52 片。其中，山地生态保护关键区域 45 片，海岸带生态保护关键区域 7 片。

生物气候条件是国土空间生态的主导因素。广西的生物气候基带可分为中亚热带、南亚热带和北热带，纬度地带性植被相应为中亚热带典型常绿阔叶林、南亚热带季风常绿阔叶林、北热带季雨林。根据生物气候基带，广西山地生态保护关键区域分为以中亚热带典型常绿阔叶林为基带的中亚热带山地生态保护关键区域、以南亚热带季风常绿阔叶林为基带的南亚热带山地生态保护关键区域、以北热带季雨林为基带的北热带山地生态保护关键区域。

（一）山地生态保护关键区域划分方案

1. 中亚热带山地生态保护关键区域

（1）凤凰山喀斯特山地生态保护关键区域。

（2）罗城南部－宜州东北部－环江中部喀斯特山地生态保护关键区域。

（3）九万大山－摩天岭－大苗山生态保护关键区域。

（4）大南山－天平山－三江东部－融安北部山地生态保护关键区域。

（5）越城岭－猫儿山生态保护关键区域。

（6）全州东部山地生态保护关键区域。

（7）都庞岭生态保护关键区域。

（8）海洋山生态保护关键区域。

（9）桂林市区－阳朔－平乐喀斯特山地和漓江生态保护关键区域。

（10）架桥岭生态保护关键区域。

（11）融安－永福－鹿寨－柳城喀斯特山地生态保护关键区域。

（12）花山生态保护关键区域。

（13）萌渚岭生态保护关键区域。

（14）八步东部山地生态保护关键区域。

（15）大桂山北部生态保护关键区域。

（16）昭平－蒙山－荔浦－平乐山地生态保护关键区域。

（17）大瑶山北部生态保护关键区域。

2. 南亚热带山地生态保护关键区域

（1）金钟山生态保护关键区域。

（2）西林南部－田林西南部山地生态保护关键区域。

（3）岑王老山－青龙山－东风岭生态保护关键区域。

（4）右江区北部山地生态保护关键区域。

（5）田阳北部山地生态保护关键区域。

（6）平果中部喀斯特山地生态保护关键区域。

（7）都阳山喀斯特山地生态保护关键区域。

（8）上林－忻城－兴宾－柳江喀斯特山地生态保护关键区域。

（9）大明山生态保护关键区域。

（10）武鸣西部－隆安东部喀斯特山地生态保护关键区域。

（11）覃塘－兴宾－武宣喀斯特山地生态保护关键区域。

（12）镇龙山生态保护关键区域。

（13）莲花山生态保护关键区域。

（14）大瑶山中部和南部生态保护关键区域。

（15）大桂山南部生态保护关键区域。

（16）大容山生态保护关键区域。

（17）云开大山生态保护关键区域。

3. 北热带山地生态保护关键区域

（1）大王岭 – 黄连山生态保护关键区域。

（2）六韶山生态保护关键区域。

（3）桂西喀斯特山地生态保护关键区域。

（4）西大明山生态保护关键区域。

（5）江州 – 扶绥喀斯特山地生态保护关键区域。

（6）龙州 – 宁明喀斯特山地生态保护关键区域。

（7）大青山生态保护关键区域。

（8）四方岭生态保护关键区域。

（9）十万大山生态保护关键区域。

（10）罗阳山生态保护关键区域。

（11）六万大山生态保护关键区域。

（二）海岸带生态保护关键区域划分方案

（1）北仑河口 – 珍珠湾生态保护关键区域。

（2）防城港湾生态保护关键区域。

（3）钦州湾 – 三娘湾 – 大风江口生态保护关键区域。

（4）廉州湾生态保护关键区域。

（5）银滩岸段生态保护关键区域。

（6）铁山港湾 – 英罗湾生态保护关键区域。

（7）涠洲岛 – 斜阳岛生态保护关键区域。

三、广西国土空间生态保护关键区域的分布及特征

（一）山地生态保护关键区域分布及特征

广西山地生态保护关键区域面积 99 501.16 km²，占广西国土空间土地总面积的 41.88%，分为 3 个地带 45 片。

1. 中亚热带山地生态保护关键区域

广西中亚热带山地生态保护关键区域面积 35 317.81 km²，共有 17 片，包括凤凰山喀斯特山地生态保护关键区域、罗城南部 – 宜州东北部 – 环江中部喀斯特山地

生态保护关键区域、九万大山－摩天岭－大苗山生态保护关键区域、大南山－天平山－三江东部－融安北部山地生态保护关键区域、越城岭－猫儿山生态保护关键区域、全州东部山地生态保护关键区域、都庞岭生态保护关键区域、海洋山生态保护关键区域、桂林市区－阳朔－平乐喀斯特山地和漓江生态保护关键区域、架桥岭生态保护关键区域、融安－永福－鹿寨－柳城喀斯特山地生态保护关键区域、花山生态保护关键区域、萌渚岭生态保护关键区域、八步东部山地生态保护关键区域、大桂山生态保护关键区域、昭平－蒙山－荔浦－平乐山地生态保护关键区域、大瑶山北部生态保护关键区域。

（1）凤凰山喀斯特山地生态保护关键区域。

该区域土地总面积 3 755.75 km²，范围包括南丹县的中堡乡、月里镇、六寨镇东北部和东部及东南部、芒场镇、罗富镇东北部和东南部、里湖乡、城关镇西北部和东部、八圩乡东部和中部及西北部、车河镇西北部、大厂镇北部、吾隘镇东部和东北部、城关镇西部，环江县的川山镇北部和西北部及西部、下南乡、水源镇、思恩镇南部和西南部，金城江区的侧岭乡东部和东北部、拔贡镇北部和东部、六甲镇、东江镇北部。

该区域地貌类型有喀斯特山地和砂页岩山地。凤凰山北起南丹县月里镇，向东南延伸至宜州区龙头乡。凤凰山地层复杂，主要有石炭系灰岩，二叠系灰岩和白云岩，泥盆系的灰岩、硅质岩、砂岩、泥岩。山势北高南低，海拔一般为 900 m。最高峰为天峨县与南丹县交界的三匹虎，海拔 1 356 m。由灰岩形成的喀斯特峰丛石山，峰体粗壮雄伟，海拔 600 ～ 900 m，溶蚀洼地闭塞深邃；砂页岩山地，山岭明显，岭脊尖锐，坡陡谷深。区域内的河流有红水河的支流刁江、南丹河、贯河及龙江的上游打狗河。土壤类型有棕色石灰土、红壤、黄红壤。在石灰岩山地，局部区域（如自然保护区）有中亚热带石灰岩常绿落叶阔叶混交林，主要由壳斗科、樟科、木兰科、无患子科、大风子科、榆科、胡桃科、槭树科、紫金牛科、金缕梅科等种类组成；多数石灰岩山地主要为石灰岩石山灌丛，主要由苏木科、含羞草科、马鞭草科、大戟科、八角枫科等种类组成。在砂页岩山地，局部区域（如自然保护区）有中亚热带常绿阔叶林，以樟科、山茶科、木兰科、金缕梅科等种类占优势，其余主要为人工杉木林、松林。

该区域内有环江喀斯特世界自然遗产及广西三匹虎自治区级自然保护区、广西木论国家级自然保护区、广西南丹罗富泥盆系地层标准剖面自然保护区 3 个自然保护区。环江喀斯特世界自然遗产主要保护对象为锥形喀斯特地貌。环江喀斯特世界自然遗产地属陆地锥状喀斯特的典型代表，具有峰丛洼地、峰丛谷地、峰丛峡谷等组合景观类型，保存了独特的自然景观，是具有自然奇观和美学重要性的区域。南丹罗富泥盆系地层标准剖面自然保护区保护对象为泥盆系地层剖面和生物化石。广西木论国家级自然保护区已知维管束植物 1 064 种、陆生野生脊椎动物 284 种（谭伟福等，2014；木论喀斯特林区综合考察队，1995）。广西三匹虎自治区级自然保护区已知维管束植物 1 348 种、野生脊椎动物 378 种（谭伟福等，2014）。木论国家级自然保护区和三匹虎自治区级自然保护区的国家 I 级重点保护野生植物有南方红豆杉、单性木兰、小叶兜兰等；国家 II 级重点保护野生植物有桫椤、黑桫椤、金毛狗脊、云南穗花杉、篦子三尖杉、华南五针松、短叶黄杉、篦子三尖杉、掌叶木、香木莲、鹅掌楸、地枫皮、闽楠、伞花木、红椿等；国家 I 级重点保护野生动物有豹、云豹、林麝、大灵猫、小灵猫、金猫、黑颈长尾雉、穿山甲等；国家 II 级重点保护野生动物有蟒蛇、猕猴、藏酋猴、黑熊、斑林狸、黄喉貂、中华鬣羚、中华斑羚、白鹇、黑冠鹃隼、蛇雕、白尾鹞、凤头鹰、赤腹鹰、雀鹰、松雀鹰、普通鵟、白腿小隼、红隼、燕隼、游隼、红原鸡、白鹇、褐翅鸦鹃、小鸦鹃、草鸮、领角鸮、褐林鸮、领鸺鹠、斑头鸺鹠、长尾阔嘴鸟、仙八色鸫、细痣瑶螈、虎纹蛙等。

该区域土地总面积 3 755.76 km²。其中，林地 3 554.63 km²，占区域土地总面积的 94.65%；耕地 40.92 km²，占区域土地总面积的 1.09%；园地 20.58 km²，占区域土地总面积的 0.55%；草地 124.96 km²，占区域土地总面积的 3.33%；其他土地 14.67 km²，占区域土地总面积的 0.39%。生态公益林面积大，面积 1 479.50 km²。

该区域为土壤侵蚀极敏感区、石漠化极敏感区。该区域地貌主要为喀斯特山地，岩石多土壤少，部分为中山，坡度大，植被覆盖度大，水土保持功能极重要，是广西山地水土保持的关键区域之一。该区域是红水河的支流刁江、南丹河、贯河的源头区和水源涵养区，也是龙江的上游打狗河的水源涵养区。该区域生态公益林面积大，主要为天然林，具有水源涵养、保持水土、维护生物多样性等重要功能。该区域有广西木论国家级自然保护区和广西三匹虎自治区级自然保护区，生物多样性丰富，珍稀濒危物种多，生物多样性维护功能极重要，是广西国土空间生物多样性维护关键区域。区域内有环江喀斯特世界自然遗产、广西南丹拉希国家湿地公园，自然景观独特、优美。因此，该区域具有水土保持、水源涵养、生物多样性维护、提供独特自然景观等多种极重要的生态功能，是广西国土空间生态保护关键区域，对于维护广西国土空间生态安全具有重要作用。

该区域主要生态问题：水土流失较严重，局部石漠化严重；石灰岩形成的喀斯特山地植被以石山灌丛为主，水源涵养、水土保持、生物多样性维护等生态服务功能有待提高；砂页岩形成的山地，天然阔叶林面积少，人工林面积大，局部森林水源涵养功能减弱；局部矿产开发遗留有尾矿库，破坏了环境。生态保护主要方向与措施：采用工程措施和生物措施综合治理水土流失与石漠化；保护好现有天然林，加强封山育林，促使灌丛逐渐恢复为天然常绿落叶阔叶混交林，提高森林的水源涵养、水土保持、生物多样性维护等生态服务功能；加强世界自然遗产和自然保护区的建设和管理，维护生物多样性，保护好自然景观资源；综合治理矿山尾矿库，保护环境。

（2）罗城南部-宜州东北部-环江中部喀斯特山地生态保护关键区域。

该区域土地总面积 2 606.97 km²，范围包括宜州区的祥贝乡、安马乡北部和东部及南部、刘三姐镇西北部和中部及中东部、怀远镇东北部，罗城仫佬族自治县的四把镇、东门镇南部和东部及西北部、小长安镇西部和西南部、天河镇、乔善乡南部、怀群镇、兼爱乡西部和西南部，环江毛南族自治县的长美乡中部和南部及东北部、大安乡东部和东南部及东北部、明伦镇、洛阳镇北部。

该区域地貌为喀斯特峰丛洼地和峰林谷地。地层有石炭系灰岩、白云岩、泥灰岩、二叠系灰岩、白云岩、白云质灰岩。土壤类型有棕色石灰土、白粉土。喀斯特山地的植被主要为石山灌丛和灌草丛，主要由苏木科、含羞草科、马鞭草科、大戟科、八角枫科、禾本科植物组成，如小金合欢、聚果羊蹄甲、绢毛羊蹄甲、黄荆、红背山麻杆、八角枫、五节芒等。

该区域土地总面积 2 606.96 km²。其中，林地 2 508.11 km²，占区域土地总面积的 96.21%；耕地 39.57 km²，占区域土地总面积的 1.52%；园地 4.26 km²，占区域土地总面积的 0.16%；草地 39.98 km²，占区域土地总面积的 1.53%；水域 1.85 km²，占区域土地总面积的 0.07%；其他土地 13.19 km²，占区域土地总面积的 0.51%。生态公益林面积大，面积 1 524.40 km²。

该区域为土壤侵蚀极敏感区、石漠化敏感区。该区域地貌主要为喀斯特山地，坡度大、植被覆盖度大，水土保持功能极重要，是广西北部山地水土保持的关键区域之一。该区域生态公益林面积大，主要为天然林，具有水源涵养、水土保持、生物多样性维护等重要功能。该区域内有广西罗城国家地质公园，主要保护对象为岩溶地貌，自然景观独特性强。因此，该区域是广西国土空间生态保护的关键区域，对于维护广西国土空间生态安全具有重要作用。

该区域主要生态问题：水土流失较严重，局部石漠化严重；森林以石山灌木林为主，水源涵养、水土保持、生物多样性维护等生态服务功能有待提高。生态保护主要方向与措施：采用工程措施和生物措施综合治理水土流失和石漠化；保护好现有天然林，加强封山育林，促使灌木林逐渐恢复为天然常绿阔叶林，提高森林的水源涵养、水土保持、生物多样性维护等生态服务功能；加强地质公园管理，保护好地质景观资源。

（3）九万大山－摩天岭－大苗山生态保护关键区域。

该区域总面积 4 015.56 km²，范围包括融水苗族自治县的杆洞乡、同练乡、滚贝乡、汪洞乡、三防镇、怀宝镇、四荣乡、香粉乡、安陲乡、白云乡西南部、红水乡东南部、安太乡东部和南部及西部、洞头镇、融水镇北部和西部、永乐镇北部，融安县的长安镇西北部和西部，罗城仫佬族自治县的龙岸镇北部和西北部、宝坛乡、纳翁乡、兼爱乡东北部、黄金镇西北部和西南部、乔善乡西北部、天河镇东北部，环江毛南族自治县的东兴镇东北部和东部及东南部、长美乡东北部、龙岩乡、驯乐乡北部和中部。

该区域地貌为中山。九万大山呈西北－东南走向，分布在融水、罗城、环江等县，向西北延伸至贵州省，长约70km，宽约 20 km。海拔 1 000～1 200 m，主峰老高山在融水、环江两县交界处，海拔 1 683 m。九万大山地层主要由元古界的四堡群（由砂泥质岩夹火山碎屑岩、细碧岩、角斑岩组成）和上元古界的丹洲群（由变质的砂泥岩夹少量碳酸盐岩组成）及雪峰期花岗岩等构成。山体崎岖陡峻，峡谷深邃。发源于九万大山的河流流入融江和龙江。都柳江支流杆洞河、大年河和融江支流贝江均发源于九万大山。九万大山土壤类型有红壤、黄红壤、黄壤。九万大山地带性植被为中亚热带典型常绿阔叶林，森林茂密，主要由壳斗科、山茶科、樟科、木兰科植物组成。摩天岭呈北北东－南南西走向，位于融水苗族自治县的西北角，地层由上元古代雪峰期花岗岩组成，山势雄伟，海拔大多为 1 500～1 600 m，主峰摩天岭海拔 1 938 m。土壤类型有红壤、黄红壤、黄壤。地带性植被为中亚热带典型常绿阔叶林，森林茂密。大苗山位于融水苗族自治县的中部偏东地带，东北－西南走向，长约 50 km，宽 30～35 km，一般海拔 1 500 m 上下，主峰元宝山海拔 2 081 m，是广西第三高峰。地层大部分为雪峰期花岗岩，周围为四堡群及丹洲群岩系。河流沿山岭两侧发育，流入融江。土壤类型有红壤、黄红壤、黄壤。大苗山海拔高度大，植被垂直分布明显。海拔 1 000 m 以下是中亚热带典型常绿阔叶林，以樟科、山茶科、木兰科、金缕梅科等种类占优势；海拔 1 000～1 500 m 是中亚热带山地常绿落叶阔叶混交林，主要是由壳斗科、杜鹃花科、金缕梅科、安息香科、灰木科、山茶科植物组成；海拔 1 500 m 以上的是中亚热带山地针阔混交林，主要树种有南方铁杉、南方红豆杉、元宝山冷杉。

该区域内有广西九万山国家级自然保护区、广西元宝山国家级自然保护区、广西泗涧山大鲵自治区级自然保护区 3 个自然保护区。广西九万山国家级自然保护区已知维管束植物 2 735 种、大型真菌 219 种、野生脊椎动物 402 种、昆虫 1 280 种（李振宇等，1993；谭伟福等，2014）；广西元宝山国家级自然保护区已知维管束植物1 863种、大型真菌219种、陆生野生脊椎动物345种、昆虫634种（广西植物研究所，2011；谭伟福等，2014）；广西泗涧山大鲵自治区级自然保护区已知维管束植物约200种、野生脊椎动物142种（谭伟福等，2014）。3个自然保护区的国家Ⅰ级重点保护野生植物有元宝山冷杉、南方红豆杉等；国家Ⅱ级重点保护野生植物有金毛狗脊、桫椤、柔毛油杉、华南五针松、福建柏、鹅掌楸、合柱金莲木、伯乐树、云南拟单性木兰、闽楠、野大豆、花榈木、红椿、香果树、建兰、蕙兰、多花兰、春兰、寒兰、疏花石斛、重瓣石斛、细茎石斛、黑毛石斛等；国家Ⅰ级重点保护野生动物有豹、云豹、林麝、鼋、穿山甲、大灵猫、小灵猫等；国家Ⅱ级重点保护野生动物有蟒蛇、熊猴、猕猴、藏酋猴、斑林狸、水獭、黑熊、水鹿、中华鬣羚、红腹角雉、白鹇、红腹锦鸡、小天鹅、鸳鸯、黑冠鹃隼、蛇雕、草原鵰、鹊鹞、凤头鹰、褐耳鹰、凤头蜂鹰、赤腹鹰、松雀鹰、雀鹰、苍鹰、普通鵟、鹰雕、红隼、燕隼、褐翅鸦鹃、小鸦鹃、鹰鸮、草鸮、领角鸮、褐林鸮、领鸺鹠、斑头鸺鹠、仙八色鸫、山瑞鳖、地龟、大鲵、细痣瑶螈、虎纹蛙等。

该区域内有广西元宝山国家森林公园、广西红茶沟国家森林公园、广西元宝山－贝江自治区级风景名胜区，自然景观资源丰富。

该区域土地总面积4 015.56 km²。其中，林地3 783.92 km²，占区域土地总面积的94.27%；耕地147.87 km²，占区域土地总面积的3.68%；园地7.75 km²，占区域土地总面积的0.19%；草地69.15 km²，占区域土地总面积的1.72%；水域5.34 km²，占区域土地总面积的0.72%；其他土地1.53 km²，占区域土地总面积的0.04%。生态公益林面积大，面积940.41 km²。

该区域降水量大，森林覆盖率高达88.6%，是融江重要支流贝江、牛鼻河、泗潍河，龙江重要支流小环江及天河的源头区和水源涵养区，水源涵养功能极重要，是广西山地水源涵养关键区域。该区域天然林面积较大，有较大面积的中亚热带常绿阔叶林，生境质量高。另外，该区域有3个自然保护区，生物多样性丰富，珍稀濒危物种多，生物多样性维护功能极重要，是广西国土空间生物多样性维护关键区域。该区域地貌为中山，坡度大、植被覆盖度大，水土保持功能极重要，是广西山地水土保持的关键区域。该区域自然景观资源丰富，有2个森林公园、1个风景名胜区。因此，该区域具有水源涵养、生物多样性维护、水土保持、提供独特自然景观等多种极重要的生态功能，是广西国土空间生态保护关键区域，对于维护广西国土空间生态安全具有重要作用。

该区域主要生态问题：天然阔叶林面积小，人工林面积大，局部森林水源涵养功能减弱；雨季局部区域山洪、泥石流、滑坡等灾害多发。生态保护主要方向与措施：严格保护中亚热带典型常绿阔叶林生态系统；保护好现有天然林，努力扩大常绿阔叶林面积，提高森林的水源涵养功能；加强自然保护区建设和管理，维护生物多样性；加强森林公园和风景名胜区的保护，提升自然景观的质量；适度发展杉木、毛竹等用材林基地；综合防治山洪、泥石流、滑坡等自然灾害。

（4）大南山 – 天平山 – 三江东部 – 融安北部山地生态保护关键区域。

该区域土地总面积 4 148.42 km^2，范围包括龙胜各族自治县的平等镇东北部和东南部、马堤乡、伟江乡、泗水乡西北部、龙胜镇北部和西部及南部、瓢里镇东部和西部及南部、三门镇，临桂区的碗田乡北部和西部及南部、黄沙乡、五通镇西北部、茶洞镇北部和西南部，永福县的龙江乡、百寿镇北部和西部及东南部、三皇镇西部、永福镇西北部和西南部、广福乡西北部、永安乡东部，三江侗族自治县的斗江镇、林溪乡、高基乡、和平乡、古宜镇南部、丹洲镇北部和中部，融安县板榄镇、雅瑶乡、大将镇、大坡乡、泗顶镇东北部、浮石镇东北部、长安镇东部和东南部。

该区域地貌为中山。大南山从湖南省城步县延伸入龙胜县的北部，呈东北 – 西南走向，长约 80 km，宽约 30 km，海拔一般为 1 300 m。主峰南山顶在湖南省城步县境内，海拔 1 940 m。在广西境内的地层，北部为印支期花岗岩，南部为古老的中、上元古界的四堡群和丹洲群岩系及寒武系的清溪组砂岩。大南山是寻江部分支流的发源地。土壤类型有红壤、黄红壤、黄棕壤、黄壤。天平山呈北北东 – 南南西走向，长约 80 km，宽约 30 km，海拔一般为 1 300 m。主峰蔚青岭位于龙胜各族自治县南部，海拔 1 778 m。地层以寒武系清溪组（以页岩为主）、边溪组（以砂岩为主），以及元古界的四堡群和丹洲群岩系为主。天平山是洛清江的发源地，年降水量不少于 2 000 mm，土壤以山地红壤和山地黄壤为主。山上森林茂密，地带性植被为中亚热带典型常绿阔叶林，以壳斗科、山茶科、樟科、木兰科等植物为基本组成。人工植被主要为马尾松林、杉木林、毛竹林、银杏林、茶林，以及柑、橙、柚、柿等果林。

该区域内有广西花坪国家级自然保护区、广西三锁鸟类县级自然保护区、广西寿城自治区级自然保护区 3 个自然保护区。广西花坪国家级自然保护区已知维管束植物 1 505 种、大型真菌 202 种、野生脊椎动物 318 种、昆虫 677 种（广西花坪国家级自然保护区科学考察组，2013）。广西寿城自治区级自然保护区已知维管束植物 1 158 种、陆生野生脊椎动物 201 种（谭伟福等，2014）。3 个自然保护区的国家Ⅰ级重点保护野生植物有银杉、南方红豆杉、紫毛兜兰等；国家Ⅱ级重点保护野生植物有金毛狗脊、华南五针松、福建柏、篦子三尖杉、伯乐树、鹅掌楸、闽楠、花桐木、红椿、伞花木、香果树、建兰、多花兰、寒兰、细茎石斛等；国家Ⅰ级重点保护野生动物有林麝、云豹、大灵猫、小灵猫、白颈长尾雉、黄腹角雉、金雕、穿山甲等；国家Ⅱ级重点保护野生动物有黑熊、猕猴、藏酋猴、斑林狸、獐、水鹿、中华鬣羚、红腹锦鸡、红腹角雉、白鹇、黑翅鸢、蛇雕、凤头鹰、赤腹鹰、松雀鹰、苍鹰、日本松雀鹰、雀鹰、黑冠鹃隼、红隼、红脚隼、燕隼、褐翅鸦鹃、小鸦鹃、草鸮、黄嘴角鸮、褐林鸮、领角鸮、白腹鹞、鹊鹞、领鸺鹠、斑头鸺鹠、蟒蛇、细痣疣螈、虎纹蛙、三线闭壳龟、地龟、山瑞鳖等。

该区域土地总面积4 148.42 km^2。其中，林地3 869.39 km^2，占区域土地总面积的93.27%；耕地70.63 km^2，占区域土地总面积的1.70%；园地82.45 km^2，占区域土地总面积的1.99%；草地90.12 km^2，占区域土地总面积的2.17%；水域30.29 km^2，占区域土地总面积的0.73%；其他土地5.54 km^2，占区域土地总面积的0.13%。生态公益林面积大，面积1 091.05 km^2。

该区域年降水量高达2 000 mm，森林覆盖率高达89.1%，是洛清江和寻江部分支流的源头区和水源涵养区，水源涵养功能极重要，是广西山地水源涵养关键区域。该区域天然林面积大，有大面积的中亚热带常绿阔叶林，生境质量高，有3个自然保护区，生物多样性丰富，珍稀濒危物种多，生物多样性维护功能极重要，是广西生物多样性维护关键区域。该区域地貌为中山，坡度大、植被覆盖度大，水土保持功能极重要，是广西山地水土保持的关键区域。因此，该区域具有水源涵养、生物多样性维护、水土保持等多种极重要的生态功能，是广西国土空间生态保护关键区域，对于维护广西国土空间生态安全具有重要作用。

该区域主要生态问题：天然阔叶林面积小，人工林面积大，局部森林水源涵养功能减弱；雨季局部区域山洪、泥石流、滑坡等灾害多发。生态保护主要方向与措施：充分保护中亚热带典型常绿阔叶林生态系统；保护好现有天然林，努力扩大常绿阔叶林面积，提高森林的水源涵养功能；加强自然保护区建设和管理，维护生物多样性；适度发展杉木种植基地、毛竹用材林基地；综合防治山洪、泥石流、滑坡等自然灾害。

（5）越城岭–猫儿山生态保护关键区域。

该区域土地总面积4 042.81 km^2，范围包括资源县的梅溪乡、瓜里乡、车田乡、两水乡、河口乡、资源镇东部和西部、中峰乡东部和西部，全州县的咸水镇西北部、绍水镇西部和西北部、才湾镇北部和西部、龙水镇的西北部和东部、大西江镇的西部和北部及东部、文桥镇西部、黄沙河镇的西部、永岁镇西北部，兴安县的华江乡、界首镇西北部、严关镇北部、溶江镇西北部，灵川县的蓝田乡、三街镇北部、青狮潭镇、公平乡，临桂区的宛田乡东部，龙胜各族自治县的龙脊镇、江底乡中部和南部、泗水乡东部。

该区域地貌为中山。越城岭为东北 – 西南走向的山地，长约 100 km，宽约 20 km，海拔约 1 500 m。主峰真宝顶在资源、全州两县边境，海拔 2 123.4 m，是广西的第二高峰。越城岭主体部分由加里东花岗岩组成，山地东南侧有寒武系和奥陶系的地层出露。发源于越城岭的河流分别注入湘江和资江。猫儿山地处资源和兴安两县境内，呈东北 – 西南走向，长约 60 km，宽 10 ～ 15 km。猫儿山地层以加里东晚期花岗岩及古生代变质岩为主，次为震旦系变质岩及燕山期花岗岩。猫儿山海拔约为 1 500 m，主峰位于资源、兴安两县交界处，峰顶海拔 2 141.5 m，为广西第一高峰。猫儿山为漓江、资江和浔江的发源地。猫儿山多年平均降水量为 2 509.1 mm，是广西多雨中心之一。越城岭、猫儿山的地带性土壤为山地红壤，垂直带上有山地黄红壤、山地黄壤、山地黄棕壤，局部有山地草甸土。越城岭、猫儿山处中亚热带，原生地带性植被为中亚热带典型常绿阔叶林。猫儿山植被的垂直分布明显，海拔 1 300 m 以下为典型常绿阔叶林，以壳斗科、樟科、山茶科、杜英科、冬青科植物为主；海拔 1 300 ～ 1 800 m 为山地常绿落叶阔叶混交林；海拔 1 800 m 以上为山顶矮林，组成的种类也以常绿、落叶阔叶混交林为主。此外，在海拔 1 800 ～ 2 000 m 有大片华南铁杉林，1 400 m 以上山脊零星分布有长苞铁杉林。

该区域内有广西五福宝顶自治区级自然保护区、广西猫儿山国家级自然保护区、广西银竹老山资源冷杉国家级自然保护区、广西建新自治区级自然保护区、广西青狮潭自治区级自然保护区 5 个自然保护区。广西猫儿山国家级自然保护区已知维管束植物 2 484 种、野生脊椎动物 345 种（李矿明等，2000；谭伟福等，2014）。广西银竹老山资源冷杉国家级自然保护区已知维管束植物 1 185 种、大型真菌 192 种、野生脊椎动物 259 种、昆虫 823 种（广西林业勘测设计院，2013）。广西青狮潭自治区级自然保护区已知维管束植物 1 400 多种、陆生野生脊椎动物 170 多种（谭伟福等，2014）。广西五福宝顶自治区级自然保护区已知维管束植物约 1 000 种、陆生野生脊椎动物约 200 种（谭伟福等，2014）。广西建新自治区级自然保护区已知维管束植物 1 025 种、陆生野生脊椎动物 231 种（谭伟福等，2014）。5 个自然保护区的国家 I 级重点保护野生植物有银杉、红豆杉、南方红豆杉、资源冷杉等；国家 II 级重点保护野生植物有金毛狗脊、桫椤、黑桫椤、柔毛油杉、华南五针松、福建柏、伯乐树、凹叶厚朴、鹅掌楸、闽楠、花榈木、伞花木、香果树、金荞麦、闽楠、榉树、胡豆莲、野大豆、多花兰、春兰、细茎石斛等；国家 I 级重点保护野生动物有豹、云豹、林麝、大灵猫、小灵猫、金猫、豺、白颈长尾雉、黄腹角雉、穿山甲等；

国家Ⅱ级重点保护野生动物有猕猴、短尾猴、藏酋猴、斑林狸、水獭、青鼬、黑熊、獐、水鹿、中华鬣羚、红腹角雉、红腹锦鸡、勺鸡、白鹇、黑冠鹃隼、燕隼、红隼、草原鹞、鹊鹞、赤腹鹰、松雀鹰、雀鹰、凤头鹰、鹰雕、猛隼、褐翅鸦鹃、小鸦鹃、褐渔鸮、灰鹤、普通鵟、蛇雕、红角鸮、领角鸮、长耳鸮、草鸮、领鸺鹠、斑头鸺鹠、短耳鸮、仙八色鸫、蟒蛇、地龟、大鲵、虎纹蛙等。

该区域内有广西资源国家地质公园、广西八角寨国家森林公园、广西龙胜温泉国家森林公园、广西龙胜龙脊梯田国家湿地公园、广西龙脊自治区级风景名胜区、广西八角寨－资江自治区级风景名胜区。广西资源国家地质公园以丹霞地貌为特征，集险、峻、雄、奇、秀、幽于一体，其发育程度和品位之高，国内外实属罕见，被地质、园林、旅游专家誉为"世界丹霞之魂""世界丹霞奇观""高品位的国家级观赏公园"；2005 年资源八角寨被《中国国家地理》杂志评为中国最美的七大丹霞之一（黄云清等，2012）。

该区域土地总面积 4 042.81 km^2。其中，林地 3 826.28 km^2，占区域土地总面积的 94.64%；耕地 107.29 km^2，占区域土地总面积的 2.65%；园地 17.36 km^2，占区域土地总面积的 0.43%；草地 37.95 km^2，占区域土地总面积的 0.94%；水域 33.44 km^2，占区域土地总面积的 0.83%；其他土地 20.49 km^2，占区域土地总面积的 0.51%。生态公益林面积大，面积 2 013.07 km^2。

该区域是广西多雨中心之一，年降水量高达 2 509.1 mm，森林覆盖率高达 90.1%，是漓江、资江和浔江及湘江部分支流的源头区和水源涵养区，水源涵养功能极重要，是广西山地水源涵养关键区域。该区域天然林面积大，有大面积的中亚热带常绿阔叶林，生境质量高，有 5 个自然保护区，生物多样性丰富，珍稀濒危物种多，生物多样性维护功能极重要，是广西生物多样性维护关键区域。该区域地貌为中山，坡度大，植被覆盖度大，水土保持功能极重要，是广西山地水土保持的关键区域。该区域自然景观资源丰富，有 2 个森林公园、1 个地质公园、1 个湿地公园、2 个风景名胜区，自然景观独特、美丽。因此，该区域具有水源涵养、生物多样性维护、水土保持、提供独特自然景观等多种极重要的生态功能，是广西国土空间生态保护关键区域，对于维护广西国土空间生态安全具有重要作用。

该区域主要生态问题：天然阔叶林面积小，人工林面积大，局部森林水源涵养功能减弱；雨季局部区域山洪、泥石流、滑坡等灾害多发。生态保护主要方向与措施：严格保护中亚热带典型常绿阔叶林生态系统和山地常绿落叶阔叶混交林生态系统；保护好现有天然林，努力扩大常绿阔叶林面积，提高森林的水源涵养功能；加强自然保护区建设和管理，维护生物多样性；加强森林公园、地质公园、湿地公园、风景名胜区等的保护，提升自然景观的质量；适度发展杉木、毛竹等用材林基地；防治山洪、泥石流、滑坡等自然灾害。

（6）全州东部山地生态保护关键区域。

该区域范围包括全州县的东山乡、白宝乡、永岁镇东南部、两河镇东北部。

该区域山地主要为喀斯特峰林峰丛地貌，在东南部为中山、低山，海拔 $500\sim$ $1\,200\,m$。地层主要有泥盆系灰岩、石炭系灰岩，在东南部地层为泥盆系砂页岩。土壤为棕色石灰土，东南部为黄壤。在喀斯特山地的植被主要为石山灌丛，在东南部中山低山的植被主要为松林。

该区域土地总面积 $839.41\,km^2$。其中，林地 $745.59\,km^2$，占区域土地总面积的 88.82%；耕地 $91.08\,km^2$，占区域土地总面积的 10.85%；园地 $0.14\,km^2$，占区域土地总面积的 0.02%；草地 $2.28\,km^2$，占区域土地总面积的 0.27%；其他土地 $0.32\,km^2$，占区域土地总面积的 0.04%。生态公益林面积大，面积 $362.33\,km^2$。

该区域为土壤侵蚀极敏感区、石漠化敏感区。区域地貌主要为喀斯特山地，在东南部为中山、低山，坡度大，植被覆盖度大，水土保持功能极重要，是广西东北部山地水土保持的关键区域。该区域生态公益林面积大，主要为天然林，具有水源涵养、水土保持、维护生物多样性等重要功能。因此，该区域是广西国土空间生态保护的关键区域，对于维护广西国土空间生态安全具有重要作用。

该区域主要生态问题：水土流失较严重，局部石漠化严重；喀斯特山地植被以石山灌丛为主，水源涵养、水土保持、生物多样性维护等生态服务功能有待提高。生态保护主要方向与措施：采用工程措施和生物措施综合治理水土流失与石漠化；保护好现有天然林，加强封山育林，促使石山灌丛逐渐恢复为天然常绿阔叶林，提高森林的水源涵养、水土保持、生物多样性维护等生态服务功能。

（7）都庞岭生态保护关键区域。

该区域范围包括灌阳县的水车镇东部和西部及南部、灌阳镇东部和东南部、新街镇东南部、黄关镇东部和南部、观音阁乡东南部，恭城瑶族自治县的观音乡。

该区域地貌为中山、低山。都庞岭处于湘桂交界处，跨广西的灌阳县、恭城瑶族自治县和湖南道县及江水县。都庞岭呈东北 - 西南走向，长约 $75\,km$，宽约 $20\,km$，海拔一般为 $1\,400\,m$。主峰韭菜岭位于灌阳县和道县边境，海拔 $2\,009\,m$。地层以加里东期和燕山晚期的花岗岩为主，南北两端为寒武系砂页岩。山体高大，河流沿东西两侧发育，分别注入灌江、潇江和恭城河。土壤类型有红壤、黄红壤、黄棕壤、黄壤、紫色土。山上森林茂密，地带性植被为中亚热带典型常绿阔叶林，垂直带上有山地常绿落叶阔叶混交林、针阔叶混交林、山顶矮林；人工植被有马尾松林、杉木林、毛竹林、油桐林。

该区域内有广西千家洞国家级自然保护区。保护区内已知维管束植物 1 792 种、脊椎动物 235 种、昆虫 922 种(谭伟福等，2014；国家林业局中南调查规划设计院等，2001)。其中，国家Ⅰ级重点保护野生植物有南方红豆杉；国家Ⅱ级重点保护野生植物有金毛狗脊、华南五针松、福建柏、白豆杉、伯乐树、凹叶厚朴、鹅掌楸、闽楠、花榈木、红椿、伞花木、建兰、蕙兰、春兰、寒兰、钩状石斛、铁皮石斛、疏花石斛等；国家Ⅰ级重点保护野生动物有林麝、大灵猫、小灵猫、黄腹角雉、穿山甲、白颈长尾雉等；国家Ⅱ级重点保护野生动物有猕猴、藏酋猴、水獭、獐、水鹿、中华鬣羚、红腹角雉、勺鸡、白鹇、红腹锦鸡、黑冠鹃隼、松雀鹰、雀鹰、普通鵟、草鸮、雕鸮、斑头鸺鹠、短耳鸮、大鲵、虎纹蛙等。

该区域土地总面积 656.08 km^2。其中，林地 606.07 km^2，占区域土地总面积的 92.38%；耕地 16.64 km^2，占区域土地总面积的 2.54%；园地 16.44 km^2，占区域土地总面积的 2.51%；草地 15.73 km^2，占区域土地总面积的 2.40%；其他土地 1.20 km^2，占区域土地总面积的 0.18%。生态公益林面积大，面积 191.45 km^2。

该区域森林覆盖率高达 88.2%，是灌江和恭城河部分支流的源头区与水源涵养区，水源涵养功能极重要，是广西山地水源涵养关键区域。该区域有较大面积的中亚热带常绿阔叶林，生境质量高。区域内有广西千家洞国家级自然保护区，生物多样性丰富，珍稀濒危物种多，生物多样性维护功能极重要，是广西生物多样性维护关键区域。该区域地貌为中山，坡度大，植被覆盖度大，水土保持功能极重要，是广西山地水土保持的关键区域。因此，该区域具有水源涵养、水土保持、生物多样性维护等多种极重要的生态功能，是广西国土空间生态保护关键区域，对于维护广西国土空间生态安全具有重要作用。

该区域主要生态问题：天然阔叶林面积小，人工林面积大，局部森林水源涵养功能减弱。生态保护主要方向与措施：严格保护中亚热带典型常绿阔叶林生态系统和山地常绿落叶阔叶混交林及针阔叶混交林生态系统；保护好现有天然林，努力扩大常绿阔叶林面积，提高森林的水源涵养功能；加强自然保护区建设和管理，维护生物多样性；适度发展杉木种植基地、毛竹用材林基地。

(8)海洋山生态保护关键区域。

该区域土地总面积 2 411.23 km^2，范围包括全州县的蕉江瑶族乡、安和乡东部和南部及西部、石塘镇南部，兴安县的漠川乡、白石乡、高尚镇东南部、湘漓镇东部、界首镇东南部，全州县的凤凰镇南部、蕉江乡、石塘镇南部，灌阳县的洞井乡、观音阁乡北部、西山乡、新街镇西北部、黄关镇西部、灌阳镇西部、新圩镇西部，恭城瑶族自治县的栗木镇西北部和北部、嘉会镇西北部、西岭镇北部和西部,阳朔县的兴坪镇东北部、福利镇东北部,灵川县的大境乡、海洋乡、潮田乡。

该区域地貌为中山。海洋山呈东北–西南走向,长约 97 km,宽 35～40 km,海拔一般为 1 200 m。主峰宝界岭位于兴安县和灌阳县边境,海拔 1 935.8 m。海洋山地层主要有泥盆系砂岩和页岩、寒武系砂岩和页岩、奥陶系砂和页岩、加里东期花岗岩。区域内,山体大多庞大,河流流入湘江和漓江,水资源丰富。土壤类型有红壤、黄红壤、黄壤、紫色土。山上森林茂密,地带性植被为中亚热带典型常绿阔叶林,垂直带上有山地常绿落叶阔叶混交林、山顶矮林,主要树种有栲树、细叶栲、水椎栲、金毛石柯、樟树等,人工植被有马尾松林、杉木林、毛竹林、银杏林。

该区域内有广西海洋山自治区级自然保护区。保护区已知维管束植物 1 756 种、大型真菌 267 种、脊椎动物 243 种、昆虫 2 336 种(国家林业局中南调查规划设计院,2003;谭伟福等,2014)。其中,国家 I 级重点保护野生植物有南方红豆杉;国家 II 级重点保护野生植物有华南五针松、金毛狗脊、伯乐树、闽楠、香果树、红椿、花榈木、榉树等;国家 I 级重点保护野生动物有云豹、林麝、大灵猫、小灵猫、黄腹角雉、白颈长尾雉、穿山甲等;国家 II 级重点保护野生动物有河麂、白鹇、红腹角雉、红腹锦鸡、蛇雕、雀鹰、燕隼、蟒蛇、地龟、虎纹蛙等。

该区域土地总面积 2 411.23 km²。其中,林地 2 298.44 km²,占区域土地总面积的 95.32%;耕地 14.94 km²,占区域土地总面积的 0.62%;园地 48.60 km²,占区域土地总面积的 2.02%;草地 38.35 km²,占区域土地总面积的 1.59%;水域 10.12 km²,占区域土地总面积的 0.42%;其他土地 0.78 km²,占区域土地总面积的 0.03%。生态公益林面积大,面积 1 027.90 km²。

该区域山上森林茂密,森林覆盖率高达 91.7%,是湘江正源及其支流漠川河、磨石河、灌江的发源地,也是漓江支流潮田河、大源河、澄江的发源地,水源涵养功能极重要,是广西山地水源涵养关键区域。该区域有较大面积的中亚热带常绿阔叶林,生境质量高。区域内有广西海洋山自治区级自然保护区,生物多样性丰富,珍稀濒危物种多,生物多样性维护功能极重要,是广西生物多样性维护关键区域。该区域地貌为中山,坡度大,植被覆盖度大,水土保持功能极重要,是广西山地水土保持的关键区域。因此,该区域具有水源涵养、生物多样性维护、水土保持等多种极重要的生态功能,是广西国土空间生态保护关键区域,对于维护广西国土空间生态安全具有重要作用。

该区域主要生态问题:天然阔叶林面积小,人工林面积大,局部森林水源涵养功能减弱;海洋山南部分布有铅、锌、锡等有色金属,在开采过程中留有矿山废弃地，对生态环境造成一定的污染。生态保护主要方向与措施：严格保护中亚热带典型常绿阔叶林生态系统和山地常绿落叶阔叶混交林生态系统；保护现有天然林，努力扩大天然阔叶林面积，提高森林的水源涵养功能；适度发展杉木、毛竹等用材林基地；建设好自然保护区，保护生物多样性；治理矿山废弃地和环境污染。

（9）桂林市区 – 阳朔 – 平乐喀斯特山地和漓江生态保护关键区域。

该区域范围包括灵川县的潮田乡西南部、大圩镇南部，桂林市雁山区的柘木镇南部、雁山镇东部、大埠乡东部、草坪乡，阳朔县的杨堤乡、兴坪镇西北部和西部及西南部、葡萄镇东北部和东部、福利镇东部和西北部、金宝乡东北部、白沙镇西北部和西部及西南部、阳朔镇北部，平乐县的沙子镇北部和南部、平乐镇北部和东部、二塘镇东北部和南部、张家镇东北部和西部。

该区域地层主要为泥盆系灰岩，小部分为石炭系灰岩。地貌类型为峰丛洼地和峰林谷地，峰丛、峰林石山海拔 300 ～ 500 m，最高峰金子山位于阳朔县北部，海拔 725 m。土壤类型有棕色石灰土、白粉土。地带性原生植被为中亚热带石灰岩常绿落叶阔叶混交林。小部分喀斯特山地保留有中亚热带石灰岩常绿落叶阔叶混交林，大部分喀斯特山地现状植被为石灰岩灌丛和灌草丛。

该区域土地总面积 1 070.90 km²。其中，林地 864.68 km²，占区域土地总面积的 80.74%；耕地 16.37 km²，占区域土地总面积的 1.53%；园地 179.18 km²，占区域土地总面积的 16.73%；草地 5.59 km²，占区域土地总面积的 0.52%；水域 3.97 km²，占区域土地总面积的 0.37%；其他土地 1.11 km²，占区域土地总面积的 0.10%。生态公益林面积大，面积 643.10 km²。

该区域有桂林喀斯特（世界自然遗产地）、桂林漓江国家级风景名胜区，自然景观资源丰富、独特。桂林喀斯特（世界自然遗产地）范围 700.64 km²，主要保护对象为大陆型塔状喀斯特地貌。桂林喀斯特发育在泥盆系的褶皱石灰岩上，在湿润气候的条件下，形成了峰林（塔状喀斯特）和峰丛（锥状喀斯特）喀斯特地貌。在热带和亚热带地区，桂林喀斯特代表喀斯特地貌演化的最近阶段，被公认为世界上塔状喀斯特景观的杰出代表，并且被国际上认可为内陆塔状喀斯特的典型地区。桂林喀斯特是"中国南方喀斯特"系列的重要组成部分，在世界上具有独一无二的地位，是"中国南方喀斯特"地貌演化史完美结局的呈现（韦清耀，2014；刘倩，2015）。漓江由北向南贯穿桂林市区，是桂林市的主要河流，其中桂林市区 – 阳朔段两岸为典型的喀斯特峰丛峰林地貌，峰丛峰林倒映在漓江中，形成了山水相映、美轮美奂、绚丽独特的山水风光，享有"山水甲天下"的美誉。该区域生物多样性丰富，珍稀濒危物种多。桂林喀斯特世界自然遗产地共有高等植物 754 种，脊椎动物 525 种，国家重点保护野生动植物 55 种（沈利娜等，2014）。其中，国家 II 级重点保护野生植物有金毛狗脊、伞花木等；国家 I 级重点保护野生动物有云豹、林麝、白鹳、白肩雕、白颈长尾雉、黑颈长尾雉、黄腹角雉等。

该区域为土壤侵蚀极敏感区、石漠化极敏感区。区域地貌主要为喀斯特山地，岩石多土壤少，坡度大，植被覆盖度大，水土保持功能极重要。因此，该区域具有提供独特自然景观、生物多样性维护、水土保持等多种极重要的生态功能，是广西国土空间生态保护关键区域，对于维护广西国土空间生态安全具有重要作用。

该区域主要生态问题：部分区域水土流失和石漠化较严重；部分喀斯特山地植被以石山灌丛为主，水源涵养、水土保持、生物多样性维护等生态服务功能有待提高；每年的枯水期，漓江流量剧减，影响了旅游业发展。生态保护主要方向与措施：采用工程措施和生物措施综合治理水土流失与石漠化；保护好现有天然林，加强封山育林，促使灌丛逐渐恢复为天然常绿落叶阔叶混交林，提高森林的水源涵养、水土保持、生物多样性维护等生态服务功能；加强世界自然遗产地和风景名胜区的保护和管理，保护好自然景观资源；加强漓江流域综合整治，从节水和加强地下水后备水源地的开发与建设两方面来保障流域用水安全，保护好美丽的桂林山水这一宝贵的世界遗产资源。

（10）架桥岭生态保护关键区域。

该区域范围包括永福县的堡里镇、广福乡东南部、罗锦镇东部和中部及南部，临桂区的南边山镇西部和西南部、六塘镇西部、会仙镇西南部，阳朔县的金宝乡西部，荔浦市的蒲芦乡、茶城乡西部和北部、花篢镇北部和西部及西南部、大塘镇西北部，鹿寨县的黄冕镇东部、拉沟乡、寨沙镇东北部和东南部、四排镇东北部，金秀瑶族自治县的三江乡北部和东北部、头排镇北部。

该区域地貌为中山、低山。架桥岭呈北北东–南南西走向，长约 60 km，宽约 27 km，海拔一般为 800 m。最高峰三县界，位于永福县东部，海拔 1 246.9 m。北部地层为寒武系砂页岩，四周为泥盆系砂页岩和砾岩；南部地层主要为泥盆系砂页岩、砾岩，间有寒武系砂页岩。山势陡峭，脊线明显。周围为低山，海拔 500～700 m。发源于架桥岭的河流流入洛清江和漓江。土壤类型有红壤、黄红壤、黄壤、紫色土。山上森林茂密，地带性植被为中亚热带典型常绿阔叶林，因人为破坏，目前只在沟谷尚有保存。人工植被有杉木林、马尾松林、毛竹林，以及柑、橙、柚等果林。

该区域内有广西架桥岭自治区级自然保护区、广西拉沟自治区级自然保护区 2 个自然保护区。广西架桥岭自治区级自然保护区已知维管束植物 1 200 多种、野生脊椎动物 250 多种；广西拉沟自治区级自然保护区已知维管束植物 1 078 种、陆生野生脊椎动物 276 种（谭伟福等，2014）。2 个自然保护区的国家Ⅰ级重点保护野生植物有南方红豆杉；国家Ⅱ级重点保护野生植物有金毛狗脊、桫椤、福建柏、柔毛油杉、伯乐树、闽楠、凹叶厚朴、金荞麦、榉树、红椿、伞花木等；国家Ⅰ级重点保护野生动物有林麝、大灵猫、小灵猫、白颈长尾雉、穿山甲等；国家Ⅱ级重点保护野生动物有猕猴、斑林狸、中华鬣羚、黑翅鸢、蛇雕、凤头鹰、凤头蜂鹰、褐耳鹰、松雀鹰、日本松雀鹰、雀鹰、白腹隼雕、红隼、燕隼、白鹇、褐翅鸦鹃、小鸦鹃、鹊鹞、普通鵟、草鸮、领角鸮、黄嘴角鸮、灰林鸮、领鸺鹠、斑头鸺鹠、蟒蛇、山瑞鳖、地龟、虎纹蛙等。

该区域土地总面积 1 987.97 km^2。其中，林地 1 842.73 km^2，占区域土地总面积的 92.71%；耕地 37.77 km^2，占区域土地总面积的 1.90%；园地 42.35 km^2，占区域土地总面积的 2.13%；草地 47.78 km^2，占区域土地总面积的 2.39%；水域 16.53 km^2，占区域土地总面积的 0.88%；其他土地 0.81 km^2，占区域土地总面积的 0.04%。生态公益林面积较大，面积 763.78 km^2。

该区域山上森林茂密，森林覆盖率高达 90.7%，是漓江和洛清江很多支流的发源地，水源涵养功能极重要，是广西山地水源涵养关键区域。该区域有较大面积的中亚热带常绿阔叶林，生境质量高。区域内有广西架桥岭自治区级自然保护区和广西拉沟自治区级自然保护区，生物多样性丰富，珍稀濒危物种多，生物多样性维护功能极重要，是广西生物多样性维护关键区域。该区域地貌为中山、低山，坡度大，植被覆盖度大，水土保持功能极重要，是广西山地水土保持的关键区域。因此，该区域具有水源涵养、生物多样性维护、水土保持等多种极重要的生态功能，是广西国土空间生态保护关键区域，对于维护广西国土空间生态安全具有重要作用。

该区域主要生态问题：天然阔叶林面积小，人工林面积大，局部森林水源涵养功能减弱。生态保护主要方向与措施：充分保护中亚热带典型常绿阔叶林生态系统；保护现有天然林，努力扩大天然阔叶林面积，提高森林的水源涵养功能；适度发展杉木用材林基地；建设好自然保护区，保护生物多样性。

（11）融安 – 永福 – 鹿寨 – 柳城喀斯特山地生态保护关键区域。

该区域范围包括融安县的大良镇东部和东北部及东南部、东起乡南部和西部、浮石镇东南部、沙子乡、板桥乡、泗顶镇东南部和西南部，柳城县的太平镇东北部和西南部，鹿寨县的中渡镇西部和西北部、平山镇东部和西部及北部，永福县的三皇镇、永安乡西部和西北部及西南部、百寿镇南部。

该区域地层有泥盆系灰岩、白云质灰岩、硅质岩、砾岩，石炭系灰岩。地貌主要为喀斯特峰丛洼地、谷地。土壤为棕色石灰土。石山植被主要为石灰岩灌丛和灌草丛，主要由苏木科、含羞草科、马鞭草科、大戟科、八角枫科、禾本科植物组成。该区域有广西鹿寨香桥岩溶国家地质公园，主要地貌类型为岩溶峰丛、峰林、天坑、溶洞、天生桥、石林等，集中体现为桥奇、峡秀、洞幽、林美、水魅，被地质学家誉称为"中国名副其实的喀斯特地质博物馆"，是"中国南方热带岩溶地貌景观的缩影"（国家地质公园网络中心，2014）。

该区域土地总面积 1 637.04 km²。其中，林地 1 390.15 km²，占区域土地总面积的84.92%；耕地 107.14 km²，占区域土地总面积的6.54%；园地 109.12 km²，占区域土地总面积的6.67%；草地 8.40 km²，占区域土地总面积的0.51%；水域 20.47 km²，占区域土地总面积的1.25%；其他土地 1.76 km²，占区域土地总面积的0.11%。生态公益林面积大，面积 842.28 km²。

该区域为土壤侵蚀极敏感区、石漠化敏感区。区域地貌主要为喀斯特山地，坡度大，植被覆盖度大，水土保持功能极重要，是广西北部山地水土保持的关键区域之一。该区域生态公益林面积大，主要为天然林，具有水源涵养、水土保持、生物多样性维护等重要功能。区域内有广西鹿寨香桥岩溶国家地质公园，自然景观独特。因此，该区域是广西国土空间生态保护的关键区域，对于维护广西国土空间生态安全具有重要作用。

该区域主要生态问题：水土流失较严重，局部石漠化严重；森林以石山灌木林为主，水源涵养、水土保持、生物多样性维护等生态服务功能有待提高。生态保护主要方向与措施：采用工程措施和生物措施综合治理水土流失与石漠化；保护好现有天然林，加强封山育林，促使灌木林逐渐恢复为天然常绿阔叶林，提高森林的水源涵养、水土保持、生物多样性维护等生态服务功能。

（12）花山生态保护关键区域。

该区域范围包括恭城瑶族自治县的龙虎乡东南部、嘉会镇东部和东南部、平安乡东北部和东部及东南部、三江乡、莲花镇东北部和东部及东南部，平乐县同安镇东北部和东部，富川县朝东镇南部、城北镇西部和西南部、富阳镇西北部和西部及西南部、柳家乡西北部和西部，钟山县的两安乡、花山乡、红花镇西北部和西部、燕塘镇北部。

该区域地貌为中山。花山大致呈南北走向，长约 62 km，宽约 19 km，海拔约 1 000 m，主峰银殿山海拔 1 885 m。花山的地层，南段、北段均为燕山期花岗岩侵入体，中段为寒武系砂页岩，周围有泥盆系沉积岩。山体西坡较平缓，东坡较陡峭。发源于花山的河流流入桂江的支流恭城河和思勤江及贺江的上游富川江。土壤类型有红壤、黄红壤、黄棕壤、黄壤。山上森林茂密，地带性植被为中亚热带典型常绿阔叶林，人工植被有马尾松林、杉木林、油茶林，以及柑、橙、柚、柿等果林。

该区域内有广西银殿山自治区级和广西西岭山自治区级自然保护区。广西银殿山自治区级自然保护区已知维管束植物 788 种、陆生野生脊椎动物 160 种（谭伟福等，2014）。广西西岭山自治区级自然保护区已知维管束植物 1 411 种、陆生野生脊椎动物 165 种（广西林业勘测设计院，2006；谭伟福等，2014）。2 个自然保护区的国家Ⅰ级重点保护野生植物有红豆杉；国家Ⅱ级重点保护野生植物有桫椤、金毛狗脊、华南五针松、柔毛油杉、福建柏、榉树、鹅掌楸、闽楠、伞花木、花榈木、榉树、建兰、多花兰、蕙兰、春兰、寒兰、铁皮石斛、疏花石斛等；国家Ⅰ级重点保护野生动物有林麝、小灵猫、黄腹角雉、白颈长尾雉、穿山甲等；国家Ⅱ级重点保护野生动物有猕猴、藏酋猴、斑林狸、水獭、水鹿、中华鬣羚、白鹇、红腹锦鸡、鸳鸯、黑冠鹃隼、凤头鹰、松雀鹰、苍鹰、红隼、燕鹰、褐翅鸦鹃、小鸦鹃、草鸮、斑头鸺鹠、仙八色鸫、大鲵、虎纹蛙、细痣瑶螈等。

该区域土地总面积 1 171.26 km²。其中，林地 1 083.56 km²，占区域土地总面积的 92.51%；耕地 2.56 km²，占区域土地总面积的 0.22%；园地 72.07 km²，占区域土地总面积的 6.51%；草地 4.84 km²，占区域土地总面积的 0.41%；水域 5.09 km²，占区域土地总面积的 0.43%；其他土地 3.14 km²，占区域土地总面积的 0.27%。生态公益林面积较大，面积 378.01 km²。

该区域山上森林茂密，森林覆盖率高达 90.4%，是桂江的支流恭城河和思勤江及贺江的上游富川江的水源涵养区，水源涵养功能极重要，是广西山地水源涵养关键区域。该区域有较大面积的中亚热带常绿阔叶林，生境质量高。区域内有广西银殿山自治区级自然保护区和广西西岭山自治区级自然保护区，生物多样性丰富，珍稀濒危物种多，生物多样性维护功能极重要，是广西生物多样性维护关键区域。该区域地貌为中山、低山，坡度大，植被覆盖度大，水土保持功能极重要，是广西山地水土保持的关键区域。因此，该区域具有水源涵养、生物多样性维护、水土保持等多种极重要的生态功能，是广西国土空间生态保护关键区域，对于维护广西国土空间生态安全具有重要作用。

该区域主要生态问题：天然阔叶林面积小，人工林面积大，局部森林水源涵养功能减弱。生态保护主要方向与措施：充分保护中亚热带典型常绿阔叶林生态系统；保护现有天然林，努力扩大天然阔叶林面积，提高森林的水源涵养功能；适度发展杉木用材林基地；建设好自然保护区，保护生物多样性。

（13）萌渚岭生态保护关键区域。

该区域范围包括贺州市八步区的开山镇、桂岭镇西部和北部及东北部、里松镇，平桂区的黄田镇北部和东北部、望高镇东部和东北部。

该区域地貌为中山。萌渚岭的主体从湖南省江华县境内向南延伸入广西贺州市八步区和平桂区，呈东北 – 西南走向，长约 130 km，宽约 50 m，海拔 1 100 ～ 1 200 m，主峰山马塘顶，海拔 1 787 m；西南部称为姑婆山，主峰海拔 1 731 m。萌渚岭山势高峻，河谷深切。发源于萌渚岭的河流流入贺江。土壤类型有红壤、黄红壤、黄棕壤、黄壤。区域内的山体，森林茂密，地带性植被为中亚热带典型常绿阔叶林。

该区域内有广西姑婆山自治区级自然保护区，已知维管束植物 1 083 种、陆生野生脊椎动物 183 种（谭伟福等，2014）。其中，国家Ⅱ级重点保护野生植物有桫椤、金毛狗脊、华南五针松、福建柏、闽楠、花榈木、红椿等；国家Ⅰ级重点保护野生动物有林麝、小灵猫、黄腹角雉、鳄蜥、穿山甲等；国家Ⅱ级重点保护野生动物有斑林狸、水獭、中华鬣羚、白鹇、鸳鸯、黑冠鹃隼、凤头鹰、松雀鹰、红隼、褐翅鸦鹃、小鸦鹃、草鸮、领角鸮、领鸺鹠、斑头鸺鹠、虎纹蛙等。该区域有广西姑婆山国家森林公园，自然景观资源丰富。

该区域土地总面积 818.04 km²。其中，林地 786.84 km²，占区域土地总面积的 96.18%；耕地 18.30 km²，占区域土地总面积的 2.24%；草地 1.15 km²，占区域土地总面积的 0.14%；水域 2.55 km²，占区域土地总面积的 0.31%；其他土地 9.20 km²，占区域土地总面积的 1.12%。生态公益林面积较大，面积 350.91 km²。

该区域山上森林茂密，森林覆盖率高达 95.4%，是贺江的支流马尾河和大宁河的源头区和水源涵养区，水源涵养功能极重要，是广西山地水源涵养关键区域。该区域有较大面积的中亚热带常绿阔叶林，生境质量高。区域内有广西姑婆山自治区级自然保护区，生物多样性丰富，珍稀濒危物种多，生物多样性维护功能极重要，是广西生物多样性维护关键区域。该区域地貌为中山、低山，坡度大，植被覆盖度大，水土保持功能极重要。因此，该区域具有水源涵养、生物多样性维护、水土保持等多种极重要的生态功能，是广西国土空间生态保护关键区域，对于维护广西国土空间生态安全具有重要作用。

该区域主要生态问题：天然阔叶林面积小，人工林面积大，局部森林水源涵养功能减弱。生态保护主要方向与措施：充分保护中亚热带典型常绿阔叶林生态系统；保护现有天然林，努力扩大阔叶林面积，提高森林的水源涵养功能；适度发展杉木、松树等用材林基地；建设好自然保护区，保护生物多样性。

（14）八步东部山地生态保护关键区域。

该区域土地总面积 761.21 km²，范围包括贺州市八步区的大宁镇东南部和南部、南乡镇、黄洞乡、莲塘镇东北部和东部、贺街镇东北部和东部及东南部、步头镇北部和东北部。

该区域地层有燕山期花岗岩、加里东期花岗闪长岩和石英闪长岩、寒武系细砂岩和泥岩。地貌主要为中山，低山，海拔 600～900 m，主峰长冲顶海拔 1 571 m。发源于该区域的河流有都江河、里溪河、湖罗冲河，都江河和里溪河流入大宁河后汇入贺江，湖罗冲河直接进入贺江。土壤类型有红壤、黄红壤、黄壤。区域内的山体，森林茂密，地带性植被为中亚热带典型常绿阔叶林，因人为破坏，只在自然保护区尚有保存，主要为人工植被，有杉木林、马尾松林、桉树林等。

该区域内有广西滑水冲自治区级自然保护区，已知维管束植物 1 046 种、鸟类128 种、哺乳动物 48 种（谭伟福，2014）。其中，国家Ⅱ级重点保护野生植物有桫椤、福建柏、伯乐树、凹叶厚朴、闽楠、花榈木、红椿等；国家Ⅰ级重点保护野生动物有云豹、金钱豹、林麝、大灵猫、小灵猫、金猫、黄腹角雉、穿山甲等；国家Ⅱ级重点保护野生动物有斑林狸、水獭、獐、水鹿、中华鬣羚、白鹇、红腹锦鸡、黑冠鹃隼、黑翅鸢、粟鹰、苍鹰、红隼、褐翅鸦鹃、小鸦鹃、蟒蛇、山瑞鳖等。

该区域土地总面积 761.21 km²。其中，林地 728.78 km²，占区域土地总面积的95.74%；耕地 30.85 km²，占区域土地总面积的 4.05%；草地 0.78 km²，占区域土地总面积的0.10%；其他土地 0.80 km²，占区域土地总面积的0.11%。生态公益林面积较大，面积 283.72 km²。

该区域森林茂密，森林覆盖率高达95.7%，是贺江很多支流的源头区和水源涵养区，水源涵养功能极重要。该区域有较大面积的天然林，区域内有广西滑水冲自治区级自然保护区，生物多样性丰富，珍稀濒危物种多，生物多样性维护功能极重要。该区域地貌为中山、低山，坡度大，植被覆盖度大，水土保持功能极重要，是广西山地水土保持的关键区域。因此，该区域具有水源涵养、生物多样性维护、水土保持等多种极重要的生态功能，是广西国土空间生态保护关键区域，对于维护广西国土空间生态安全具有重要作用。

该区域主要生态问题：人工针叶林面积较大，而天然阔叶林面积较小，局部区域森林涵养水源的功能有所下降。生态保护主要方向与措施：严格保护中亚热带典型常绿阔叶林生态系统；保护现有天然林，努力扩大天然阔叶林面积，提高森林的水源涵养功能；适度发展杉木、松树等用材林基地；建设好自然保护区，保护生物多样性。

（15）大桂山北部生态保护关键区域。

该区域范围包括贺州市平桂区的鹅塘镇中部和南部、沙田镇南部、公会镇东部和东南部及西南部、太平乡、水口镇，八步区的贺街镇西南部、步头镇西部、仁义镇北部、大桂山林场，昭平县的富罗镇东部，苍梧县的沙头镇北部和西部及西南部、石桥镇西北部和西部。

该区域地层以寒武系砂页岩为主，地貌为中山、低山。大桂山北部呈东北–西南走向，海拔 600～900 m，最高峰海拔 1 188 m。发源于大桂山北部的河流流入桂江和贺江。土壤类型有红壤、黄红壤、黄壤。地带性植被为中亚热带典型常绿阔叶林，但只有在自然保护区和较偏僻的沟谷中尚有保存。人工林有松林、杉木林、桉树林等。

该区域内有广西大桂山鳄蜥国家级自然保护区和广西大桂山国家森林公园。广西大桂山鳄蜥国家级自然保护区已知维管束植物 1 384 种、陆生野生脊椎动物 269 种、鱼类 25 种、昆虫 1 371 种（谭伟福等，2014；广西林业勘测设计院，2004）。其中，国家Ⅱ级重点保护野生植物有桫椤、金毛狗脊、凹叶厚朴、闽楠、花榈木、红椿、紫荆木、建兰、金钗石斛等；国家Ⅰ级重点保护野生动物有林麝、小灵猫、金猫、穿山甲、鳄蜥等；国家Ⅱ级重点保护野生动物有猕猴、斑林狸、水獭、水鹿、中华鬣羚、白鹇、红腹锦鸡、鸳鸯、黑冠鹃隼、黑翅鸢、蛇雕、凤头鹰、松雀鹰、苍鹰、白腿小隼、红隼、厚嘴绿鸠、褐翅鸦鹃、小鸦鹃、草鸮、领鸺鹠、斑头鸺鹠、蟒蛇、山瑞鳖、大鲵、细痣瑶螈、虎纹蛙等。

该区域土地总面积 1 123.72 km^2。其中，林地 1 097.56 km^2，占区域土地总面积的 97.67%；耕地 13.71 km^2，占区域土地总面积的 1.22%；其他土地 0.30 km^2，占区域土地总面积的 0.03%。生态公益林面积 73.48 km^2。

该区域山上森林茂密，森林覆盖率高达 92.8%，是贺江和桂江众多支流的源头区和水源涵养区，水源涵养功能极重要，是广西山地水源涵养关键区域。该区域有较大面积的中亚热带常绿阔叶林，生境质量高。区域内有广西大桂山鳄蜥国家级自然保护区，生物多样性丰富，珍稀濒危物种多，生物多样性维护功能极重要，是广西生物多样性维护关键区域。该区域地貌为中山、低山，坡度大，植被覆盖度大，水土保持功能极重要。因此，该区域具有水源涵养、生物多样性维护、水土保持等多种极重要的生态功能，是广西国土空间生态保护关键区域，对于维护广西国土空间生态安全具有重要作用。

该区域主要生态问题：人工林面积较大，而天然阔叶林面积较小，局部区域森林涵养水源的功能有所下降。生态保护主要方向与措施：严格保护中亚热带典型常绿阔叶林生态系统；保护现有天然林，努力扩大天然阔叶林面积，提高森林的水源涵养功能；适度发展杉木、松树、桉树等用材林基地；建设好自然保护区，保护生物多样性。

（16）昭平 – 蒙山 – 荔浦 – 平乐山地生态保护关键区域。

该区域范围包括蒙山县的陈塘镇、汉豪乡、黄村镇、长坪乡、文圩镇东部和东南部、西河镇北部和东部及东南部、蒙山镇北部、长坪乡、新圩镇东北部，昭平县的仙回乡、文竹镇、昭平镇中部南部和东南部、走马镇、五将镇、北陀镇、富罗镇西北部、樟木林乡西北部、马江镇东北部和西北部及西部、木格乡西北部、黄姚镇西北部和西南部，平乐县的源头镇南部和西部、青龙乡南部、大发乡中部和南部、桥亭乡南部，荔浦市的东昌镇东南部、新圩镇东部和南部及西部，藤县平福乡北部和东北部、东荣镇北部。

该区域地层有奥陶系的砂页岩、泥岩，泥盆系砂页岩、泥质粉砂岩、砾岩。地貌为中山、低山、谷地，一般海拔 700 ～ 1 200 m，最高峰仙殿顶海拔 1 223 m，位于昭平县东北部。土壤类型有红壤、黄壤。区域内有桂江和蒙江穿过。地带性植被为中亚热带典型常绿阔叶林，但除在自然保护区内有大片天然常绿阔叶林外，其余地区主要为人工马尾松林、杉木林、桉树林。

该区域内有广西七冲国家级自然保护区和广西古修自治区级自然保护区。广西七冲国家级自然保护区已知维管束植物 1 570 种、陆生野生脊椎动物 330 种（谭伟福等，2014；广西林业勘测设计院，2002）。广西古修自治区级自然保护区已知维管束植物 1 008 种、野生脊椎动物 208 种（广西林业勘测设计院，2006）。2 个自然保护区中的国家Ⅱ级重点保护野生植物有桫椤、黑桫椤、金毛狗脊、水蕨、苏铁蕨、罗汉松、伯乐树、花榈木、红椿、凹叶厚朴、春兰、墨兰、齿瓣石斛等；国家Ⅰ级重点保护野生动物有云豹、鳄蜥、林麝、穿山甲、小灵猫等；国家Ⅱ级重点保护野生动物有熊猴、猕猴、斑林狸、水鹿、中华鬣羚、红腹锦鸡、红原鸡、白鹇、黑冠鹃隼、黑翅鸢、蛇雕、白腹鹞、鹊鹞、凤头鹰、赤腹鹰、松雀鹰、苍鹰、红隼、红脚隼、燕隼、厚嘴绿鸠、褐翅鸦鹃、小鸦鹃、草鸮、黄嘴角鸮、领角鸮、褐林鸮、领鸺鹠、斑头鸺鹠、仙八色鸫、鸳鸯、蟒蛇、山瑞鳖、三线闭壳龟、地龟、大鲵、细痣瑶螈、虎纹蛙等。

该区域内有广西狮子山国家级森林公园、广西五叠泉自治区级森林公园、广西昭平桂江国家湿地公园，自然景观资源丰富。

该区域土地总面积 3 155.60 km²。其中，林地 2 968.27 km²，占区域土地总面积的 94.06%；耕地 59.10 km²，占区域土地总面积的 1.87%；园地 82.51 km²，占区域土地总面积的 2.61%；草地 34.10 km²，占区域土地总面积的 1.08%；其他土地 11.62 km²，占区域土地总面积的 0.37%。生态公益林面积大，面积 681.48 km²。

该区域森林茂密，森林覆盖率高达92.7%，是桂江和蒙江的水源涵养区，水源涵养功能极重要，是广西山地水源涵养关键区域。该区域有较大面积的中亚热带常绿阔叶林，生境质量高。区域内有广西七冲国家级自然保护区和古修自治区级自然保护区，生物多样性丰富，珍稀濒危物种多，生物多样性维护功能极重要，是广西生物多样性维护关键区域。该区域地貌为中山、低山，坡度大，植被覆盖度大，水土保持功能极重要。因此，该区域具有水源涵养、生物多样性维护、水土保持等多种极重要的生态功能，是广西国土空间生态保护关键区域，对于维护广西国土空间生态安全具有重要作用。

该区域主要生态问题：人工林面积较大，而天然阔叶林面积较小，局部区域森林涵养水源的功能有所下降。生态保护主要方向与措施：严格保护中亚热带典型常绿阔叶林生态系统；保护现有天然林，努力扩大天然阔叶林面积，提高森林的水源涵养功能；适度发展杉木、松树、桉树用材林基地；建设好自然保护区，保护生物多样性。

（17）大瑶山北部生态保护关键区域。

该区域范围包括荔浦市的龙怀乡西南部、修仁镇南部和东南部，金秀瑶族自治县的三江乡南部和东南部、头排镇东南部、三角乡、金秀镇、忠良乡、长垌乡北部，蒙山县的新圩镇西和北部及西南部、西河镇中部和南部、夏宜乡、文圩镇西北部和西部及西南部。

大瑶山北部地层以寒武系砂岩、页岩及泥盆系砂岩、砾岩为主。地貌为中山山地，海拔1 000～1 200 m，最高峰猴子山海拔1 651 m。发源于大瑶山北部的河流分别注入桂江、蒙江、柳江。土壤以红壤和山地黄壤为主。大瑶山北部地带性植被为中亚热带典型常绿阔叶林，在垂直带上有常绿针阔叶混交林。该区域内森林茂密，有大面积的天然常绿阔叶林。

该区域内有广西大瑶山国家级自然保护区，已知维管束植物2 135种、陆生野生脊椎动物482种（谭伟福等，2014）。其中，国家 I 级重点保护野生植物有银杉、南方红豆杉等；国家 I 级重点保护野生动物有云豹、熊狸、林麝、大灵猫、小灵猫、穿山甲、鳄蜥、鼋、金斑喙凤蝶等。

该区域土地总面积1 116.16 km²。其中，林地1 104.26 km²，占区域土地总面积的98.93%；耕地4.56 km²，占区域土地总面积的0.41%；园地4.83 km²，占区域土地总面积的0.43%；草地0.03 km²，占区域土地总面积的0.003%；其他土地2.48 km²，占区域土地总面积的0.22%。生态公益林面积大，面积486.42 km²。

该区域是广西多雨中心之一，森林覆盖率高达97.6%，是桂江支流荔浦河、蒙江支流百哥河、柳江支流罗秀河等河流的源头区和水源涵养区，水源涵养功能极重要，是广西山地水源涵养关键区域。该区域天然林面积大，有大面积的中亚热带典型常绿阔叶林，生境质量高。区域内有广西大瑶山国家级自然保护区，生物多样性丰富，珍稀濒危物种多，生物多样性维护功能极重要，是广西生物多样性维护关键区域。该区域地貌为中山，坡度大，植被覆盖度大，水土保持功能极重要，是广西山地水土保持的关键区域。因此，该区域具有水源涵养、生物多样性维护、水土保持等多种极重要的生态功能，是广西国土空间生态保护关键区域，对于维护广西国土空间生态安全具有重要作用。

该区域主要生态问题：局部区域人工林面积较大，森林涵养水源的功能有所下降。生态保护主要方向与措施：严格保护中亚热带典型常绿阔叶林生态系统；保护现有天然林，努力扩大天然阔叶林面积，提高森林的水源涵养功能；建设好自然保护区，保护生物多样性。

2. 南亚热带山地生态保护关键区域

广西南亚热带山地生态保护关键区域面积 41 079.41 km²，共有 17 片，包括金钟山生态保护关键区域、西林南部－田林西南部山地生态保护关键区域、岑王老山－青龙山－东风岭生态保护关键区域、右江区北部山地生态保护关键区域、田阳北部山地生态保护关键区域、平果中部喀斯特山地生态保护关键区域、都阳山喀斯特山地生态保护关键区域、上林－忻城－兴宾－柳江喀斯特山地生态保护关键区域、大明山生态保护关键区域、武鸣西部－隆安东部喀斯特山地生态保护关键区域、覃塘－兴宾－武宣喀斯特山地生态保护关键区域、镇龙山生态保护关键区域、莲花山生态保护关键区域、大瑶山中部和南部生态保护关键区域、大桂山南部生态保护关键区域、大容山生态保护关键区域、云开大山生态保护关键区域。

（1）金钟山生态保护关键区域。

该区域范围包括隆林县的天生桥镇、桠杈镇、者保乡北部和东南部、者浪乡北部和西部及西南部、革步乡、金钟山乡、猪场乡、德峨镇、新州镇西部和南部、平班镇、沙梨乡、隆或镇、克长乡、蛇长乡、岩茶乡、介廷乡，西林县的马蚌镇、古障镇、八达镇北部、普合乡东北部，田林县的旧州镇西北部和西部及西南部、平塘乡、者苗乡、定安镇北部和东部、八渡乡北部和西部，潞城乡西北部和西部及西南部。

该区域地层以三叠系砂页岩为主，间有古生界灰岩及砂页岩。金钟山呈东西走向，山体高大，海拔一般在 1 000 m 以上，主峰位于隆林西南部，海拔 1 819 m；最高峰斗烘坡在隆林县中南部，海拔 1 951 m。发源于金钟山的河流流入红水河的上游南盘江和右江的上游驮娘江。土壤有赤红壤、红壤、黄红壤、黄壤、棕色石灰土。区域内森林茂密，地带性植被为南亚热带季风常绿阔叶林，在自然保护区内除有大片天然常绿阔叶林外，主要为人工林，如杉木林、云南松林、马尾松林、油茶林等。

该区域内有广西金钟山黑颈长尾雉国家级自然保护区、广西王子山雉类自治级自然保护区、广西大哄豹自治区级自然保护区 3 个自然保护区。广西金钟山黑颈长尾雉国家级自然保护区已知维管束植物 1 487 种、大型真菌 347 种、脊椎动物 441 种、昆虫 561 种（国家林业局中南林业调查规划设计院，2006）。广西王子山雉类自治区级自然保护区已知维管束植物 1 161 种、陆生野生脊椎动物 318 种（谭伟福等，2014；广西林业勘测设计院，2003）。广西大哄豹自治区级自然保护区已知维管束植物 748 种、陆生野生脊椎动物 232 种（广西林业勘测设计院，2004）。3 个自然自然保护区中的国家Ⅰ级重点保护野生植物有贵州苏铁、麻栗坡兜兰；国家Ⅱ级重点保护野生植物有桫椤、中华桫椤、金毛狗脊、篦子三尖杉、伯乐树、柄翅果、地枫皮、花榈木、榉树、红椿、香果树、硬叶兰、建兰、春兰、多花兰、套叶兰、虎头兰、寒兰、石斛、钩状石斛、细叶石斛、美花石斛、兜唇石斛、铁皮石斛等；国家Ⅰ级重点保护野生动物有云豹、黑叶猴、林麝、大灵猫、小灵猫、黑颈长尾雉、白肩雕、金雕、鼋等；国家Ⅱ级重点保护野生动物有猕猴、斑林狸、小爪水獭、水獭、中华鬣羚、中华斑羚、红原鸡、白鹇、红腹锦鸡、白腹锦鸡、鸳鸯、黑冠鹃隼、黑翅鸢、蛇雕、白腹鹞、白尾鹞、凤头鹰、褐耳鹰、赤腹鹰、松雀鹰、雀鹰、苍鹰、灰脸𫛭鹰、普通𫛭、白腹隼雕、白腿小隼、红隼、燕隼、游隼、针尾绿鸠、红翅绿鸠、褐翅鸦鹃、小鸦鹃、草鸮、雕鸮、领角鸮、褐渔鸮、灰林鸮、领鸺鹠、斑头鸺鹠、灰喉针尾雨燕、长尾阔嘴鸟、蓝背八色鸫、仙八色鸫、蟒蛇、穿山甲、山瑞鳖、地龟、大鲵、虎纹蛙等。

该区域土地总面积 5 096.84 km²。其中，林地 4 726.61 km²，占区域土地总面积的 92.74%；耕地 81.01 km²，占区域土地总面积的 1.59%；草地 79.01 km²，占区域土地总面积的 1.55%。生态公益林面积大，面积 1 680.50 km²。

该区域森林茂密，森林覆盖率 80.4%，是红水河的上游南盘江和右江的上游驮娘江的水源涵养区，水源涵养功能极重要，是广西山地水源涵养关键区域。该区域有较大面积的南亚热带季风常绿阔叶林，生境质量高。区域内有广西金钟山黑颈长尾雉国家级自然保护区、广西王子山雉类自治区级自然保护区和广西大哄豹自治区级自然保护区，生物多样性丰富，珍稀濒危物种多。该区域是我国南亚热带地区的重要物种贮存库，生物多样性维护功能极重要，是广西国土空间生物多样性维护关键区域。该区域地貌为中山、低山，坡度大，植被覆盖度大，水土保持功能极重要。

因此，该区域具有水源涵养、生物多样性维护、水土保持等多种极重要的生态功能，是广西国土空间生态保护关键区域，对于维护广西国土空间生态安全具有重要作用。

该区域主要生态问题：天然阔叶林面积较小，人工林面积较大，局部区域森林涵养水源的功能有所下降；坡耕地面积大，水土流失较严重。生态保护主要方向与措施：严格保护南亚热带季风常绿阔叶林生态系统；保护现有天然林，努力扩大天然阔叶林面积，提高森林的水源涵养功能；适度发展杉木、松树等用材林基地；建设好自然保护区，保护生物多样性；治理水土流失，25°以上坡耕地实行退耕还林，25°以下坡耕地要坡改梯。

（2）西林南部–田林西南部山地生态保护关键区域。

该区域范围包括西林县的那佐乡、足别乡、西平乡、那劳镇西南部、普合乡西南部，田林县的高龙乡、那比乡、定安镇西南部、八渡乡西南部、八桂乡西南部。

该区域地层主要为三叠系砂页岩，西林县那佐乡西部有泥盆系灰岩。地貌为中山，海拔 1 000～1 400 m，最高峰水永头位于足别乡，海拔 1 453 m。发源于该区域的河流流入右江的上游驮娘江。土壤有赤红壤、黄红壤、黄壤，西林县那佐乡西部有棕色石灰土。区域内森林茂密，地带性植被为南亚热带季风常绿阔叶林，除在自然保护区内有大片天然常绿阔叶林外，其余地区主要为人工林，如杉木林、云南松林、马尾松林、油茶林等。

该区域内有广西那佐苏铁自治区级自然保护区。保护区已知维管束植物 906 种、陆生野生脊椎动物 304 种（谭伟福等，2014）。其中，国家Ⅰ级重点保护野生植物有叉孢苏铁；国家Ⅱ级重点保护野生植物有金毛狗脊、花榈木、红椿等；国家Ⅰ级重点保护野生动物有豹、大灵猫、小灵猫、白肩雕、黑颈长尾雉、穿山甲、鼋等；国家Ⅱ级重点保护野生动物有猕猴、巨松鼠、斑林狸、小爪水獭、水獭、中华鬣羚、中华斑羚、黑冠鹃隼、蛇雕、凤头鹰、赤腹鹰、松雀鹰、雀鹰、普通鵟、白腹隼雕、白腿小隼、红隼、燕隼、红原鸡、白鹇、白腹锦鸡、红翅绿鸠、褐翅鸦鹃、小鸦鹃、草鸮、领角鸮、雕鸮、褐渔鸮、灰林鸮、领鸺鹠、斑头鸺鹠、长尾阔嘴鸟、仙八色鸫、蟒蛇、山瑞鳖、虎纹蛙等。

该区域土地总面积 1 777.48 km²。其中，林地 1 606.05 km²，占区域土地总面积的 90.36%；耕地 35.02 km²，占区域土地总面积的 1.97%；园地 105.76 km²，占区域土地总面积的 2.95%；草地 28.39 km²，占区域土地总面积的 1.60%；其他土地 2.26 km²，占区域土地总面积的 0.13%。生态公益林面积 351.77 km²。

该区域森林茂密，森林覆盖率 80.7%，是右江的上游驮娘江的水源涵养区，水源涵养功能极重要。该区域内有广西那佐苏铁自治区级自然保护区，生物多样性丰富，珍稀濒危物种多，生物多样性维护功能极重要。该区域地貌为中山、低山，坡度大，植被覆盖度大，水土保持功能极重要。因此，该区域具有水源涵养、生物多样性维护、水土保持等多种极重要的生态功能，是广西国土空间生态保护关键区域，对于维护广西国土空间生态安全具有重要作用。

该区域主要生态问题：天然阔叶林面积较小，人工林面积较大，局部区域森林涵养水源的功能有所下降；水土流失较严重。生态保护主要方向与措施：严格保护南亚热带季风常绿阔叶林生态系统；保护现有天然林，努力扩大天然阔叶林面积，提高森林的水源涵养功能；适度发展杉木、松树等用材林基地；建设好自然保护区，保护生物多样性；采用工程措施和生物措施综合治理水土流失。

（3）岑王老山－青龙山－东风岭生态保护关键区域。

该区域范围包括乐业县的雅长乡、花坪镇、幼平乡西部和南部、逻思乡中部和南部、同乐镇东北部和西北部及南部、逻沙乡、甘田镇、新化镇，凌云县的玉洪乡、加尤镇、泗城镇、逻楼镇北部和中部及西南部、下甲乡东部和中部、朝里乡北部、沙里乡西北部和西部，田林县的百乐乡东北部和南部、浪平镇、利周乡东部和北部、潞城乡东部、乐里镇东北部，凤山县的中亭乡、金牙乡、乔音乡、砦牙乡、长洲乡北部，东兰县的金谷乡、巴畴乡、长江乡北部，天峨县的更新乡、纳直乡、八腊乡、岜暮乡、向阳镇、六排镇西部和东北部、坡结乡。

该区域地貌类型为中山。岑王老山跨田林县、凌云县、乐业县、右江区，呈西北－东南走向，长约 60 km，宽约 25 km，海拔 1 200～1 500 m。岑王老山主峰位于田林与凌云两县交界处，海拔 2 062.5 m，为广西第四高峰。地层以三叠系砂页岩为主，间有古生代地层。发源于岑王老山的河流流入右江支流乐里河、澄碧河和红水河支流布柳河。土壤为黄红壤、黄壤。区域内森林茂密，地带性植被为南亚热带季风常绿阔叶林。植被垂直分布明显，海拔 1 200 m 以下为南亚热带季风常绿阔叶林，海拔 1 200～1 800 m 为山地常绿落叶阔叶混交林，人工林有杉木、八角等。青龙山跨乐业县、凌云县、凤山县、天峨县，由一系列西北－东南走向的土石山组成，长约 75 km，宽约 20 km。青龙山地层主要为晚古生界灰岩及三叠系砂页岩所组成，海拔一般为 1 000 m。最高峰三曹山位于乐业县城的西北面，海拔 1 657.6 m。由砂页岩构成的土山，土壤为黄红壤、黄壤，土层厚，森林茂密，以栎类（栓皮栎、麻栎、白栎）和枫香为主；由灰岩组成的石山属于峰丛洼地类型，土壤为棕色石灰土，植被以青冈栎、紫荆木、海南栲、仪花、青檀等占优势。发源于青龙山的河流流入红水河支流布柳河。东风岭自天峨县向南延伸至凤山县中部，主峰五背洞岭位于凤山县北部，海拔 1 287.7 m。东风岭地层有石炭系灰岩、硅质岩，二叠系灰岩、白云岩、白云质灰岩，泥盆系灰岩、硅质岩。土壤为棕色石灰土。发源于东风岭的河流流入红水河。

该区域内有广西岑王老山国家级自然保护区、广西雅长兰科植物国家级自然保护区、广西凌云泗水河自治区级自然保护区、广西凌云洞穴鱼类自治区级自然保护区、广西龙滩自治区级自然保护区 5 个自然保护区。广西岑王老山国家级自然保护区已知维管束植物 2 319 种、野生脊椎动物 365 种、大型真菌 219 种、昆虫 968 种（谭伟福等，2014；广西林业勘测设计院，2003）。广西雅长兰科植物国家级自然保护区已知维管束植物 2 432 种、大型真菌 182 种、陆生野生脊椎动物 320 种、昆虫 509 种（谭伟福等，2014；广西林业勘测设计院，2007）。广西凌云泗水河自治区级自然保护区已知维管束植物 833 种、陆生野生脊椎动物 96 种（谭伟福等，2014）。广西凌云洞穴鱼类自治区级自然保护区已知有鸭嘴金线鲃、凌云金线鲃、小眼金线鲃、凌云南鳅、凌云平鳅、凌云盲米虾等 6 种鱼虾（广西水产研究所，2007）。广西龙滩自治区级自然保护区已知维管束植物 2 819 种、大型真菌 185 种、陆生野生脊椎动物 382 种、昆虫 1 053 种（广西林业勘测设计院，2009）。5 个自然保护区中的国家 I 级重点保护野生植物有叉孢苏铁、南方红豆杉、长瓣兜兰等；国家 II 级重点保护野生植物有黑桫椤、桫椤、金毛狗脊、水蕨、苏铁蕨、福建柏、短叶黄杉、白豆杉、穗花杉、罗汉松、伯乐树、掌叶木、鹅掌楸、香木莲、地枫皮、闽楠、柄翅果、花榈木、红豆树、榉树、蒜头果、红椿、伞花木、香果树、建兰、多花兰、春兰、寒兰、硬叶兰、蕙兰、邱北冬蕙兰、莎叶兰、疏花石斛、美花石斛、钩状石斛、串珠石斛、金钗石斛、硬叶兜兰、带叶兜兰等；国家 I 级重点保护野生动物有黑叶猴、云豹、豹、林麝、大灵猫、小灵猫、豺、金猫、黑颈长尾雉、金雕、秃鹫、穿山甲等；国家 II 级重点保护野生动物有熊猴、短尾猴、猕猴、藏酋猴、斑林狸、小爪水獭、水獭、黑熊、中华鬣羚、中华斑羚、巨松鼠、红原鸡、白鹇、红腹锦鸡、白腹锦鸡、黑翅鸢、蛇雕、白腹隼雕、白尾鹞、鹊鹞、凤头蜂鹰、凤头鹰、松雀鹰、雀鹰、苍鹰、灰脸鵟鹰、普通鵟、赤腹鹰、红隼、白腿小隼、燕隼、黑冠鹃隼、灰背隼、猛隼、褐翅鸦鹃、小鸦鹃、草鸮、领角鸮、雕鸮、褐林鸮、褐渔鸮、灰林鸮、楔尾绿鸠、红翅绿鸠、领鹛鹛、斑头鹛鹛、仙八色鸫、长尾阔嘴鸟、蟒蛇、大壁虎、山瑞鳖、大鲵、地龟、虎纹蛙、阳彩臂金龟等。

该区域内有广西乐业 – 凤山世界地质公园、广西龙滩大峡谷国家森林公园、广西黄猄洞天坑国家森林公园，自然景观资源丰富。广西乐业 – 凤山世界地质公园由广西百色市乐业大石围天坑群国家地质公园和广西凤山岩溶国家地质公园组成，土地总面积 930 km²，主要保护对象为喀斯特地貌。广西乐业－凤山世界地质公园的典型块状岩溶区内发育有两大地下河系，形成了成熟的高峰丛地貌，公园内拥有全球最大的天坑群、最集中分布的洞穴大厅群与天窗群、最大跨度的天生桥、典型洞穴沉积物、最完整的早期大熊猫小种头骨化石。公园内保留有独特的天坑生态环境，具有重要的科学研究意义及极高的美学观赏价值（世界地质公园网络办公室，2010）。

该区域土地总面积 7 694.20 km²。其中，林地 6 871.49 km²，占区域土地总面积的 89.31%；耕地 140.21 km²，占区域土地总面积的 1.82%；园地 524.37 km²，占区域土地总面积的 6.82%；草地 70.63 km²，占区域土地总面积的 0.92%；水域 82.74 km²，占区域土地总面积的 1.08%；其他土地 4.76 km²，占区域土地总面积的 0.06%。生态公益林面积大，面积 2 934.65 km²。

该区域森林茂密，森林覆盖率高达 80.4%，是红水河支流布柳河和百乐河、右江支流乐里河和澄碧河等重要河流的源头区与水源涵养区，水源涵养功能极重要，是广西山地水源涵养关键区域。该区域有 5 个自然保护区，生物多样性丰富，珍稀濒危物种多，是我国南亚热带地区的重要物种贮存库，生物多样性维护功能极重要，是广西生物多样性维护关键区域。该区域地貌为中山，坡度大，植被覆盖度大，水土保持功能极重要，是广西山地水土保持的关键区域。该区域自然景观资源丰富，有 1 个世界地质公园、2 个国家森林公园。因此，该区域具有水源涵养、生物多样性维护、水土保持、提供独特自然景观等多种极重要的生态功能，是广西国土空间生态保护关键区域，对于维护广西国土空间生态安全具有重要作用。

该区域主要生态问题：天然阔叶林面积较小，人工林面积较大，局部区域森林涵养水源的功能有所下降；水土流失较严重。生态保护主要方向与措施：严格保护南亚热带季风常绿阔叶林生态系统；保护现有天然林，努力扩大天然阔叶林面积，提高森林的水源涵养功能；适度发展杉木、松树等用材林基地；建设好自然保护区，保护生物多样性；加强地质公园、森林公园的保护，提升自然景观的质量；采用工程措施和生物措施综合治理水土流失。

（4）右江区北部山地生态保护关键区域。

该区域范围包括百色市右江区的汪甸乡中部和南部、阳圩镇东北部和东部及中部、永乐镇、龙川镇西部、龙景街道北部，凌云县的朝里乡南部、伶站乡西北部和西部及南部。

该区域地层主要为三叠系砂页岩。地貌主要为中山、低山、山地，海拔 600～900 m，最高峰安马岭位于右江区与凌云县的交界处，海拔 1 235 m。土壤有赤红壤、黄红壤。地带性植被为南亚热带季风常绿阔叶林，除在自然保护区和森林公园内有大片天然常绿阔叶林外，其余地区主要为人工林，如杉木林、马尾松林、桉树林等。该区域内有大型水利枢纽百色水利枢纽和大型水库澄碧河水库。

该区域内有广西澄碧河自治区级森林公园、广西澄碧湖自治区级风景名胜区、广西澄碧河市级自然保护区。广西澄碧河市级自然保护区已知维管束植物 708 种、陆生野生脊椎动物 223 种（谭伟福等，2014）。其中，国家Ⅰ级重点保护野生植物有叉孢苏铁；国家Ⅱ级重点保护野生植物有金毛狗脊、苏铁蕨、格木、花榈木、红椿等；国家Ⅰ级重点保护野生动物有海南鳽；国家Ⅱ级重点保护野生动物有猕猴、斑林狸、红原鸡、白鹇、黑冠鹃隼、凤头蜂鹰、黑翅鸢、蛇雕、凤头鹰、松雀鹰、雀鹰、大鵟、红隼、褐翅鸦鹃、小鸦鹃、领角鸮、领鸺鹠、斑头鸺鹠、蟒蛇、大壁虎、山瑞鳖、大鲵、虎纹蛙等。

该区域土地总面积 1 353.15 km²。其中，林地 1 030.70 km²，占区域土地总面积的 76.17%；耕地 50.95 km²，占区域土地总面积的 3.77%；园地 109.52 km²，占区域土地总面积的 8.09%；草地 4.18 km²，占区域土地总面积的 0.31%；水域 157.80 km²，占区域土地总面积的 11.66%。生态公益林面积大，面积 256.22 km²。

该区域森林茂密，森林覆盖率 74.3%，是大型水利枢纽百色水利枢纽和大型水库澄碧河水库的水源涵养区，水源涵养功能极重要。该区域有广西澄碧河市级自然保护区，生物多样性丰富，珍稀濒危物种多，生物多样性维护功能极重要。该区域地貌为中山、低山，坡度大，植被覆盖度大，水土保持功能极重要。因此，该区域具有水源涵养、生物多样性维护、水土保持等多种极重要的生态功能，是广西国土空间生态保护关键区域，对于维护广西国土空间生态安全具有重要作用。

该区域主要生态问题：天然阔叶林面积较小，人工林面积较大，局部区域森林涵养水源的功能有所下降；水土流失较严重。生态保护主要方向与措施：严格保护南亚热带季风常绿阔叶林生态系统；保护现有天然林，努力扩大天然阔叶林面积，提高森林的水源涵养功能；适度发展杉木、松树等用材林基地；建设好自然保护区，保护生物多样性；采用工程措施和生物措施综合治理水土流失。

（5）田阳北部山地生态保护关键区域。

该区域范围包括百色市田阳区的玉凤镇东部和中部及西部、头塘镇北部，右江区四塘镇东部。

该区域地层主要为三叠系砂页岩。地貌主要为中山、低山、山地，海拔 600 ~ 900 m，最高峰方屯坡位于田阳区玉凤镇西北部，海拔 1 026 m。发源于该区域的河流流入右江的支流田州河。土壤有赤红壤、黄红壤。地带性植被为南亚热带季风常绿阔叶林，除在自然保护区有大片天然常绿阔叶林外，其余地区主要为人工林，如杉木林、马尾松林、桉树林等。

该区域内有广西百东河市级自然保护区，生物多样性丰富，珍稀濒危物种多。保护区内，国家Ⅰ级重点保护植物有望天树；国家Ⅱ级重点保护动物有猕猴、白鹇、红原鸡等。

该区域土地总面积 493.63 km²。其中，林地 414.19 km²，占区域土地总面积的 83.91%；耕地 14.85 km²，占区域土地总面积的 3.01%；草地 0.97 km²，占区域土地总面积的 0.20%。生态公益林面积大，面积 153.87 km²。

该区域森林茂密，森林覆盖率 80.3%，是右江支流田州河的水源涵养区，水源涵养功能极重要。该区域内有广西百东河市级自然保护区，生物多样性丰富，珍稀濒危物种多，生物多样性维护功能极重要。该区域地貌为中山、低山，坡度大，植被覆盖度大，水土保持功能极重要。因此，该区域具有水源涵养、生物多样性维护、水土保持等多种极重要的生态功能，是广西国土空间生态保护关键区域，对于维护广西国土空间生态安全具有重要作用。

该区域主要生态问题：天然阔叶林面积较小，人工林面积较大，局部区域森林涵养水源的功能有所下降；水土流失较严重。生态保护主要方向与措施：严格保护南亚热带季风常绿阔叶林生态系统；保护现有天然林，努力扩大天然阔叶林面积，提高森林的水源涵养功能；适度发展杉木、松树等用材林基地；建设好自然保护区，保护生物多样性；采用工程措施和生物措施综合治理水土流失。

（6）平果中部喀斯特山地生态保护关键区域。

该区域范围包括百色市平果市的旧城镇中部和西南部及南部、海城乡南部和东南部、太平镇、坡造镇西北部和西部、马头镇东北部和西北部、果化镇北部，田东县的思林镇东北部。

该区域地层有石炭系灰岩、二叠系灰岩、泥盆系灰岩。地貌类型有峰丛洼地和峰林谷地，峰丛、峰林海拔 600～700 m，最高峰百兴山位于旧城镇，海拔 745 m。土壤类型为棕色石灰土。该区域的原生植被为南亚热带石灰岩常绿落叶阔叶混交林，但已被破坏，多数石灰岩山地的植被主要为石灰岩灌丛，主要由马鞭草科、楝科、含羞草科、苏木科、大戟科、亚麻科、海桐科植物组成，如黄荆、灰毛浆果楝、老虎刺、南蛇簕、锈毛羊蹄甲、红背山麻杆、米念芭、青篱柴、扁斗海桐等。

该区域土地总面积 924.88 km²。其中，林地 753.68 km²，占区域土地总面积的 81.49%；耕地 143.71 km²，占区域土地总面积的 15.54%。生态公益林面积大，面积 575.29 km²。

该区域为土壤侵蚀极敏感区、石漠化极敏感区。该区域地貌主要为喀斯特山地，坡度大，植被覆盖度较大，水土保持功能极重要。该区域生态公益林面积大，主要为天然林，具有水源涵养、水土保持、生物多样性维护等重要功能。因此，该区域是广西国土空间生态保护的关键区域，对于维护广西国土空间生态安全具有重要作用。

该区域主要生态问题：水土流失较严重，局部石漠化严重；森林以石山灌木林为主，涵养水源、保持水土、维护生物多样性等生态服务功能有待提高。生态保护主要方向与措施：采用工程措施和生物措施综合治理水土流失和石漠化；保护好现有天然林，加强封山育林，促使灌木林逐渐恢复为天然常绿阔叶林，提高森林涵养水源、保持水土、维护生物多样性等生态服务功能。

（7）都阳山喀斯特山地生态保护关键区域。

该区域范围包括河池市东兰县的隘洞镇东部和东南部及中北部、切学乡中部和南部、长乐镇、三弄乡、花香乡、大同乡、三石镇、武篆镇、兰木乡、泗孟乡中部和西部、东兰镇东部和南部，凤山县的凤城镇东部和南部及西部、平乐乡、袍里乡、江洲瑶族乡，巴马瑶族自治县的西山乡、甲篆镇、那社乡、所略乡东部和东北部、燕洞镇北部、巴马镇东部和东北部及西北部、那桃乡北部、凤凰乡、东山乡，大化瑶族自治县的板升乡、北景镇、岩滩镇东部和东北部及西北部、都阳镇、七百弄乡、雅龙乡、古河乡、百马乡、古文乡、六也乡、大化镇北部和西北部及西部、贡川乡、共和乡，平果市的黎明乡、凤梧镇东部和东南部及北部，都安瑶族自治县的三只羊乡、板岭乡、下坳镇、九渡乡、永安镇、福隆乡、大兴镇、保安乡、拉仁镇、拉烈镇、加贵乡、百旺镇东部和西部、青盛乡、地苏镇、东庙乡、高岭镇北部和东部及西部、澄江镇东北部、龙湾乡，马山县的永州镇西北部、周鹿乡西部、白山镇西北部和东北部及东部、古寨乡、里当乡、加方乡、古零镇东部和北部及西部，来宾市忻城县的北更乡、遂意乡、红渡镇西北部，河池市宜州区的福龙乡西北部和西部及南部、北牙乡西北部和西南部、龙头乡西北部和西南部及中部、金城江区的九圩镇西北部和西部及南部、五圩镇东部和东南部、六圩镇东部和南部及西部。

该区域地貌类型主要为喀斯特峰丛洼地。都阳山在广西的中西部，呈西北－东南走向，长约 130 km，平均海拔 600 m，主峰布老山位于凤山县城的东面，海拔 1 257 m。地层主要由石炭系、二叠系灰岩组成，间有古生界砂页岩。山体由峰丛石山组成，溶峰密集，溶洼深陷。都阳山是一片广大的喀斯特山地，为广西最大的连片喀斯特山区。地表河系不发育，地下河系发达，广西两大地下河系都分布在这里，北为凤山县的坡心地下河系，南为都安瑶族自治县的地苏地下河系。红水河从北向南流贯其间，河床深切，河流落差大；区内有红水河重要支流刁江。土壤类型有黑色石灰土、棕色石灰土。该区域的原生植被为南亚热带石灰岩常绿落叶阔叶混交林，在局部区域（如自然保护区）还有南亚热带石灰岩常绿落叶阔叶混交林分布，主要由樟科、壳斗科、木兰科、胡桃科、榆科、冬青科等植物组成，如石山樟、灰岩润楠、青冈栎、印度栲、厚叶椎、香木莲、灰岩含笑、黄杞、圆果化香树、华南朴、棱枝冬青等。喀斯特山地的植被多数为石灰岩灌丛，主要由马鞭草科、楝科、含羞草科、苏木科、大戟科、亚麻科、棕榈科、海桐科、忍冬科等植物组成，如黄荆、灰毛浆果楝、老虎刺、南蛇簕、锈毛羊蹄甲、红背山麻杆、米念芭、青篱柴、石山棕、扁片海桐、樟叶荚蒾等。

该区域内有广西弄拉自治区级自然保护区。保护区已知维管束植物 708 种、野生脊椎动物 215 种（广西林业勘测设计院，2008）。其中，国家Ⅱ级重点保护野生植物有香木莲、地枫皮、花榈木、纹瓣兰、多花兰、硬叶兰、束花石斛、流苏石斛、疏花石斛、重瓣石斛等；国家Ⅰ级重点保护野生动物有林麝、小灵猫等；国家Ⅱ级重点保护野生动物有短尾猴、猕猴、斑林狸、中华鬣羚、黑冠鹃隼、黑翅鸢、凤头鹰、松雀鹰、雀鹰、苍鹰、普通鵟、红隼、燕隼、褐翅鸦鹃、小鸦鹃、黄嘴角鸮、领鸺鹠、大壁虎、细痣瑶螈、虎纹蛙等。

该区域内有广西大化七百弄国家地质公园、广西红水河－七百弄自治区级风景名胜区。广西大化七百弄国家地质公园面积 486 km^2，保护对象为喀斯特地貌。地质公园内的高峰丛深洼地、甘房弄超深洼地、地苏地下暗河地质遗迹资源为世界级地质遗迹资源；弄瑶、弄朝等深洼地为国家级地质遗迹资源（王蕾，2018）。地质公园内的地质遗迹资源具有重要的科学研究意义和美学观赏价值。

该区域土地总面积 10 045.10 km^2。其中，林地 9 598.71 km^2，占区域土地总面积的 95.56%；耕地 284.94 km^2，占区域土地总面积的 2.84%；园地 55.81 km^2，占区域土地总面积的 0.56%；草地 12.50 km^2，占区域土地总面积的 0.12%；水域 63.80 km^2，占区域土地总面积的 0.64%；其他土地 29.34 km^2，占区域土地总面积的 0.29%。生态公益林面积大，面积 7 047.16 km^2。

该区域为土壤侵蚀极敏感区、石漠化极敏感区。该区域地貌为喀斯特山地，岩石多土壤少，坡度大，水土保持功能极重要，是广西喀斯特山地水土保持的关键区域。该区域生态公益林面积大，主要为天然林，具有水源涵养、水土保持、生物多样性维护等重大功能。该区域有广西弄拉自治区级自然保护区，生物多样性丰富，珍稀濒危物种多，生物多样性维护功能极重要。区域内有广西大化七百弄国家地质公园、广西红水河－七百弄自治区级风景名胜区，自然景观独特、优美。因此，该区域具有水土保持、水源涵养、生物多样性维护、提供独特自然景观等多种极重要的生态功能，是广西国土空间生态保护关键区域，对于维护广西国土空间生态安全具有重要作用。

该区域主要生态问题：水土流失严重，石漠化严重；喀斯特山地植被以石山灌丛为主，水源涵养、水土保持、生物多样性维护等生态服务功能有待提高；局部区域矿山的不合理开采造成地质灾害、土地损毁、重金属污染等问题。生态保护主要方向与措施：采用工程措施和生物措施综合治理水土流失和石漠化；保护好现有天然林，加强封山育林，促使石山灌丛逐渐恢复为天然常绿落叶阔叶混交林，提高森林的水源涵养、水土保持、生物多样性维护等生态服务功能；加强自然保护区建设和管理，维护生物多样性；加强地质公园和风景名胜区管理，保护好地质景观资源和风景名胜资源；加强矿山生态修复，改善矿山生态环境，提高废弃矿山土地利用效率。

（8）上林 – 忻城 – 兴宾 – 柳江喀斯特山地生态保护关键区域。

该区域范围包括上林县的澄泰乡北部和东北部，白圩镇北部和东北部，三里镇东南部、西南部和西北部，西燕镇东北部、东部和东南部，塘红乡西北部、西部和西南部，镇圩乡东部，木山乡东北部、东部和东南部；忻城县的古蓬镇东部和东北部，红渡镇南部，新圩乡，果遂乡西北部、西南部和东北部，城关镇北部、东部和南部，思练镇东南部、西部和西北部，安东乡东北部、南部和西北部，大塘镇西部、西北部和中南部，马泗乡，欧洞乡西南部、南部和西北部；合山市的北泗镇东北部、东部和东南部，河里镇东部；兴宾区的迁江镇东北部，桥巩镇西部和西南部，良塘镇东部、西部和西南部，凤凰镇西北部、西部和西南部，七洞乡东部、北部和西南部；柳江区的百朋镇西北部、西部和西南部，里高镇，土博镇，三都镇北部、西部和东南部，成团镇西部和西北部；柳南区的洛满镇西部和南部，流山镇西部和南部；宜州区的三岔镇东部、中部和南部，屏南乡，石别镇东南部，福龙乡东部和东北部。

该区域地层有二叠系灰岩、白云岩、白云质灰岩，石炭系灰岩。地貌主要为喀斯特峰丛洼地和峰林谷地，峰丛、峰林海拔 400 ～ 700 m。土壤类型主要为棕色石灰土，小部分为白粉土。该区域的原生植被为南亚热带石灰岩常绿落叶阔叶混交林，但已被破坏。喀斯特山地的植被多数为石灰岩灌丛，主要由马鞭草科、楝科、含羞草科、苏木科、大戟科植物组成，如黄荆、灰毛浆果楝、老虎刺、锈毛羊蹄甲、红背山麻杆等。

该区域土地总面积 3 181.39 km^2。其中，林地 2 906.08 km^2，占区域土地总面积的 91.35%；耕地 235.28 km^2，占区域土地总面积的 7.40%；草地 7.28 km^2，占区

域土地总面积的 0.23%；水域 18.33 km²，占区域土地总面积的 0.58%；其他土地 14.42 km²，占区域土地总面积的 0.45%。生态公益林面积大，面积 1 791.05 km²。

该区域为土壤侵蚀极敏感区、石漠化极敏感区。该区域地貌为喀斯特山地，岩石多土壤少，坡度大，水土保持功能极重要。该区域生态公益林面积大，主要为天然林，具有水源涵养、水土保持、生物多样性维护等重要功能。因此，该区域具有水土保持、水源涵养、生物多样性维护等多种极重要的生态功能，是广西国土空间生态保护关键区域之一，对于维护广西国土空间生态安全具有重要作用。

该区域主要生态问题：水土流失严重，石漠化严重；喀斯特山地植被以石山灌丛为主，水源涵养、水土保持、生物多样性维护等生态服务功能有待提高。生态保护主要方向与措施：采用工程措施和生物措施综合治理水土流失和石漠化；保护好现有天然林，加强封山育林，促使石山灌丛逐渐恢复为天然常绿落叶阔叶混交林，提高森林涵养水源、水土保持、生物多样性维护等生态服务功能。

（9）大明山生态保护关键区域。

该区域范围包括南宁市武鸣区的两江镇东部和东北部及东南部、马头镇东北部和东部及南部、罗波镇东南部，上林县的西燕镇东北部和西部及东南部、大丰镇西北部和西部及西南部、明亮镇西北部和西部及西南部、巷贤镇西北部和西部及西南部，马山县的古零镇东南部，宾阳县的思陇镇北部。

该区域为中山地貌，北部的地层主要为泥盆系砂岩、砾岩，南部为寒武系砂页岩，两侧为泥盆系砂岩。大明山呈西北 – 东南走向，长约 62 km，宽约 18 km，海拔 1 000 ～ 1 200 m。主峰龙头山海拔 1 760 m，位于山体的中部、武鸣和上林两县（区）交界处附近的上林境内，是广西中西部的海拔最高点。发源于大明山的河流有 33 条，分别注入右江和红水河，灌溉着上林、宾阳、武鸣和马山四县（区）的 3 万公顷农田，是广西中西部最重要的水源中心。地带性土壤为赤红壤，垂直带上有黄红壤和黄壤。地带性植被为南亚热带季风常绿阔叶林，山上森林茂密，植被垂直分布明显，海拔 800 m 以下为季风常绿阔叶林，海拔 800 ～ 1 500 m 为山地常绿阔叶林，山顶和山脊风大土薄地区为山顶矮林。

该区域内有广西大明山国家级自然保护区和广西上林龙山自治区级自然保护区。广西大明山国家级自然保护区已知维管束植物 2 095 种、大型真菌 202 种、野生脊椎动物 294 种、昆虫 605 种（国家林业局中南林业调查规划设计院，2013）。广西上林龙山自治区级自然保护区已知维管束植物 1 137 种、野生脊椎动物 252 种（广西林业勘测设计院，2002）。两个自然保护区中，国家Ⅰ级重点保护野生植物有同色兜兰；国家Ⅱ级重点保护野生植物有金毛狗脊、桫椤、黑桫椤、大叶黑桫椤、齿叶黑桫椤、大明山黑桫椤、水蕨、罗汉松、小叶罗汉松、福建柏、白豆杉、穗花杉、伯乐树、红椿、紫荆木、格木、花桐木、硬叶兰、建兰、墨兰、密花石斛、流苏石斛、细茎石斛、金钗石斛等；国家Ⅰ级重点保护野生动物有熊猴、黑叶猴、豹、林麝、穿山甲、大灵猫、小灵猫等；国家Ⅱ级重点保护野生动物有黑熊、短尾猴、猕猴、斑林狸、水獭、獐（河麂）、水鹿、中华鬣羚、巨松鼠、红原鸡、白鹇、鸳鸯、黑鸢、蛇雕、草原鹞、鹊鹞、凤头蜂鹰、凤头鹰、赤腹鹰、日本松雀鹰、松雀鹰、雀鹰、苍鹰、灰脸鵟鹰、鹰雕、黑冠鹃隼、红隼、燕隼、白腿小隼、猛隼、褐冠鹃隼、游隼、褐翅鸦鹃、小鸦鹃、草鸮、黄嘴角鸮、领角鸮、红角鸮、雕鸮、褐渔鸮、领鸺鹠、斑头鸺鹠、长耳鸮、仙八色鸫、大壁虎、蟒蛇、山瑞鳖、三线闭壳龟、虎纹蛙等。

该区域土地总面积 592.72 km²。其中，林地 587.93 km²，占区域土地总面积的99.19%；耕地 3.47 km²，占区域土地总面积的 0.59%；草地 0.78 km²，占区域土地总面积的 0.13%。生态公益林面积大，面积 345.65 km²。

该区域是广西多雨中心之一，年均降水量高达 2 630.3 mm，森林覆盖率高达97.8%，发源于该区域的河流有 33 条，是右江重要支流武鸣河和红水河重要支流清水河的源头区和水源涵养区，水源涵养功能极重要，是广西山地水源涵养关键区域。该区域天然林面积大，有大面积的南亚热带常绿阔叶林和山地常绿阔叶林，生境质量高，有 2 个自然保护区，生物多样性丰富，珍稀濒危物种多，生物多样性维护功能极重要，是广西生物多样性维护关键区域，对于保护南亚热带生物多样性具有重要作用。该区域地貌为中山，坡度大，植被覆盖度大，水土保持功能极重要，是广西山地水土保持的关键区域。因此，该区域具有水源涵养、水土保持、生物多样性维护等多种极重要的生态功能，是广西国土空间生态保护关键区域，对于维护广西国土空间生态安全具有重要作用。

该区域主要生态问题：局部区域人工林面积较大，森林涵养水源的功能有所下降。生态保护主要方向与措施：严格保护南亚热带季风常绿阔叶林生态系统和山地常绿阔叶林生态系统；保护现有天然林，努力扩大天然阔叶林面积，提高森林的水源涵养功能；建设好自然保护区，保护生物多样性。

（10）武鸣西部 – 隆安东部喀斯特山地生态保护关键区域。

该区域范围包括南宁市隆安县的城厢镇东部和东南部、丁当镇北部和西北部及东部，武鸣区的锣圩镇西部和西南部、宁武镇西北部和西南部，西乡塘区的双定镇北部。

该区域地层主要有石炭系灰岩、泥盆系灰岩。地貌为喀斯特峰丛洼地和峰林谷地，峰丛、峰林海拔 300 ～ 600 m，最高峰海拔 708.1 m。土壤主要为棕色石灰土。

石山原生植被为石灰岩季雨林，在自然保护区有大片的次生石灰岩季雨林，多数石山的植被已退化为灌丛。

该区域内有广西三十六弄 – 陇均自治区级自然保护区。保护区已知维管束植物1 041种、野生脊椎动物190种（广西林业勘测设计院，2003）。其中，国家Ⅰ级重点保护野生植物有石山苏铁、同色兜兰；国家Ⅱ级重点保护野生植物有金毛狗脊、金花茶、淡黄金花茶、地枫皮、海南风吹楠、蚬木、海南椴、花榈木、榉树、纹瓣兰、寒兰、硬叶兰、石斛、美花石斛、曲轴石斛等；国家Ⅰ级重点保护野生动物有林麝、大灵猫、小灵猫等；国家Ⅱ级重点保护野生动物有猕猴、斑林狸、黑冠鹃隼、鹊鹞、凤头鹰、赤腹鹰、松雀鹰、雀鹰、红隼、灰背隼、燕隼、褐翅鸦鹃、小鸦鹃、领角鸮、褐林鸮、斑头鸺鹠、蟒蛇、大壁虎、虎纹蛙等。

该区域土地总面积643.08 km²。其中，林地591.75 km²，占区域土地总面积的92.02%；耕地45.79 km²，占区域土地总面积的7.12%；园地5.54 km²，占区域土地总面积的0.86%。生态公益林面积大，面积388.89 km²。

该区域为土壤侵蚀极敏感区、石漠化敏感区。该区域地貌为喀斯特山地，岩石多土壤少，坡度大，水土保持功能极重要。该区域生态公益林面积大，主要为天然林，具有水源涵养、水土保持、生物多样性维护等重要功能。该区域有广西三十六弄 – 陇均自治区级自然保护区，生物多样性丰富，珍稀濒危物种多，生物多样性维护功能极重要。因此，该区域具有水土保持、水源涵养、生物多样性维护等多种极重要的生态功能，是广西国土空间生态保护关键区域，对于维护广西国土空间生态安全具有重要作用。

该区域主要生态问题：水土流失严重，局部石漠化严重；喀斯特山地植被以石山灌丛为主，水源涵养、水土保持、生物多样性维护等生态服务功能有待提高。生态保护主要方向与措施：采用工程措施和生物措施综合治理水土流失和石漠化；保护好现有天然林，加强封山育林，促使石山灌丛逐渐恢复为天然常绿落叶阔叶混交林，提高森林的水源涵养、水土保持、生物多样性维护等生态服务功能；加强自然保护区建设和管理，维护生物多样性。

（11）覃塘 – 兴宾 – 武宣喀斯特山地生态保护关键区域。

该区域范围包括贵港市覃塘区的黄练镇东北部、蒙公镇西部和西南部、樟木镇南部和西部及东北部、山北乡北部、东龙镇北部，来宾市兴宾区的五山镇东部和南部及西部、小平阳镇东部和东北部及西北部、三五镇东南部和西北部、石牙镇北部、寺山镇西部和西南部及南部、蒙村镇西南部、陶邓镇东北部、迁江镇东部、良江镇西南部，武宣县的通挽镇北部、思灵镇东部和东北部、桐岭镇西部和西南部及西北部、禄新镇东部和东北部及东南部、武宣镇西南部和西部及西北部。

该区域地层有二叠系的灰岩、白云岩、白云质灰岩，石炭系灰岩，泥盆系灰岩。地貌为喀斯特峰丛洼地和峰林谷地，峰丛、峰林海拔 300 ~ 500 m。土壤类型为棕色石灰土、白粉土。喀斯特山地的现状植被主要为石山灌丛和灌草丛，主要由苏木科、马鞭草科、大戟科、鼠李科、榆科、桑科、楝科、桃金娘科、芸香科、樟科、禾本科植物组成，如老虎刺、龙须藤、黄荆、红背山麻杆、雀梅藤、朴树、斜叶榕、石山榕、灰毛浆果楝、番石榴、潺槁树、五节芒、类芦、白茅等。

该区域土地总面积 968.36 km²。其中，林地 841.07 km²，占区域土地总面积的 86.86%；耕地 117.76 km²，占区域土地总面积的 12.16%；草地 2.94 km²，占区域土地总面积的 0.30%；水域 3.03 km²，占区域土地总面积的 0.31%；其他土地 3.56 km²，占区域土地总面积的 0.37%。生态公益林面积大，面积 543.31 km²。

该区域为土壤侵蚀极敏感区、石漠化极敏感区。该区域地貌为喀斯特山地，岩石多土壤少，坡度大，水土保持功能极重要。该区域生态公益林面积大，主要为天然林，具有水源涵养、水土保持、生物多样性维护等重大功能。因此，该区域具有水源涵养、水土保持、生物多样性维护等多种极重要的生态功能，是广西国土空间生态保护关键区域，对于维护广西国土空间生态安全具有重要作用。

该区域主要生态问题：水土流失严重，石漠化严重；喀斯特山地植被以石山灌丛为主，水源涵养、水土保持、生物多样性维护等生态服务功能有待提高。生态保护主要方向与措施：采用工程措施和生物措施综合治理水土流失与石漠化；保护好现有天然林，加强封山育林，促使石山灌丛逐渐恢复为天然常绿落叶阔叶混交林，提高森林的水源涵养、水土保持、生物多样性维护等生态服务功能。

（12）镇龙山生态保护关键区域。

该区域范围包括横州市的镇龙乡、云表镇北部、校椅镇北部、石塘镇东北部，宾阳县的露圩镇东部和东北部、王灵镇东南部、黎塘镇东南部和南部，贵港市覃塘区的黄练镇西部和西南部、三里镇西部和西南部、五里镇西部和西北部。

该区域地层为寒武系砂页岩、泥盆系砂岩。镇龙山呈椭圆形，东西长约 32 km，南北宽约 27 km，海拔约 700 m，主峰镇龙山在宾阳县与覃塘区交界处，海拔 1 140 m。发源于镇龙山的河流分别注入郁江支流镇龙江和鲤鱼江及红水河支流清水河。山地周围建有 20 多座中小型水库，是广西中部重要的水源中心。土壤类型主要为赤红壤，少量黄壤、紫色土。山坡植被主要为人工桉树林、马尾松林，沟谷存有少量南亚热带季风常绿阔叶林。区域内有九龙瀑布群国家森林公园，自然景观资源丰富。

该区域土地总面积 681.67 km²。其中,林地 663.03 km²,占区域土地总面积的 97.27% ;耕地 6.48 km²,占区域土地总面积的 0.95% ;园地 4.42 km²,占区域土地总面积的 0.65%。生态公益林面积 62.56 km²。

该区域山上森林茂密,森林覆盖率高达 95.4%,是郁江支流镇龙江和鲤鱼江以及红水河支流清水河的源头区和水源涵养区,水源涵养功能极重要。该区域地貌为中山,坡度大,植被覆盖度大,水土保持功能极重要。因此,该区域具有水源涵养、水土保持等极重要的生态功能,是广西国土空间生态保护关键区域,对于维护广西国土空间生态安全具有重要作用。

该区域主要生态问题:人工桉树纯林面积大,而天然阔叶林面积很小,森林涵养水源的功能有所下降。生态保护主要方向与措施:严格保护南亚热带季风常绿阔叶林生态系统;保护现有天然林,努力扩大天然阔叶林面积,优化森林群落结构,逐渐减少桉树纯林面积、增加优良乡土树种面积,提高森林的水源涵养功能;适度发展桉树、杉木、松树等用材林基地;建设好森林公园,保护自然景观。

(13)莲花山生态保护关键区域。

该区域土地总面积 840.72 km²,范围包括贵港市港北区的奇石乡、中里乡、庆丰镇西部和北部、大圩镇西北部、港城街道北部和西北部、根竹镇北部,贵港市覃塘区的覃塘街道东北部、东龙镇东部和南部、蒙公乡东部,武宣县的桐岭镇东部和东南部、通挽镇东部和东南部,桂平市的石龙镇北部和西部。

该区域中部地层为寒武系的浅变质砂页岩,四周为泥盆系砂岩、砾岩,西南端分布燕山运动初期的石英闪长岩及花岗岩体。莲花山呈东北 – 西南走向,长约 55 km,宽约 20 km,海拔约为 600 m,主峰大天平山位于山体南端,海拔 1 158 m。山体地势由西南向东北倾斜,马来河顺坡纵贯山地向东北流入黔江。山体呈马蹄形,背斜成谷。谷中有大型水库达开水库。发源于莲花山的河流注入黔江和郁江。莲花山土壤类型主要为赤红壤,少量黄红壤、黄壤。位于南端的平天山保留有少量南亚热带季风常绿阔叶林,主要由樟科、壳斗科、山茶科、木兰科、杜英科、杜鹃花科、冬青科、山矾科植物组成;局部分布有马尾松林、杉木林、柳杉林、茶园;多数区域为人工桉树林。珍稀动物有穿山甲、鹰嘴龟、黄猄、果子狸、红原鸡等。区域内有金、银、铅、锌、铁等矿产。区域内有广西平天山国家森林公园,自然景观资源丰富。

该区域土地总面积 840.83 km²。其中,林地 720.46 km²,占区域土地总面积的 85.69% ;耕地 75.57 km²,占区域土地总面积的 8.99% ;园地 0.12 km²,占区域土地总面积的 0.01% ;水域 44.68 km²,占区域土地总面积的 5.31%。生态公益林

61.41 km²。

该区域山上森林茂密，森林覆盖率高达 83.25%，是黔江支流马来河和郁江部分支流的源头区和水源涵养区，是大型水库达开水库的水源涵养区，水源涵养功能极重要。该区域地貌为中山，坡度大，植被覆盖度大，水土保持功能极重要。因此，该区域具有水源涵养、水土保持等极重要的生态功能，是广西国土空间生态保护关键区域，对于维护广西国土空间生态安全具有重要作用。

该区域主要生态问题：人工桉树纯林面积大，而天然阔叶林面积小，森林涵养水源的功能有所下降。生态保护主要方向与措施：严格保护南亚热带季风常绿阔叶林生态系统；保护现有天然林，努力扩大天然阔叶林面积，优化森林群落结构，逐渐减少桉树纯林面积、增加优良乡土树种面积，提高森林的水源涵养功能；适度发展桉树、杉木、松树等用材林基地；建设好森林公园，保护好自然景观。

（14）大瑶山中部和南部生态保护关键区域。

该区域土地总面积 2 452.57 km²，范围包括金秀瑶族自治县的大樟乡、六巷乡、罗香乡、长垌乡南部，象州县的大乐镇东部和东南部、中平镇东北部、百丈乡东北部、寺村镇东南部、妙皇乡东部和东南部，武宣县的三里镇东南部和南部、东乡镇东部和东北部及南部、二塘镇东部，平南县的马练乡北部和西部、国安乡、大鹏镇、思旺镇西北部和西部，桂平市的紫荆镇、金田林场、垌心乡北部和西部及东部、江口镇北部和西北部、金田镇北部和西部及西南部、楠木镇西部和西南部、西山镇北部和西部及中部、蒙圩镇北部和东北部、石龙镇东部。

该区域地层以寒武系砂岩、页岩及泥盆系砂岩、砾岩为主。大瑶山呈东北－西南走向，长约 110 km，宽约 45 km，海拔一般为 1 200 m，主峰圣堂山位于金秀瑶族自治县的南部，海拔 1 979 m。山体雄伟高大，坡陡谷深。在中部泥盆系砂岩、砾岩等水平岩层分布地区，丹霞地貌类型多，风景秀丽。发源于大瑶山中部和南部的河流分别注入蒙江、柳江、黔江和浔江。土壤类型有赤红壤、红壤、黄红壤、黄壤、紫色土。大瑶山森林茂密，有大面积的天然常绿阔叶林；大瑶山中部和南部的地带性植被为南亚热带季风常绿阔叶林，垂直带上有山地常绿阔叶林。

该区域内有广西大瑶山国家级自然保护区、广西金秀老山自治区级自然保护区、广西大平山自治区级自然保护区 3 个自然保护区。广西大瑶山国家级自然保护区已知维管束植物 2 135 种、大型真菌 215 种、陆生野生脊椎动物 482 种、昆虫 1 215 种（广西大瑶山国家级自然保护区管理局，2010；谭伟福等，2014）。广西金秀老山自治区级自然保护区已知维管束植物 1 497 种、野生脊椎动物 334 种（广西林业勘测设计院，2006）。广西大平山自治区级自然保护区已知维管束植物 1 039 种、野生脊椎动物 112 种（谭伟福等，2014）。3 个自然保护区中的国家 I 级重点保护野生植物有银杉、南方红豆杉等；国家 II 级重点保护野生植物有金毛狗脊、桫椤、黑桫椤、苏铁蕨、柔毛油杉、华南五针松、福建柏、百日青、白豆杉、穗花杉、伯乐树、合柱金莲木、闽楠、花榈木、伞花木、红椿、格木、紫荆木、瑶山苣苔、建兰、多花兰、春兰、寒兰、细茎石斛、距唇石斛、齿瓣石斛等；国家 I 级重点保护野生动物有云豹、熊狸、林麝、大灵猫、小灵猫、海南鸦、穿山甲、鳄蜥、鼋、金斑喙凤蝶等；国家 II 级重点保护野生动物有猕猴、藏酋猴、斑林狸、中华鬣羚、红腹角雉、白鹇、红腹锦鸡、黑冠鹃隼、凤头蜂鹰、黑翅鸢、凤头鹰、褐耳鹰、赤腹鹰、蛇雕、松雀鹰、雀鹰、苍鹰、普通鵟、白腹隼雕、白腿小隼、红隼、红脚隼、燕隼、游隼、褐翅鸦鹃、小鸦鹃、草鸮、黄嘴角鸮、领角鸮、红角鸮、褐林鸮、灰林鸮、领鸺鹠、斑头鸺鹠、鹰鸮、蓝背八色鸫、仙八色鸫、蟒蛇、地龟、大壁虎、大鲵、细痣瑶螈、虎纹蛙等。

该区域内有广西大瑶山国家森林公园、广西龙潭国家森林公园、广西大五顶自治区级森林公园、广西大瑶山（金秀）自治区级地质公园、广西桂平国家地质公园（部分）、广西桂平西山国家级风景名胜区、广西大瑶山自治区级风景名胜区，自然景观资源丰富。

该区域土地总面积 2 452.57 km²。其中，林地 2 301.75 km²，占区域土地总面积的 93.85%；耕地 45.88 km²，占区域土地总面积的 1.87%；园地 52.57 km²，占区域土地总面积的 2.14%；草地 0.11 km²，占区域土地总面积的 0.004%；水域 49.35 km²，占区域土地总面积的 2.01%。生态公益林面积大，面积 1 051.82 km²。

该区域是广西多雨中心之一，年均降水量高达 2 630.3 mm，森林覆盖率高达 90.7%。发源于该区域的河流有 25 条，是柳江支流罗秀河，黔江支流东乡河和罗陆峒河，浔江支流大湟江、思旺河和乌江、蒙江支流大同江等河流的源头区和水源涵养区，水源涵养功能极重要，是广西水源涵养关键区域。该区域天然林面积大，有大面积的南亚热带常绿阔叶林，生境质量高；有 3 个自然保护区，生物多样性丰富，珍稀濒危物种多，生物多样性维护功能极重要，是广西生物多样性维护关键区域。该区域地貌为中山，坡度大，植被覆盖度大，水土保持功能极重要，是广西水土保持的关键区域。该区域自然景观资源丰富，有 3 个森林公园、2 个地质公园、2 个风景名胜区。因此，该区域具有水源涵养、水土保持、生物多样性维护、提供独特自然景观等多种极重要的生态功能，是广西国土空间生态保护关键区域，对于维护广西国土空间生态安全具有重要作用。

该区域主要生态问题：局部区域人工林面积较大，森林涵养水源的功能有所下降。生态保护主要方向与措施：严格保护南亚热带季风常绿阔叶林生态系统和山地常绿阔叶林生态系统；该区域是江河源头区和水源涵养区，必须保护现有天然林，努力扩大天然阔叶林面积，提高森林的水源涵养功能；建设好自然保护区，保护生物多样性；建设好森林公园、地质公园和风景名胜区，保护好自然景观。

（15）大桂山南部生态保护关键区域。

该区域范围包括苍梧县六堡镇、犁埠镇西部和西北部、狮寨镇北部和东部及东南部、京南镇东部，万秀区的夏郢镇北部。

该区域地层以寒武系砂页岩为主，地貌为中山、低山，海拔 500～900 m，主峰犁头顶在贺州市平桂区南部，海拔 1 253 m。发源于大桂山南部的河流流入桂江和贺江。土壤类型有赤红壤、红壤、黄红壤、黄壤。地带性植被为南亚热带季风常绿阔叶林，但只有在较偏僻的沟谷中尚有保存。人工林有松林、杉木林、桉树林等。区域内有广西飞龙湖国家森林公园。

该区域土地总面积 1 094.46 km²。其中，林地 1 004.36 km²，占区域土地总面积的 91.77%；耕地 49.36 km²，占区域土地总面积的 4.51%；草地 2.38 km²，占区域土地总面积的 0.22%；水域 9.42 km²，占区域土地总面积的 0.86%。生态公益林面积较大，面积 381.40 km²。

该区域森林茂密，森林覆盖率高达 87.5%，是贺江和桂江很多支流的源头区和水源涵养区，水源涵养功能极重要，是广西山地水源涵养关键区域。该区域地貌为中山、低山，坡度大，植被覆盖度大，水土保持功能极重要。因此，该区域具有水源涵养、水土保持等多种极重要的生态功能，是广西国土空间生态保护关键区域，对于维护广西国土空间生态安全具有重要作用。

该区域主要生态问题：人工林面积较大，而天然阔叶林面积较小，局部区域森林涵养水源的功能有所下降。生态保护主要方向与措施：严格保护南亚热带季风常绿阔叶林生态系统；保护现有天然林，努力扩大天然阔叶林面积，提高森林的水源涵养功能；适度发展杉木、松树、桉树用材林基地。

（16）大容山生态保护关键区域。

该区域范围包括容县的石头镇、松山镇、罗江镇东南部和南部、县底镇西部和西南部、容州镇西部和西北部，北流市的山围镇北部、民乐镇北部、西垠镇北部、新圩镇北部、大里镇北部，桂平市的中沙镇东部和东南部及南部、罗秀镇南部，兴业县的小平山镇东部和东北部、林场，玉州区的大塘镇北部。

该区域地层为海西期的花岗岩。大容山呈东北 - 西南走向，长约 46 km，宽 25～30 km，山体庞大，平均海拔为 800 m，主峰梅花顶海拔 1 275 m，为桂东南的最高峰。山体两侧河流发育，分别注入郁江、南流江及北流江。土壤类型有赤红壤、黄红壤、黄壤。地带性植被为南亚热带季风常绿阔叶林，除在自然保护区有大片天然常绿阔叶林外，其余地区主要为人工林，如桉树林、松树林、杉木林、玉桂林、八角林等。

该区域内有广西大容山国家森林公园和广西大容山自治区级自然保护区。广西大容山自治区级自然保护区已知维管束植物 883 种、陆生野生脊椎动物 236 种（谭伟福等，2014）。其中，国家 II 级重点保护野生植物有桫椤、金毛狗脊、格木等；国家 I 级重点保护野生动物有大灵猫、小灵猫、穿山甲等；国家 II 级重点保护野生动物有青鼬、红原鸡、黑冠鹃隼、黑翅鸢、蛇雕、凤头鹰、松雀鹰、雀鹰、苍鹰、普通鵟、红隼、白腿小隼、燕隼、褐翅鸦鹃、小鸦鹃、草鸮、领鸺鹠、斑头鸺鹠、虎纹蛙等。

该区域土地总面积 916.13 km²。其中，林地 633.06 km²，占区域土地总面积的 69.10%；耕地 45.61 km²，占区域土地总面积的 4.98%；园地 233.09 km²，占区域土地总面积的 25.44%；水域 4.37 km²，占区域土地总面积的 0.48%。生态公益林面积大，面积 374.91 km²。

该区域森林覆盖率高，是南流江、北流江支流泗罗河、郁江支流大洋河、浔江支流白沙河等河流的源头区和水源涵养区，在山地周围建有 10 个中小型水库，水源涵养功能极重要，是广西山地水源涵养关键区域。该区域有广西大容山自治区级自然保护区，生物多样性丰富，珍稀濒危物种多，生物多样性维护功能极重要。该区域地貌为中山，坡度大，植被覆盖度大，水土保持功能极重要，是广西山地水土保持的关键区域。因此，该区域具有水源涵养、生物多样性维护、水土保持等多种极重要的生态功能，是广西国土空间生态保护关键区域，对于维护广西国土空间生态安全具有重要作用。

该区域主要生态问题：人工桉树、杉木纯林面积大，而天然阔叶林面积小，森林涵养水源的功能有所下降。生态保护主要方向与措施：严格保护南亚热带季风常绿阔叶林生态系统；保护现有天然林，努力扩大天然阔叶林面积，优化森林群落结构，逐渐减少桉树纯林面积、增加优良乡土树种面积，提高森林的水源涵养功能；适度发展桉树、杉木、松树等用材林基地；建设好自然保护区，保护生物多样性。建设好森林公园，保护好自然景观。

（17）云开大山生态保护关键区域。

该区域范围包括梧州市龙圩区的广平镇南部和西部，岑溪市的诚谏镇、筋竹镇北部和东部及南部、安平镇东部和南部、糯垌镇东部、大业镇南部、归义镇南部、岑城镇南部、梨木镇东部和北部及南部、大隆镇北部和西南部、水汶镇、南渡镇南部和东北部、马路镇东南部，容县的杨村镇东北部和中部及东南部、六王镇东南部、梨村镇东部和南部及西部、灵山镇西南部和南部，北流市的大坡外镇东部、隆盛镇东部和西部、新荣镇东部、新丰镇东北部、沙垌镇东北部和东南部、扶新镇北部和东部及西部、白马镇东北部和西部、平政镇东部和西部、六麻镇西北部和西南部及东南部、石窝镇北部和西部，陆川县的沙坡镇、米场镇东北部、马坡镇东部、平乐镇南部、温泉镇东部和东南部、乌石镇东部和北部及东南部、清湖镇北部、良田镇东北部、滩面镇东部。

云开大山位于梧州市龙圩区、岑溪市、容县、北流市、陆川县与广东省的郁南县、罗定市、信宜市之间，为粤桂界山。地层以寒武系和奥陶系的变质岩为基底，并有混合岩、混合花岗岩和火山角砾岩分布。广西境内的云开大山北起梧州市龙圩区的铜镆大山，南达陆川县东部的谢山嶂，呈东北 – 西南走向，长约 140 km，宽 25 ～ 30 km，一般海拔 500 ～ 800 m。主峰位于广东省信宜市的大田顶，海拔 1 703.9 m。在广西境内，云开大山最高峰为天堂山，位于北流市与容县之间，海拔 1 274.1 m；其他山峰有罗云大山（位于岑溪市，海拔 814.7 m）、大芒顶（位于岑溪市，海拔 1 044 m）、南翁山（位于容县，海拔 1 053.7 m）、勾鬐顶（位于容县，海拔 1 040 m）、铜镆大山（位于龙圩区，海拔 753.1 m）、周公顶（位于岑溪市，海拔 885.1 m）、大瓮顶（位于岑溪市，海拔 933 m）、土柱顶（位于岑溪市，海拔 1 211 m）、尖峰山（位于岑溪市与容县之间，海拔 1 016 m）、谢山嶂（位于陆川县，海拔 792.7 m）。发源于云开大山的河流流入北流河和九洲江。土壤类型有赤红壤、黄红壤、黄壤、紫色土。原生植被为南亚热带季风常绿阔叶林，在自然保护区和一些沟谷还分布有南亚热带季风常绿阔叶林，主要树种有格木、榄类、红椎、荷木、樟树、米椎、红楠木等。现状植被主要为人工植被，主要有桉树林、松树林等。

该区域内有广西天堂山自治区级自然保护区、广西大山顶自治区级森林公园、广西吉太自治区级森林公园。广西天堂山自治区级自然保护区已知维管束植物 703 种、野生脊椎动物 218 种（谭伟福等，2014）。其中，国家Ⅱ级重点保护野生植物有黑桫椤、桫椤、金毛狗脊、金荞麦、紫荆木等；国家Ⅰ级重点保护野生动物有小灵猫、穿山甲等；国家Ⅱ级重点保护野生动物有猕猴、斑林狸、青鼬、中华鬣羚、红原鸡、黑冠鹃隼、黑翅鸢、蛇雕、凤头鹰、松雀鹰、雀鹰、苍鹰、普通鵟、白腿小隼、红隼、燕隼、褐翅鸦鹃、小鸦鹃、草鸮、领角鸮、斑头鸺鹠、虎纹蛙等。

该区域土地总面积 2 323.04 km^2。其中，林地 2 091.51 km^2，占区域土地总面积的 90.03%；耕地 113.63 km^2，占区域土地总面积的 4.89%；园地 107.38 km^2，占区

域土地总面积的 4.62%；草地 4.34 km²，占区域土地总面积的 0.19%；水域 6.18 km²，占区域土地总面积的 0.27%。生态公益林面积较大，面积 436.37 km²。

该区域森林覆盖率高达 87.6%，是北流河、九洲江的源头区和水源涵养区，水源涵养功能极重要。该区域有广西天堂山自治区级自然保护区，生物多样性丰富，珍稀濒危物种多，生物多样性维护功能极重要。该区域地貌为中山，坡度大，植被覆盖度大，水土保持功能极重要，是广西山地水土保持的关键区域。因此，该区域具有水源涵养、水土保持、生物多样性维护等多种极重要的生态功能，是广西国土空间生态保护关键区域，对于维护广西国土空间生态安全具有重要作用。

该区域主要生态问题：人工桉树、松树纯林面积大，而天然阔叶林面积小，森林涵养水源的功能有所下降。生态保护主要方向与措施：严格保护南亚热带季风常绿阔叶林生态系统；保护现有天然林，努力扩大天然阔叶林面积，优化森林群落结构，逐渐减少桉树与松树纯林面积，增加优良乡土树种面积，提高森林的水源涵养功能；适度发展桉树、松树、杉木等用材林基地；建设好自然保护区，保护好生物多样性；建设好森林公园，保护好自然景观。

3. 北热带山地生态保护关键区域

广西北热带山地生态保护关键区域面积 23 103.94 km²，共有 11 片，包括大王岭-黄连山生态保护关键区域、六韶山生态保护关键区域、桂西喀斯特山地生态保护关键区域、西大明山生态保护关键区域、江州-扶绥喀斯特山地生态保护关键区域、龙州-宁明喀斯特山地生态保护关键区域、大青山生态保护关键区域、四方岭生态保护关键区域、十万大山生态保护关键区域、罗阳山生态保护关键区域、六万大山生态保护关键区域。

（1）大王岭-黄连山生态保护关键区域。

该区域范围包括百色市右江区的泮水乡、大楞乡、阳圩镇南部和西南部、龙景街道西部和西南部，德保县的东凌乡西北部，田阳区的洞靖乡北部，靖西市的魁圩乡北部。

该区域地层有三叠系砂页岩，泥盆系灰岩、砂岩、泥岩。地貌为中山，海拔 1 000～1 200 m，最高峰黄连山位于德保县西北部，海拔 1 616 m。大王岭位于右江区中西部，海拔 1 179 m。发源于该区域的河流汇入右江。土壤有赤红壤、黄红壤、黄壤。地带性植被为北热带季雨林，在垂直带上有山地常绿阔叶林和山顶矮林。自然保护区内有大面积的北热带季雨林和山地常绿阔叶林，人工植被类型主要有杉木林、松林、杧果林。

该区域内有广西大王岭自治区级自然保护区和广西黄连山-兴旺自治区级自然

保护区（黄连山片）及大王岭森林公园。广西大王岭自治区级自然保护区已知维管束植物1 443 种、陆生野生脊椎动物245 种（广西林业勘测设计院，2003）。广西黄连山 – 兴旺自治区级自然保护区已知维管束植物1 235 种、陆生野生脊椎动物269种（广西林业勘测设计院，2003）。2 个自然保护区中，国家Ⅰ级重点保护野生植物有德保苏铁；国家Ⅱ级重点保护野生植物有黑桫椤、大叶黑桫椤、桫椤、金毛狗脊、苏铁蕨、地枫皮、海南风吹楠、蚬木、花榈木、榉树、蒜头果、红椿、董棕、建兰、春兰、寒兰、硬叶兰、墨兰、金钗石斛、剑叶石斛、钩状石斛、喇叭石斛等；国家Ⅰ级重点保护野生动物有黑叶猴、云豹、林麝、大灵猫、小灵猫等；国家Ⅱ级重点保护野生动物有短尾猴、猕猴、斑林狸、红原鸡、白鹇、蛇雕、凤头鹰、赤腹鹰、松雀鹰、雀鹰、普通鵟、黑冠鹃隼、红隼、燕隼、褐翅鸦鹃、小鸦鹃、草鸮、领角鸮、雕鸮、灰林鸮、领鸺鹠、斑头鸺鹠、蟒蛇、大壁虎、虎纹蛙等。

该区域土地总面积1 241.47 km²。其中，林地1 064.31 km²，占区域土地总面积的85.73%；耕地34.60 km²，占区域土地总面积的2.79%；园地142.53 km²，占区域土地总面积的11.48%；草地0.03 km²，占区域土地总面积的0.002%。生态公益林面积大，面积688.35 km²。

该区域森林覆盖率高，达81.8%，是右江支流福禄河、剥隘河支流普厅河等河流的源头区和水源涵养区，水源涵养功能极重要。该区域有广西大王岭自治区级自然保护区、广西黄连山 – 兴旺自治区级自然保护区，生物多样性丰富，珍稀濒危物种多，生物多样性维护功能极重要。该区域地貌为中山，坡度大，植被覆盖度大，水土保持功能极重要。因此，该区域具有水源涵养、水土保持、生物多样性维护等多种极重要的生态功能，是广西国土空间生态保护关键区域，对于维护广西国土空间生态安全具有重要作用。

该区域主要生态问题：部分区域人工林面积大，天然阔叶林面积小，森林涵养水源的功能有所下降；水土流失较严重。生态保护主要方向与措施：严格保护北热带季雨林生态系统和山地常绿阔叶林生态系统；保护现有天然林，努力扩大天然阔叶林面积，提高森林的水源涵养功能；适度发展杉木、松树等用材林基地；建设好自然保护区，保护好生物多样性；建设好森林公园，保护好自然景观；采用工程措施和生物措施综合治理水土流失。

（2）六韶山生态保护关键区域。

该区域范围包括那坡县的百都乡、百省乡、百合乡、平孟镇、百南乡、德隆乡、城厢镇西部。

该区域地层主要为三叠系砂岩、页岩，周围有泥盆系砂岩和泥岩，在西北部有印支期辉绿岩，在西端有寒武系白云岩，在南端有石炭系灰岩。六韶山主体在云南省文山州，向东南延伸至那坡县中部，呈西北－东南走向，全长约 160 km，宽约 30 km，海拔 1 000～1 300 m，在广西境内的最高峰为规弄山，海拔 1 681 m。六韶山为陡峻的中山地貌，山高坡陡，峡谷幽深。发源于六韶山的支流流入百都河，百都河流入越南。土壤类型有赤红壤、黄红壤、黄壤，在西端和南端有棕色石灰土。地带性植被为北热带季雨林，在垂直带上有山地常绿阔叶林和山顶矮林。人工植被类型主要有杉木林、松林。

该区域内有广西老虎跳自治区级自然保护区和广西德孚县级自然保护区。广西老虎跳自治区级自然保护区已知维管束植物 1 651 种、陆生野生脊椎动物 279 种（广西林业勘测设计院，2003）。广西德孚县级自然保护区已知维管束植物 623 种（谭伟福等，2014）。2 个自然保护区中，国家 I 级重点保护野生植物有望天树、同色兜兰、长瓣兜兰、麻栗坡兜兰等；国家 II 级重点保护野生植物有黑桫椤、桫椤、金毛狗脊、短叶黄杉、白豆杉、大叶木莲、地枫皮、海南风吹楠、蚬木、海南椴、榉树、红椿、华南锥、香果树、董棕、硬叶兰、套叶兰、纹瓣兰、建兰、多花兰、春兰、寒兰、墨兰、剑叶石斛、钩状石斛、叠鞘石斛、铁皮石斛、硬叶兜兰等；国家 I 级重点保护野生动物有林麝、大灵猫、小灵猫、金猫、冠斑犀鸟、穿山甲等；国家 II 级重点保护野生动物有熊猴、短尾猴、猕猴、斑林狸、黑熊、中华鬣羚、巨松鼠、红原鸡、白鹇、黑冠雀隼、蛇雕、凤头鹰、赤腹鹰、松雀鹰、鹊鹞、普通鵟、白腹隼雕、白腿小隼、红隼、红翅绿鸠、褐翅鸦鹃、小鸦鹃、草鸮、粟鸮、领角鸮、雕鸮、灰林鸮、领鸺鹠、斑头鸺鹠、仙八色鸫、蟒蛇、大壁虎、虎纹蛙等。

该区域土地总面积 1 392.76 km²。其中，林地 1 045.03 km²，占区域土地总面积的 75.03%；耕地 33.44 km²，占区域土地总面积的 2.40%；园地 285.48 km²，占区域土地总面积的 20.50%；草地 27.10 km²，占区域土地总面积的 1.95%；其他土地 1.71 km²，占区域土地总面积的 0.12%。生态公益林面积大，面积 212.51 m²。

该区域森林覆盖率高，是百都河的源头区和水源涵养区，水源涵养功能极重要。该区域有广西老虎跳自治区级自然保护区、广西德孚县级自然保护区，生物多样性丰富，珍稀濒危物种多，生物多样性维护功能极重要。该区域地貌为中山，坡度大，植被覆盖度大，水土保持功能极重要。因此，该区域具有水源涵养、水土保持、生物多样性维护等多种极重要的生态功能，是广西国土空间生态保护关键区域，对于维护广西国土空间生态安全具有重要作用。

该区域主要生态问题：人工林面积大，天然阔叶林面积小，森林涵养水源的功能有所下降；水土流失较严重。生态保护主要方向与措施：严格保护北热带季雨林生态系统和山地常绿阔叶林生态系统；保护现有天然林，努力扩大天然阔叶林面积，提高森林的水源涵养功能；适度发展杉木、松树等用材林基地；建设好自然保护区，保护好生物多样性；建设好森林公园，保护好自然景观；采用工程措施和生物措施综合治理水土流失。

（3）桂西喀斯特山地生态保护关键区域。

该区域范围包括那坡县的城厢镇东部，龙合乡，坡荷乡；靖西市的魁圩乡中部和南部，果乐乡，安德镇，龙临镇，新甲乡，渠洋镇东部、北部和西部，南坡乡，吞盘乡，禄峒镇，新靖镇东北部、西部和西南部，同德乡，武平镇西北部、西部和南部，化峒镇东部、西部和南部，地州镇，安宁乡，龙邦镇，壬庄乡，岳圩镇，湖润镇；德保县的龙光乡西北部、西部和南部，燕洞乡，隆桑镇，足荣镇北部，那甲镇，城关镇南部和西北部，都安乡，马隘镇，巴头乡，敬德镇，东凌镇东部、中部和南部；百色市田阳区的巴别乡，五村镇，坡洪镇，那满镇西部和南部，洞靖镇东部和南部，那坡镇南部；田东县的作登乡东北部、北部和中部，印茶镇西北部和北部，林逢镇南部，平马镇西南部，思林镇东南部；天等县的向都镇西北部、西部和中部，把荷乡南部，上映乡东南部和南部，都康乡西南部，进结镇，驮堪乡，进远乡北部、南部和东部，东平镇东南部，宁干乡东部，天等镇东北部、东南部和南部，小山乡，龙茗镇，福新镇；平果市的果化镇西南部，新安镇西南部和南部；大新县的下雷镇，硕龙镇，全茗镇东北部、西北部和东南部，五山乡，福隆乡，昌明乡北部和中部，龙门乡北部，桃城镇西北部、西南部和南部，恩城乡西北部、北部和东南部，榄圩乡西南部和北部，雷平镇西北部和中南部，宝圩乡；隆安县的布泉乡，都结乡，屏山乡北部，南圩镇东北部、中部和南部，乔建镇西南部，古潭乡西部。

该区域地层有二叠系灰岩、白云岩、白云质灰岩，石炭系灰岩，泥盆系灰岩。区内大部分地区地貌为喀斯特峰丛洼地，小部分为喀斯特峰林谷地。靖西－德保的峰丛石山海拔1 000～1 200 m，最高峰竹岩山位于靖西市中部，海拔1 525 m；天等－大新峰丛石山海拔600～900 m。该区域是广西第二大的连片喀斯特山区。发源于该区域的河流流入左江支流黑水河、右江支流龙须河和古榕江。土壤类型有棕色石灰土、白粉土、黄红壤。该区域内喀斯特山地原生植被类型为北热带石灰岩季节性雨林，已遭到严重破坏，除自然保护区和一些村庄后面的山地还保留有石灰岩季节性雨林外，现存植被主要为石灰岩灌丛和灌草丛。该区域锰矿、铜矿、铁矿等矿产资源丰富，特别是大新锰矿储量大。

该区域内有广西邦亮黑冠长臂猿国家级自然保护区、广西恩城国家级自然保护区、广西下雷自治区级自然保护区、广西底定自治区级自然保护区、广西龙虎山自治区级自然保护区、广西地州县级自然保护区、广西古龙山县级自然保护区7个自然保护区。广西邦亮长臂猿国家级自然保护区已知维管束植物1 059种、大型真菌106种、陆生野生脊椎动物322种、昆虫696种（广西林业勘测设计院，2010）。广西恩城国家级自然保护区已知维管束植物1 007种、陆生野生脊椎动物261种（谭伟福等，2014）。广西下雷自治区级自然保护区已知维管束植物1 069种、陆生野生脊椎动物238种（广西林业勘测设计院，2007）。广西底定自治区级自然保护区已知陆生野生脊椎动物149种（谭伟福等，2014）。广西龙虎山自治区级自然保护区已知维管束植物926种、陆生野生脊椎动物215种（谭伟福等，2014）。广西古龙山县级自然保护区已知维管束植物1 163种、陆生野生脊椎动物285种（谭伟福等，2014）。7个自然保护区中，国家Ⅰ级重点保护野生植物有石山苏铁、广西火桐、同色兜兰、海伦兜兰等；国家Ⅱ级重点保护野生植物有阔叶原始观音座莲、桫椤、金毛狗脊、华南五针松、云南穗花杉、短叶黄杉、大叶木莲、地枫皮、海南风吹楠、蚬木、金丝李、海南椴、榉树、蒜头果、香果树、紫荆木、红椿、董棕、毛瓣金花茶、显脉金花茶、凹脉金花茶、龙州金花茶、硬叶兜兰、硬叶兰、套叶兰、冬凤兰、虎头兰、邱北冬蕙兰、剑叶石斛、流苏石斛、美花石斛、黑毛石斛等；国家Ⅰ级重点保护野生动物有东黑冠长臂猿、黑叶猴、云豹、金钱豹、大灵猫、小灵猫、金猫、林麝、豺、黄腹角雉、海南鳽、冠斑犀鸟、穿山甲等；国家Ⅱ级重点保护野生动物有熊猴、黑熊、短尾猴、猕猴、斑林狸、水獭、青鼬、水鹿、中华鬣羚、巨松鼠、红原鸡、白腹锦鸡、白鹇、鸳鸯、黑冠鹃隼、凤头蜂鹰、黑翅鸢、蛇雕、凤头鹰、凤头蜂鹰、褐耳鹰、松雀鹰、雀鹰、苍鹰、白腹隼雕、鹰雕、普通鵟、红隼、白腿小隼、燕隼、游隼、褐翅鸦鹃、小鸦鹃、粟鸮、黄嘴角鸮、草鸮、领角鸮、鹰鸮、雕鸮、褐林鸮、灰林鸮、领鸺鹠、斑头鸺鹠、长尾阔嘴鸟、银胸丝冠鸟、蓝背八色鸫、仙八色鸫、红翅绿鸠、蟒蛇、大壁虎、山瑞鳖、虎纹蛙等。

区域内有广西花山国家级风景名胜区（大新县部分）、广西那坡县枕状玄武岩自治区级地质公园、广西德保红叶自治区级森林公园、广西龙须河自治区级森林公园、广西丽川自治区级森林公园、广西龙虎山自治区级风景名胜区，自然景观资源丰富。广西花山国家级风景名胜区（大新县部分）保护对象为德天瀑布景观、明仕田园景观、黑水河景观。德天瀑布是广西最为著名的岩溶瀑布景观，位于大新县硕龙镇德天村，瀑布气势磅礴、蔚然壮观，与紧邻的越南板约瀑布相连，是亚洲第一、世界第四大跨国瀑布。德天瀑布由上至下分为四级，总高度为49 m，瀑水水面宽度超过250 m，多年平均流量达55.2 m³/s，大约是贵州黄果树瀑布的3倍。德天瀑布是由于地层岩性的差异及受断裂构造的影响，在河水的冲刷、侵蚀等作用下形成以白云岩构成的陡崖，加之归春河丰富的水量，最终形成现今典型的岩溶瀑布景观，具有独特的自然美景和重要的美学价值（李乐乐等，2019）。

该区域土地总面积 10 105.38 km²。其中，林地 9 259.05 km²，占区域土地总面积的 91.62%；耕地 431.96 km²，占区域土地总面积的 4.27%；园地 108.53 km²，占区域土地总面积的 1.07%；草地 79.59 km²，占区域土地总面积的 0.79%；水域 22.99 km²，占区域土地总面积的 0.23%；其他土地 203.26 km²，占区域土地总面积的 2.01%。生态公益林面积大，面积 6 892.13 km²。

该区域为土壤侵蚀极敏感区、石漠化极敏感区，是水土流失、石漠化治理的重点区域。该区域地貌为喀斯特山地，岩石多，土壤少，坡度大，水土保持功能极重要，是广西喀斯特山地水土保持的关键区域。该区域是左江支流黑水河、右江支流龙须河和古榕江等河流的源头区与水源涵养区，水源涵养功能极重要。该区域生态公益林面积大，主要为天然林，具有水源涵养、水土保持、生物多样性维护等重大功能。该区域有 2 个国家级自然保护区、3 个自治区级自然保护区、2 个县级自然保护区，生物多样性丰富，珍稀濒危物种多，生物多样性维护功能极重要，是广西生物多样性维护关键区域，对喀斯特生物多样性的保护具有重要意义。该区域自然景观资源丰富，有 1 个国家级风景名胜区、1 个自治区级风景名胜区、1 个自治区级地质公园、2 个自治区级森林公园，自然景观独特、美丽。因此，该区域具有水源涵养、水土保持、生物多样性维护、提供独特自然景观等多种极重要的生态功能，是广西国土空间生态保护关键区域，对于维护广西国土空间生态安全具有重要作用。

该区域主要生态问题：水土流失严重，局部石漠化严重；喀斯特山地植被以石山灌丛为主，水源涵养、水土保持、生物多样性维护等生态服务功能有待提高；局部区域矿山的不合理开采造成地质灾害、土地损毁、重金属污染等问题。生态保护主要方向与措施：采用工程措施和生物措施综合治理水土流失和石漠化；保护好现有天然林，加强封山育林，促使石山灌丛逐渐恢复为北热带石灰岩季节性雨林，提高森林的水源涵养、水土保持、生物多样性维护等生态服务功能；加强自然保护区建设和管理，维护生物多样性；加强风景名胜区、地质公园和森林公园管理，保护好独特自然景观资源；加强矿山生态修复，改善矿山生态环境，提高废弃矿山土地利用效率。

（4）西大明山生态保护关键区域。

该区域范围包括大新县的福隆乡南部、昌明乡南部、龙门乡东部和中部、榄圩乡东北部、桃城镇东部；江州区的那隆镇东北部、北部和西北部，驮卢镇北部；扶绥县的中东镇北部和西部；隆安县的古潭乡西南部，屏山乡东南部、南部和西南部；西乡塘区的坛洛镇西部。

该区域地层为寒武系变质岩、泥盆系砾岩和砂页岩等，基底有花岗岩侵入。西大明山长约 54 km，宽约 25 km，海拔 800 ～ 1 000 m，最高峰海拔 1 017 m。西大明山主体山地的外围，环绕着海拔 500 ～ 600 m 的低山。发源于西大明山的河流主要有流入右江的乔建河，流入左江的驮卢河、罗阳河、榄圩河。土壤为赤红壤和黄红壤。地带性植被为北热带季雨林，垂直带上有山地常绿阔叶林。自然保护区内保留有季节雨林和山地常绿阔叶林，其余地区以马尾松林、桉树林为主。西大明山的矿产资源丰富，有钨、锰等重要的矿产。

该区域内有广西西大明山自治区级自然保护区，保护区已知维管植物 1 562 种（游建华，2023）。其中，国家Ⅱ级重点保护野生植物有桫椤、格木、土沉香等；国家Ⅰ级重点保护野生动物有大灵猫、金猫、冠斑犀鸟、穿山甲等；国家Ⅱ级重点保护野生动物有蟒蛇、水獭、白鹇等。

该区域土地总面积 853.20 km²。其中，林地 765.48 km²，占区域土地总面积的 89.72%；耕地 25.71 km²，占区域土地总面积的 3.01%；草地 5.21 km²，占区域土地总面积的 0.61%；水域 2.19 km²，占区域土地总面积的 0.26%。生态公益林面积大，面积 249.53 km²。

该区域森林覆盖率高，是右江支流乔建河，左江支流驮卢河、罗阳河、榄圩河等河流的源头区和水源涵养区，水源涵养功能极重要。该区域有广西西大明山自治区级自然保护区，生物多样性丰富，珍稀濒危物种多，生物多样性维护功能极重要。该区域地貌为中山，坡度大，植被覆盖度大，水土保持功能极重要。因此，该区域具有水源涵养、水土保持、生物多样性维护等多种极重要的生态功能，是广西国土空间生态保护关键区域，对于维护广西国土空间生态安全具有重要作用。

该区域主要生态问题：人工桉树、杉木纯林面积大，而天然阔叶林面积小，局部森林涵养水源的功能有所下降；矿产资源开发中局部破坏了自然生态环境。生态保护主要方向与措施：严格保护北热带季雨林生态系统和山地常绿阔叶林生态系统；保护现有天然林，努力扩大天然阔叶林面积，优化森林群落结构，逐渐减少桉树纯林面积、增加优良乡土树种面积，提高森林的水源涵养功能；适度发展桉树、杉树、松树等用材林基地；建设好自然保护区，保护好生物多样性；加强矿山生态修复，改善矿山生态环境。

（5）江州 – 扶绥喀斯特山地生态保护关键区域。

该区域范围包括崇左市江州区的左州镇东部、南部和西部，太平街道北部、西北部和西部，新和镇东南部，驮卢镇北部、东部和南部，濑湍镇北部、东北部和南部，罗白乡北部和中部，板利乡中部，江州镇东北部；大新县的榄圩乡东南部；扶绥县的渠旧镇东部和北部，渠黎镇西北部、西部和南部，昌平乡西北部和中西部，岜盆乡东南部、南部和西南部，山圩镇西北部，东罗镇北部。

该区域地层有二叠系灰岩、石炭系灰岩。区内地貌为喀斯特峰丛洼地和峰林谷地，位于江州区的峰丛、峰林石山海拔 400 ～ 600 m，位于扶绥县的峰丛、峰林石山海拔 300 ～ 400 m。土壤有黑色石灰土、棕色石灰土。原生植被类型为北热带石灰岩季节性雨林，但已遭到严重破坏，现存植被主要为石灰岩灌丛和灌草丛。

该区域内有广西崇左白头叶猴国家级自然保护区。保护区已知维管束植物 848 种、大型真菌 102 种、野生脊椎动物 381 种、昆虫 558 种（广西壮族自治区林业局，2005）。其中，国家Ⅰ级重点保护野生植物有石山苏铁、叉叶苏铁、同色兜兰；国家Ⅱ级重点保护野生植物有七指蕨、蚬木、海南椆、东京桐、柠檬黄金花茶、淡黄金花茶等；国家Ⅰ级重点保护野生动物有白头叶猴、黑叶猴、云豹、林麝、大灵猫、小灵猫、金猫、冠斑犀鸟等；国家Ⅱ级重点保护野生动物有猕猴、巨松鼠、红原鸡、蛇雕、凤头鹰、褐耳鹰、雀鹰、普通鵟、红隼、燕隼、红翅绿鸠、褐翅鸦鹃、小鸦鹃、领角鸮、雕鸮、灰林鸮、斑头鸺鹠、鹰鸮、长尾阔嘴鸟、蟒蛇、大壁虎、虎纹蛙等。

该区域土地总面积 1 293.69 km²。其中，林地 1 103.13 km²，占区域土地总面积的 85.07%；耕地 147.37 km²，占区域土地总面积的 11.39%；园地 7.76 km²，占区域土地总面积的 0.60%；草地 5.67 km²，占区域土地总面积的 0.44%；水域 27.99 km²，占区域土地总面积的 2.16%；其他土地 1.77 km²，占区域土地总面积的 0.14%。生态公益林面积大，面积 745.72 km²。

该区域为土壤侵蚀极敏感区、石漠化极敏感区，是水土流失、石漠化治理的重点区域。该区域地貌为喀斯特山地，岩石多，土壤少，坡度大，水土保持功能极重要。该区域生态公益林面积大，主要为天然林，具有水源涵养、水土保持、生物多样性维护等重大功能。该区域有广西崇左白头叶猴国家级自然保护区，生物多样性丰富，珍稀濒危物种多，生物多样性维护功能极重要，是广西生物多样性维护关键区域，对喀斯特生物多样性的保护具有重要意义。因此，该区域具有水源涵养、水土保持、生物多样性维护等多种极重要的生态功能，是广西国土空间生态保护关键区域，对于维护广西国土空间生态安全具有重要作用。

该区域主要生态问题：水土流失严重，局部石漠化严重；喀斯特山地植被以石山灌丛为主，涵养水源、保持水土、维护生物多样性等生态服务功能有待提高。生态保护主要方向与措施：采用工程措施和生物措施综合治理水土流失和石漠化；保护好现有天然林，加强封山育林，促使石山灌丛逐渐恢复为北热带石灰岩季节性雨林，提高森林的水源涵养、水土保持、生物多样性维护等生态服务功能；加强自然保护区建设和管理，维护生物多样性。

（6）龙州－宁明喀斯特山地生态保护关键区域。

该区域范围包括龙州县的武德乡，水口镇北部、东部和西南部，金龙镇西南部和南部，逐卜乡西部和南部，上龙乡北部、东部和西部，下冻镇西北部，响水镇西南部和西部，上金乡北部、东部和南部，龙州镇东北部和东南部，八角乡东北部、东部和南部；凭祥市的夏石镇北部；宁明县的亭亮镇西部、西南部和西北部，明江镇的北部、东北部和西北部。

该区域地层有三叠系灰岩，二叠系灰岩、白云质灰岩，石炭系灰岩。区域内地貌为喀斯特峰丛洼地、峰林谷地，峰丛、峰林海拔 400～700 m。土壤有黑色石灰土、棕色石灰土。原生植被类型为北热带石灰岩季节性雨林，但仅在自然保护区保留有大片的北热带石灰岩季节性雨林，其余地区的北热带石灰岩季节性雨林已遭到破坏，现存植被主要为灌丛和灌草丛。

该区域内有广西弄岗国家级自然保护区和广西青龙山自治区级自然保护区。广西弄岗国家级自然保护区已知维管束植物 1 752 种、大型真菌 373 种、陆生野生脊椎动物 403 种、昆虫 439 种（黄俞淞等，2013；谭伟福等，2014；牟光福，2019；广西弄岗自然保护区综合考察队，1988）。广西青龙山自治区级自然保护区已知维管束植物 1 140 种、陆生野生脊椎动物 319 种（谭伟福等，2014）。2 个自然保护区中，国家Ⅰ级重点保护野生植物有石山苏铁、叉叶苏铁、望天树、同色兜兰等；国家Ⅱ级重点保护野生植物有七指蕨、大叶黑桫椤、黑桫椤、桫椤、水蕨、金毛狗脊、华南五针松、短叶黄杉、地枫皮、海南风吹楠、蚬木、金丝李、海南椴、斜翼、东京桐、花榈木、紫荆木、董棕、龙州金花茶、凹脉金花茶、束花石斛、叠鞘石斛、小黄花石斛、聚石斛、美花石斛等；国家Ⅰ级重点保护野生动物有云豹、蜂猴、黑叶猴、白头叶猴、林麝、大灵猫、小灵猫、冠斑犀鸟、穿山甲等；国家Ⅱ级重点保护野生动物有黑熊、熊猴、短尾猴、猕猴、斑林狸、中华鬣羚、巨松鼠、红原鸡、白鹇、黑鸢、粟鸢、蛇雕、鹰雕、凤头鹰、凤头蜂鹰、褐耳鹰、赤腹鹰、日本松雀鹰、松雀鹰、雀鹰、普通鵟、褐冠雀隼、黑冠雀隼、红隼、燕隼、猛隼、红翅绿鸠、褐翅鸦鹃、小鸦鹃、黄嘴角鸮、领角鸮、鹰鸮、雕鸮、灰林鸮、领鸺鹠、斑头鸺鹠、长尾阔嘴鸟、蓝背八色鸫、仙八色鸫、蟒蛇、大壁虎、地龟、虎纹蛙等。

区域内有广西花山国家级风景名胜区（宁明县部分），主要保护对象为古岩壁画景观、左江景观，自然景观资源丰富。

该区域土地总面积 1 313.31 km²。其中，林地 1 062.54 km²，占区域土地总面积的 80.91%；耕地 163.45 km²，占区域土地总面积的 12.45%；园地 56.43 km²，占区域土地总面积的 4.30%；草地 6.48 km²，占区域土地总面积的 0.49%；水域 23.82 km²，占区域土地总面积的 1.81%；其他土地 0.59 km²，占区域土地总面积的 0.04%。生态公益林面积大，面积 698.39 km²。

该区域为土壤侵蚀极敏感区，局部为石漠化极敏感区。该区域地貌为喀斯特山地，岩石多，土壤少，坡度大，水土保持功能极重要。该区域生态公益林面积大，主要为天然林，具有水源涵养、水土保持、生物多样性维护等重要功能。该区域有广西弄岗国家级自然保护区和广西青龙山自治区级自然保护区，喀斯特生物多样性丰富，珍稀濒危物种多，生物多样性维护功能极重要，是广西生物多样性维护关键区域，对喀斯特生物多样性的保护具有重要意义。因此，该区域具有水源涵养、水土保持、生物多样性维护等多种极重要的生态功能，是广西国土空间生态保护关键区域，对于维护广西国土空间生态安全具有重要作用。

该区域主要生态问题：局部区域水土流失较严重，局部石漠化严重；部分喀斯特山地植被以石山灌丛为主，水源涵养、水土保持、生物多样性维护等生态服务功能有待提高。生态保护主要方向与措施：采用工程措施和生物措施综合治理水土流失和石漠化；保护好现有天然林，加强封山育林，促使石山灌丛逐渐恢复为北热带石灰岩季节性雨林，提高森林的水源涵养、水土保持、生物多样性维护等生态服务功能；加强自然保护区建设和管理，维护生物多样性。

（7）大青山生态保护关键区域。

该区域范围包括龙州县的下冻镇南部和西部、彬桥乡西部和南部、上降乡西部，凭祥市的友谊镇北部。

大青山位于龙州县西南部，西接越南，略呈西北 – 东南走向，长约 23 km，宽约 6 km，海拔 500 ～ 800 m，主峰大青山海拔 1 045.9 m。大青山为中生代燕山期产生岩浆活动，流纹岩沿断裂溢出，从而形成流纹岩山地，四周为三叠系砂页岩、板状页岩。发源于大青山的河流流入平而河、水口河。土壤为赤红壤、黄红壤、黄壤。地带性植被为北热带季雨林，垂直带上有山地常绿阔叶林。人工林有杉树、松树、桉树、八角、玉桂等。该区域人工八角林面积大，是广西八角主产区之一。

该区域野生动物种类多，陆生野生脊椎动物有 319 种。其中，鸟类 209 种、兽类 77 种、爬行类 39 种、两栖类 22 种（大青山综考队森林鸟兽调查组，1982）。国家Ⅰ级重点保护野生动物有云豹、蜂猴、黑叶猴、白头叶猴、林麝、大灵猫、小灵猫、冠斑犀鸟、穿山甲、圆鼻巨蜥等；国家Ⅱ级重点保护野生动物有熊猴、短尾猴、红原鸡、白鹇、蟒蛇、大壁虎、虎纹蛙等；国家Ⅱ级重点保护野生植物有格木、金丝李、风吹楠、紫荆木等。

该区域土地总面积 325.25 km²。其中，林地 283.37 km²，占区域土地总面积的 87.12%；耕地 14.24 km²，占区域土地总面积的 4.38%；草地 1.46 km²，占区域土地总面积的 0.45%；水域 11.56 km²，占区域土地总面积的 3.55%。生态公益林面积 37.72 km²。

该区域森林覆盖率高，是平而河、水口河等很多支流的源头区和水源涵养林区，水源涵养功能极重要。该区域生物多样性丰富，珍稀濒危物种多，生物多样性维护功能极重要。该区域地貌为中山，坡度大，植被覆盖度大，水土保持功能极重要。因此，该区域具有水源涵养、水土保持、生物多样性维护等多种极重要的生态功能，是广西国土空间生态保护关键区域，对于左江流域和边境生态安全具有重要作用。

该区域主要生态问题：人工林面积大，天然阔叶林面积小，局部森林的水源涵养功能有所下降。生态保护主要方向与措施：严格保护北热带季雨林生态系统和山地常绿阔叶林生态系统；保护现有天然林，努力扩大天然阔叶林面积，优化森林群落结构，提高森林的水源涵养功能；保护好生物多样性。

（8）四方岭生态保护关键区域。

该区域范围包括扶绥县的柳桥镇南部、东门镇南部和东南部、山圩镇南部；宁明县的那堪乡北部；上思县的在妙镇北部，思阳镇西部和北部，那琴乡北部、西北部和西部。

四方岭地层以侏罗系砂页岩为主，山脉近似东西走向，海拔 500～700 m，主峰蕾烟泰位于上思县城的西北面，海拔 834.5 m。发源于四方岭的河流分别流入明江和左江。土壤类型有赤红壤、黄红壤、紫色土。现状植被主要为桉树林。

该区域土地总面积 630.43 km²。其中，林地 570.99 km²，占区域土地总面积的 90.57%；耕地 49.15 km²，占区域土地总面积的 7.80%；园地 3.81 km²，占区域土地总面积的 0.60%；草地 0.19 km²，占区域土地总面积的 0.03%；水域 5.18 km²，占区域土地总面积的 0.82%；其他土地 1.11 km²，占区域土地总面积的 0.18%。

该区域森林覆盖率高，达 89.4%，是左江支流汪庄河和客兰河以及明江很多支流的源头区和水源涵养区，是客兰水库（大型水库）、派关水库、那加水库、那江水库、峙林水库等水库的水源地，水源涵养功能极重要。该区域地貌为中山、低山，坡度大，植被覆盖度大，水土保持功能极重要。因此，该区域具有水源涵养、水土保持等多种极重要的生态功能，是广西国土空间生态保护关键区域，对于维护广西国土空间生态安全具有重要作用。

该区域主要生态问题：人工桉树纯林面积大，而天然阔叶林面积很小，森林涵养水源的功能下降；水土流失较严重。生态保护主要方向与措施：保护现有天然林，努力扩大天然阔叶林面积，优化森林群落结构，逐渐减少桉树纯林面积、增加优良乡土树种面积，提高森林的水源涵养功能；适度发展桉树、杉树、松树等用材林基地；采用工程措施和生物措施综合治理水土流失。

（9）十万大山生态保护关键区域。

该区域范围包括宁明县的寨安乡东南部、爱店镇、峙浪乡、桐棉乡、那楠乡、板棍乡南部和东部、那堪乡西南部；上思县的平福乡南部、南屏乡、华兰乡南部、叫安乡东南部和南部、公正乡东南部和南部，钦州市钦北区的大直镇西部、贵台镇西南部；防城市防城区的峒中镇、那良镇、那梭镇北部和西部、扶隆镇、大菉镇西北部和南部、十万山乡、滩营乡北部、小峰经济作物场；东兴市的马路镇北部。

十万大山东起钦北区的桂台，西至中越边境，分布于钦北区、防城区、上思县、宁明县等地。山脉呈东北－西南走向，长约100 km，宽30～40 km，海拔700～1 000 m，最高峰莳良岭位于上思西南端与防城区交界处，海拔1 462 m。山脉轴部地层以三叠系砂岩、泥岩和砾岩为主，北翼为侏罗系砂岩、砾岩，南翼主要为印支期花岗斑岩和花岗岩。十万大山为广西南部重要的气候分界线，南坡的防城区处于迎风坡地带，降水量丰富，如那梭年降水量达3 700 mm，是广西年降水量最多的地方；而北坡的上思和宁明两县处于背风坡，年降水量较少，如上思县城年降水量只有1 119 mm。发源于十万大山的河流流入明江、邕江、防城江、茅岭江、江平江、北仑河。南坡土壤类型有砖红壤、赤红壤、黄红壤、黄壤；北坡土壤类型有赤红壤、黄红壤、黄壤。在南坡海拔700 m以下的地带，是广西北热带季节性雨林生长最好的地方，热带树种繁多；海拔700 m以上为山地常绿阔叶林。人工林有玉桂、八角、橡胶、桐棉松等。

该区域内有广西十万大山国家级自然保护区、广西防城金花茶国家级自然保护区、广西王岗山自治区级自然保护区3个自然保护区及十万大山国家级森林公园。广西十万大山国家级自然保护区已知维管束植物2 233种、大型真菌135种、苔藓植物285种、陆生野生脊椎动物406种、昆虫789种（谭伟福等，2014；唐艳雪，2014；周放等，2004；广西林业勘测设计院，2002）。广西防城金花茶国家级自然保护区已知野生维管束植物174科604属1 266种、大型真菌121种、陆生野生脊椎动物230种、昆虫205种（广西林业勘测设计院，2007）。广西王岗山自治区级自然保护区已知野生维管束植物1 174种、野生脊椎动物192种（广西林业勘测设计院，2013）。3个自然保护区中，国家Ⅰ级重点保护野生植物有宽叶苏铁、小叶红豆、紫纹兜兰等；国家Ⅱ级重点保护野生植物有大叶黑桫椤、黑桫椤、金毛狗脊、苏铁蕨、福建柏、罗汉松、百日青、穗花杉、狭叶坡垒、海南风吹楠、花榈木、华南锥、格木、紫荆木、金花茶、显脉金花茶、东兴金花茶、硬叶兰、建兰、墨兰、多花兰、春兰、剑叶石斛、钩状石斛、密花石斛、美花石斛、长距石斛、金钗石斛、纤细石斛等；国家Ⅰ级重点保护野生动物有云豹、豺、林麝、大灵猫、小灵猫、金猫、穿山甲、圆鼻巨蜥、海南鳽等；国家Ⅱ级重点保护野生动物有短尾猴、猕猴、斑林狸、小爪水獭、水獭、黑熊、水鹿、中华鬣羚、中华斑羚、巨松鼠、青鼬、红原鸡、白鹇、凤头蜂鹰、黑翅鸢、白尾鹞、凤头鹰、赤腹鹰、雀鹰、松雀鹰、燕隼、白腹隼雕、蛇雕、普通鵟、黑冠鹃隼、雀鹰、白腿小隼、红隼、燕隼、红脚隼、花头鹦鹉、褐翅鸦鹃、小鸦鹃、草鸮、粟鸮、黄嘴角鸮、领角鸮、红角鸮、鹰鸮、领鸺鹠、斑头鸺鹠、仙八色鸫、蟒蛇、大壁虎、三线闭壳龟、地龟、虎纹蛙等。

该区域土地总面积 3 146.04 km²。其中，林地 2 846.07 km²，占区域土地总面积的 90.47%；耕地 127.44 km²，占区域土地总面积的 4.05%；园地 116.44 km²，占区域土地总面积的 3.70%；草地 41.75 km²，占区域土地总面积的 1.33%；水域 14.34 km²，占区域土地总面积的 0.46%。生态公益林面积大，面积 1 630.76 km²。

该区域是广西多雨中心之一，如防城区那梭年降水量达 3 700 mm，森林覆盖率高达 89.6%，是明江、防城江、茅岭江、江平江、北仑河、邕江支流八尺江等河流的源头区和水源涵养区，是 25 个大中小型水库的水源地，水源涵养功能极重要，是广西山地水源涵养关键区域。该区域天然林面积大，有大面积的北热带季雨林，生境质量高。有 3 个自然保护区，生物多样性丰富，珍稀濒危物种多，是具有国际意义的生物多样性分布中心，对全球生物多样性的保护具有重要意义，生物多样性维护功能极重要，是广西生物多样性维护关键区域。该区域地貌为中山，坡度大，植被覆盖度大，水土保持功能极重要，是广西山地水土保持的关键区域。因此，该区域具有水源涵养、水土保持、生物多样性维护等多种极重要的生态功能，是广西国土空间生态保护关键区域，对于维护广西国土空间生态安全具有重要作用。

该区域主要生态问题：局部区域人工林面积较大，森林涵养水源的功能有所下降；部分区域水土流失较严重。生态保护主要方向与措施：严格保护北热带季雨林生态系统和山地常绿阔叶林生态系统；保护现有天然林，努力扩大天然阔叶林面积，提高森林的水源涵养功能；建设好自然保护区，保护生物多样性；建设好森林公园，保护好自然景观；采用工程措施和生物措施综合治理水土流失。

（10）罗阳山生态保护关键区域。

该区域范围包括灵山县的石塘镇东南部和南部，平山镇东南部，佛子镇东部和南部，新圩镇东部、中部和西部，檀圩镇东部、中部和西部，那隆镇东南部和西南部、三隆镇南部、陆屋镇东部、伯劳镇西北部、武利镇西北部，浦北县的福旺镇西北部、寨圩镇西南部。

罗阳山呈东北 – 西南走向，长约 60 km，宽 10 ~ 20 km，海拔 300 ~ 500 m，主峰位于山地北部的灵山县境内，海拔 869 m。罗阳山地层为华力西期的花岗岩，在西南端有志留系砂页岩。发源于罗阳山的河流分别注入钦江和南流江。土壤类型主要为赤红壤，少量黄红壤。原生地带性植被为北热带季雨林，已遭到破坏，现状植被主要为人工桉树林。

该区域土地总面积 603.96 km^2。其中，林地 498.83 km^2，占区域土地总面积的 82.59%；耕地 15.71 km^2，占区域土地总面积的 2.60%；园地 88.66 km^2，占区域土地总面积的 14.68%；草地 0.14 km^2，占区域土地总面积的 0.02%；水域 0.62 km^2，占区域土地总面积的 0.10%。生态公益林面积 30.76 km^2。

该区域森林覆盖率高，是钦江和南流江重要支流武利江的源头区和水源涵养区，是灵东水库（大型水库）和牛皮挞、大田坡、荷木等 13 个中小型水库的水源地，水源涵养功能极重要。该区域地貌为中山、低山，坡度大，植被覆盖度大，水土保持功能极重要。因此，该区域具有水源涵养、水土保持等多种极重要的生态功能，是广西国土空间生态保护关键区域，对于维护广西国土空间生态安全具有重要作用。

该区域主要生态问题：人工桉树纯林面积大，而天然阔叶林面积很小，森林涵养水源的功能下降；水土流失较严重。生态保护主要方向与措施：保护现有天然林，努力扩大天然阔叶林面积，优化森林群落结构，逐渐减少桉树纯林面积、增加优良乡土树种面积，提高森林的水源涵养功能；适度发展桉树、杉树、松树等用材林基地；采用工程措施和生物措施综合治理水土流失。

（11）六万大山生态保护关键区域。

该区域范围包括玉林市福绵区的成均镇西北部、西部和南部，樟木镇西部和西南部，沙田镇西部；兴业县的大平山镇西部和南部，葵阳镇东南部，城隍镇东南部和南部；博白县的双凤镇，浪平镇，水鸣镇，那林镇，永安镇，顿谷镇北部和西部，江宁镇东北部，沙河镇北部；浦北县的官垌镇，六硍镇，平睦镇，寨圩镇东部和南部，福旺镇东部、东南部和南部，小江街道东北部、北部和西北部，江城街道西部和西北部，三合镇东南部，龙门镇，北通镇东北部和东南部，白石水镇东部，张黄镇西部和西北部，大成镇东北部。

六万大山跨浦北县、博白县、福绵区、兴业县，东北 – 西南走向，长约 70 km，宽 30 ~ 40 km，海拔 500 ~ 800 m，主峰葵扇顶位于浦北县与福绵区交界处，海拔 1 118 m。六万大山地层为华力西期的花岗岩。发源于六万大山的河流分别流入南流江和郁江。六万大山土壤类型主要为赤红壤，少量黄红壤。天然植被为北热带季雨林，人工植被主要有桉树林、马尾松林、杉树林、八角林等。

该区域内有广西那林自治区级自然保护区。保护区内国家 II 级重点保护野生植物有格木、紫荆木等；国家 I 级重点保护野生动物有圆鼻巨蜥、穿山甲；国家 II 级重点保护野生动物有蟒蛇、红原鸡等。

该区域内有广西浦北五皇山国家地质公园、广西六万大山自治区级森林公园、广西五皇山自治区级森林公园。广西浦北五皇山国家地质公园内发育着石蛋、山岳、台地、峡谷、水文遗迹 5 大类花岗岩景观，它们有序且集中分布于各个相对独立花岗岩山岳的不同地带，共同构成一个以石蛋群为核心，山岳、台地、潭池群和瀑布群为重要补充，形态典型、雄伟、优美、珍稀的南方亚热带花岗岩景观群及石蛋景观群（韦跃龙等，2017）。

该区域土地总面积 2 198.41 km²。其中，林地 1 886.11 km²，占区域土地总面积的 85.79%；耕地 98.31 km²，占区域土地总面积的 4.47%；园地 194.11 km²，占区域土地总面积的 8.83%；草地 2.59 km²，占区域土地总面积的 0.12%；水域 17.29 km²，占区域土地总面积的 0.79%。生态公益林面积较大，面积 627.07 km²。

该区域森林覆盖率高，为 83.1%，是南流江支流小江、武利江、顿界河、水鸣河、绿珠江、车坡江以及郁江支流武思江等河流的源头区和水源涵养区，是小江水库、武思江水库等大型水库和铁联水库、罗田水库、充粟水库等中型水库的水源地，水源涵养功能极重要，是广西山地水源涵养关键区域。该区域有广西那林自治区级自然保护区，生物多样性丰富，珍稀濒危物种多，生物多样性维护功能极重要。该区域地貌为中山，坡度大，植被覆盖度大，水土保持功能极重要，是广西山地水土保持的关键区域。区域内有 1 个国家地质公园、1 个自治区级森林公园，自然景观独特、美丽。因此，该区域具有水源涵养、水土保持、生物多样性维护、提供独特自然景观等多种极重要的生态功能，是广西国土空间生态保护关键区域，对于维护广西国土空间生态安全具有重要作用。

该区域主要生态问题：人工桉树纯林面积大，而天然阔叶林面积很小，森林的水源涵养功能下降；局部水土流失较严重。生态保护主要方向与措施：保护现有天然林，努力扩大天然阔叶林面积，优化森林群落结构，逐渐减少桉树纯林面积、增加优良乡土树种面积，提高森林涵养水源的功能；适度发展桉树、杉树、松树等用材林基地；建设好自然保护区，保护生物多样性；建设好地质公园和森林公园，保护好自然景观；采用工程措施和生物措施综合治理水土流失。

（二）海岸带生态保护关键区域分布及特征

广西海岸带生态保护关键区域面积 2 148.14 km²，共有 7 片，包括北仑河口 -珍珠湾生态保护关键区域、防城港湾生态保护关键区域、钦州湾 - 三娘湾 - 大风江口生态保护关键区域、廉州湾生态保护关键区域、银滩岸段生态保护关键区域、铁山港湾 - 英罗湾生态保护关键区域、涠洲岛 - 斜阳岛生态保护关键区域。

（1）北仑河口 - 珍珠湾生态保护关键区域。

该区域土地总面积 157.79 km²，包括海岸、滩涂、红树林、海岛、浅海，位于防城港市东兴市的南部和东南部、防城区南部的西边，范围包括北仑河口、珍珠湾、潭尾金滩。

北仑河口位于广西壮族自治区东兴市与越南海宁省的接壤处，是中越两国的界河河口，也是中国大陆沿岸最西端的一个入海口，宽约 6 km，纵长约 11.1 km，为典型喇叭状河口，自西北向东南方向敞开，水域面积 66.5 km²。其中，河口潮间滩涂面积 37.4 km²，潮下带和浅海面积 29.1 km²（陈波等，2011）。北仑河口岸线多生长红树林，属广西北仑河口国家级自然保护区。珍珠湾地处广西海岸西段，深入内陆约 14 km，全湾海岸线长约 46 km，海湾面积 94.2 km²，其中滩涂面积 53.33 km²（广西壮族自治区人民政府，2005）；整个海湾呈漏斗状，东为白龙半岛，西有巫头、潭尾两岛相抱，两岛有人工海堤相连，切断了与外海沟通的岛间水道，仅剩东部湾口与北部湾相通。口门西起潭尾岛东沙头，东至白龙半岛白龙台，宽约 3.5 km（张伯虎，2010）。湾的顶部有江平江、黄竹江注入。珍珠湾内潮流畅通、水质清澈，以盛产珍珠而得名。珍珠湾内北部岸线多生长红树林，属广西北仑河口国家级自然保护区。金滩位于京族三岛中的潭尾岛南边，海岸线长 15 km，海域面积 10 km²，陆域面积 25 km²（黎树式等，2019）。

该区域分布的红树林面积有 10.89 km²，占广西红树林总面积的 11.67%。该区域内有广西北仑河口国家级自然保护区，面积 30 km²，包括北仑河口片和珍珠湾片，属海洋与海岸生态系统类型自然保护区，保护对象为红树林生态系统、海草床生态系统、海洋生物资源及其生境、湿地鸟类。广西北仑河口国家级自然保护区的生物多样性丰富，珍稀濒危物种多。红树林有 14 个群落类型，主要有卤蕨群落、白骨壤群落、桐花树群落、秋茄群落、木榄群落、老鼠簕群落、海漆群落、银叶树群落，以及红海榄的人工群落。保护区已知野生维管束植物 22 种。其中，红树植物 15 种，海草床植物 2 种（谭伟福等，2014）。截至 2021 年，保护区共记录到大型底栖动物 155 种，鱼类 58 种，鸟类 299 种。其中，全球受威胁鸟类有 13 种，国家重点保护鸟类 69 种（一级保护 11 种、二级保护 58 种）（朱文军等，2022）。野生动物中，国家Ⅰ级重点保护野生动物有白肩雕、黑脸琵鹭、黄嘴白鹭、玳瑁等；国家Ⅱ级重点保护野生动物有白琵鹭、岩鹭、黑翅鸢、白腹鹞、白头鹞、凤头鹰、赤腹鹰、松雀鹰、雀鹰、灰脸鵟鹰、普通鵟、红隼、燕隼、游隼、斑嘴鹈鹕、海鸬鹚、棕背田鸡、铜翅水雉、小杓鹬、褐翅鸦鹃、小鸦鹃、领角鸮、红角鸮、鹰鸮、仙八色鸫、虎纹蛙等（谭伟福等，2014）。

该区域内的金滩自然景观独特。金滩因沙色洁净金黄而得名，纯天然的沙滩延绵 15 km。金滩的沙细、水清、坡缓、浪平，且无海藻、无鲨鱼、无污染，空气清新自然，是集阳光、沙滩、海水于一体的天然海滨浴场（防城港市旅发委，2017）。

该区域分布着红树林、海草床和滨海过渡带等生态系统，位于珍珠湾的红树林是中国大陆海岸连片面积最大的红树林；该区域位于亚洲东部沿海、中西伯利亚－中国中部两条鸟类迁徙路线交会处，是候鸟迁飞的重要中继站，已成为重要国际候鸟迁徙的安全通道及重要栖息地，鸟类种类多。因此，该区域滨海湿地生物多样性丰富，珍稀濒危物种多，生物多样性维护功能极重要，是广西生物多样性维护关键区域。该区域的沿海防护林、红树林等生物防护区域及基岩、砂质海岸等物理防护区域具有重要的海岸防护功能。该区域的金滩和连片红树林是独特性高的自然景观，是广西重要的自然风景旅游区。因此，该区域具有生物多样性维护、海岸防护、提供独特自然景观等多种极重要的生态功能，是广西国土空间生态保护关键区域，对于维护广西国土空间生态安全具有重要作用。

该区域主要生态问题：红树林宜林滩涂造林需要加快推进；自然灾害和人为因素对海草场的生长产生了影响；珍珠湾附近的小城镇和村庄的生活污水以及水产养殖尾水都未能完全达标排放，对海湾产生了污染。生态保护主要方向与措施：严格保护北仑河口－珍珠湾现有红树林生态系统；因地制宜制定红树林恢复对策，优先在北仑河口国家级自然保护区管辖的宜林滩涂造林，逐步推进保护区以外的宜林滩涂造林；对珍珠湾典型海草床开展生态系统健康监测评估，加大对海洋环境及海草床生态系统的监控和保护力度，加强海草恢复和种质资源保护工作，开展海草床的人工恢复；通过加强东兴市沿海城镇及防城区江山镇的城镇和工业区污水治理、农村生活污水治理、水产养殖尾水治理、农业面源污染治理等措施来综合治理海湾污染；加强金滩保护，提升金滩自然景观的质量。

（2）防城港湾生态保护关键区域。

该区域土地总面积 156.98 km²，包括海岸、滩涂、红树林、海岛、浅海，位于防城港市港口区的西部和防城区南部的东边。

防城港湾位于广西海岸中西部，深入内陆约 15 km，湾口宽约 10 km，全湾海岸线长约 115 km，海湾面积 115 km²，其中滩涂面积 75 km²（广西壮族自治区人民政府，2005）。港湾口向南敞开，西依白龙半岛，东傍企沙半岛，北被丘陵所环绕，中部有呈 NE-SW 走向的渔澫岛。该岛将海湾分割成东、西两湾，西为内湾，东为外湾。外湾向北部湾敞开，口门西起白龙半岛白龙尾，东至企沙半岛炮台角（张伯虎，2010）；内湾北部有防城江注入。

该区域分布的红树林面积有 6.44 km²，占广西红树林总面积的 6.90%，主要有白骨壤群落、桐花树群落、秋茄群落、卤蕨群落、海漆群落。其中，东湾红树林现存面积 3.33 km²，是全国市区内面积最大的红树林片区。该区域有广西防城港东湾自治区级湿地公园，保护对象主要为红树林生态系统、海洋生物资源及其生境、红树林湿地鸟类等。

该区域内有独特的白浪滩自然景观和怪石滩自然景观。白浪滩位于防城港湾西南部的江山半岛东北部，因在沙滩上常常可见一排排滚滚而来的壮观白浪而得名。海滩最宽处 2.8 km，长约 8 km。白浪滩的沙质细软，因含钛矿而白中泛黑。沙滩坡度极小，潮汐带长达几百米，是开展海滨体育运动的最佳场所，曾荣获"中国最美旅游休闲目的地""中国十佳海洋旅游目的地"等称号（防城港市旅发委，2017）。怪石滩位于防城港湾西南部的江山半岛白龙尾东部，是裸露的基岩经海水动力常年侵蚀风化后而形成的海蚀地貌景观，它是我国西南沿海唯一一处海蚀地貌景区。该区域的基岩主要由侏罗纪砂岩构成，受矿物质影响，基岩受海水侵蚀风化后呈现出紫红色，因此怪石滩又被称为"海上赤壁"（张业祺等，2019）。怪石滩怪石嶙峋，形态栩栩如生、惟妙惟肖、引人入胜，现为国内著名婚纱摄影基地之一。

该区域分布着红树林生态系统和滨海过渡带生态系统，也是候鸟迁飞的重要中继站，鸟类种类多，滨海湿地生物多样性丰富，生物多样性维护功能极重要。该区域的沿海防护林、红树林等生物防护区域及基岩、砂质海岸等物理防护区域具有重要的海岸防护功能。该区域的白浪滩、怪石滩和连片红树林是独特性高的自然景观，是广西重要的自然风景旅游区。因此，该区域具有生物多样性维护、海岸防护、提供独特自然景观等多种极重要的生态功能，是广西国土空间生态保护关键区域，对于维护广西国土空间生态安全具有重要作用。

该区域主要生态问题：围海造地和围海养殖破坏了部分红树林，沿海的小城镇和村庄的生活污水及水产养殖尾水都未能完全达标排放，对海湾产生了污染。生态保护主要方向与措施：严格保护防城港湾现有红树林生态系统；开展红树林湿地生态修复，在红树林宜林滩涂营造红树林，拆除养殖围堤，建设滨海鸟类栖息地；制定和实施防城港湾入海污染物削减方案，减轻和控制沿海工业、城镇和农村生活污水、农业面源对海洋环境的污染，提升污水收集处置能力；加强沿海水产养殖尾水治理；加强白浪滩和怪石滩保护，提升白浪滩和怪石滩自然景观的质量。

（3）钦州湾－三娘湾－大风江口生态保护关键区域。

该区域土地总面积 787.78 km²，包括海岸、滩涂、红树林、海岛、浅海，位于钦州市钦南区的西南部和南部、防城港市防城区的东部和港口区东部、北海市合浦县的西部。

钦州湾位于广西海岸带中段，深入内陆 39 km。该湾由内湾、湾颈和外湾三部分组成，中间狭窄，两端开阔，湾口朝南，与北部湾相通。湾口门宽约 29 km，全湾岸线长约 570 km。海湾总面积 380 km²。其中，滩涂 200 km²，是广西最大的海湾，湾内有岛屿 300 多个（广西壮族自治区人民政府，2005）。内湾，又称茅尾海，北部有茅岭江、钦江等中小河流汇入，内湾水域面积约 134 km²。湾颈，又称龙门水道，水域面积约 14 km²，颈内密布有百余个小岛和礁石。外湾，呈喇叭形，为狭义上的钦州湾，湾口向北部湾开敞，口门西起企沙，东至犀牛脚，宽约 29 km，水域面积 238 km²（张伯虎，2010）。大风江口位于广西海岸带中段，地处钦州湾和廉州湾之间，湾口朝南，口门东起合浦西场的大木城，西至钦州犀牛脚大王山。大风江沿岸滩涂分布有红树林和养殖池塘，两岸为西场、东场和犀牛脚镇等乡镇居民生活区。三娘湾位于钦州湾以东，大风江以西。

该区域分布的红树林面积有 37.37 km²，占广西红树林总面积的 40.05%，主要有桐花树群落、秋茄群落、白骨壤群落、榄李群落、海漆群落、黄槿群落、无瓣海桑群落。该区域有广西钦州茅尾海国家级海洋公园、广西茅尾海红树林自治区级自然保护区、广西钦州中华白海豚自治区级海洋自然公园。广西钦州茅尾海国家级海洋公园面积 34.83 km²，主要保护对象为红树林、盐沼生态系统及其海洋环境（张栋等，2014）。广西茅尾海红树林自治区级自然保护区总面积 34.64 km²，由康熙岭、坚心围、七十二泾、大风江 4 个近海与海岸湿地片区组成，保护对象为红树林湿地生态系统及其生物多样性。保护区已知维管束植物 294 种（其中红树植物 16 种）、野生脊椎动物 216 种（其中鱼类 87 种、鸟类 103 种）、底栖动物 186 种、浮游动物 82 种（谭伟福等，2014；国家林业局中南调查规划设计院，2001）。野生动物中，国家 I 级重点保护野生动物有黑鹳；国家 II 级重点保护野生动物有青鼬、江豚、黑翅鸢、草原鹞、鹊鹞、松雀鹰、灰脸鵟鹰、红隼、猛隼、海鸬鹚、褐翅鸦鹃、小鸦鹃、红角鸮等。三娘湾以碧海、沙滩、奇石、绿林、渔船、渔村、海潮、中华白海豚而著称，拥有"中华白海豚之乡"美称。三娘湾生物资源丰富，游泳动物有100种，其中鱼类65种（妙星等，2022）。三娘湾是中华白海豚的重要生存海域之一，主要出现于钦州三娘湾东面的大庙墩一直到大风江口以东海域，面积为165.60 km²，核心分布区位于钦州三娘湾至大风江口一带海域，面积为45.99 km²（龙志珍，2019）。中华白海豚是国家Ⅰ级重点保护野生动物。

该区域分布的红树林生态系统面积大。红树林是天然的海上防护林，能防风消浪、护堤固滩、促淤造陆、净化海水，且是众多生物的栖息地，蕴含丰富的生物多样性。该区域有广西钦州茅尾海国家级海洋公园和广西茅尾海红树林自治区级自然保护区，滨海湿地珍稀濒危物种多；是候鸟迁飞的重要中继站，目前已成为重要国际候鸟迁徙的安全通道及重要栖息地，鸟类种类多。三娘湾是中华白海豚的重要栖息海域。因此，该区域生物多样性维护功能极重要，是广西生物多样性维护关键区域。该区域的沿海防护林、红树林等生物防护区域及基岩、砂质海岸等物理防护区域具有重要的海岸防护功能。因此，该区域具有生物多样性维护、海岸防护等多种极重要的生态功能，是广西国土空间生态保护关键区域，对于维护广西国土空间生态安全具有重要作用。

该区域主要生态问题：围海造地和围海养殖破坏了部分红树林，沿海的小城镇和村庄的生活污水以及水产养殖尾水未能完全达标排放，对海湾产生了污染，海水出现富营养化现象。生态保护主要方向与措施：严格保护钦州湾和大风江口现有红树林生态系统；开展红树林湿地生态修复，进行红树林重建和次生林改造，在红树林宜林滩涂营造红树林；对禁养区养殖进行清理，恢复潮间带自然地貌特征，对生境进行宜林化改造后营造红树林，恢复湿地植被群落、养护生境；清除外来入侵物种，如互花米草等；制定和实施钦州港湾和大风江口入海污染物削减方案，减轻和控制沿海工业、城镇和农村生活污水、农业面源对海洋环境的污染，提升污水收集处置能力；加强沿海水产养殖尾水治理。

（4）廉州湾生态保护关键区域。

该区域总面积200.44 km²，包括海岸、滩涂、红树林、浅海，位于北海市合浦县的西南部和海城区的西部。

廉州湾地处广西海岸的中部，湾口朝西半开放，呈半圆状。海湾口门南起北海市冠头岭，北至台浦县西场镇的高沙，口门宽约17 km。全湾岸线长约72 km，海湾面积190 km²，其中滩涂面积100 km²（广西壮族自治区人民政府，2005）。有南流江、廉州江、七星江等河流入海，其中南流江是广西沿海最大的入海河流，形成河口三角洲地貌。廉州湾北岸滩涂分布有密集的养殖虾塘，东南岸分布有城镇居民生活区、港口码头和工业园区。

该区域分布的红树林面积有 10.54 km²，占广西红树林总面积的 11.29%。廉州湾分布的红树植物主要有桐花树、秋茄、白骨壤、老鼠簕 4 种；主要群落类型有 5 种，分别为桐花树群落、秋茄 – 桐花树群落、秋茄群落、白骨壤群落、秋茄＋白骨壤群落（廖雨霞等，2020）。廉州湾潮间带大型底栖动物有 156 种，其中软体动物门有 62 种，节肢动物门有 45 种，环节动物门有 32 种，脊索动物门鱼类有 12 种，其他门类有 5 种（何斌源等，2013）。

该区域分布着红树林生态系统、盐沼生态系统，有合浦县沙港镇七星红树林自然保护小区、合浦县党江镇木案红树林自然保护小区、合浦县党江镇渔江红树林自然保护小区、海城区高德街道办铜尾红树林自然保护小区、银海区平阳镇横路山红树林自然保护小区，滨海湿地生物多样性丰富，生物多样性维护功能极重要。该区域的沿海防护林、红树林等生物防护区域及基岩、砂质海岸等物理防护区域具有重要的海岸防护功能。因此，该区域具有生物多样性维护、海岸防护等多种极重要的生态功能，是广西国土空间生态保护关键区域，对于维护广西国土空间生态安全具有重要作用。

该区域主要生态问题：南流江河口湿地出现红树林退化现象；互花米草入侵形势严峻，在南流江口正处于爆发期，呈现出向两侧扩散甚至可能占据原生盐沼植物的趋势；沿海村庄的生活污水及水产养殖尾水都未能完全达标排放，对海湾产生了污染。生态保护主要方向与措施：开展南流江河口湿地生态保护修复，严格保护现有红树林，清除外来入侵物种互花米草，补种红树林，养护生境；开展南流江入海河口综合整治，包括农村生活污水处理、养殖废弃物综合利用、岸带植被 – 土壤生态修复、沿海水产养殖尾水治理、农业面源污染治理等内容，推进水环境综合整治。

（5）银滩岸段生态保护关键区域。

该区域总面积 157.19 km²，包括海岸、滩涂、红树林、浅海，位于北海市银海区南部和铁山港区西南部的海岸带。

该区域是平直海岸段及中小港口的集合体，涵盖了西村港、南港、沙虫寮港、电白寮港、白龙港和营盘港。

该区域内的银滩自然景观独特。银滩位于北海半岛南侧，西从冠头角东至冯家江，北侧则为北海港，往西为凹入的廉州湾。银滩海岸线长约 24 km，呈现西北 –

东南走向，包含的陆域面积为 34 km²，海域面积为 50 km²，是广西沿岸海滩面积和陆域面积最大、海岸线最长的砂质海滩（黎树式等，2019）。银滩以砂质沉积物颗粒又细又白而远近闻名。沙滩由高品位的石英砂堆积而成，在阳光的照射下，洁白、细腻的沙滩会泛出银光，故称银滩。银滩以其滩长平、沙细白、水温净、浪柔软等特点，而被称为"天下第一滩"，是国家级旅游度假区之一，吸引众多的八方来客。2023 年 9 月，"广西北海银滩"入选生态环境部组织评选的国家级美丽海湾优秀案例（覃鸿图等，2023）。

该区域分布的红树林面积有 3.97 km²，占广西红树林总面积的 4.25%，主要有白骨壤群落、秋茄群落、桐花树群落、海漆群落、无瓣海桑群落、拉关木群落。该区域内有广西北海滨海国家湿地公园，面积 20.10 km²，主要保护对象有红树林、水禽和其他水生生物以及湿地生态系统。湿地公园野生生物种类繁多，有维管束植物672 种；有红树植物 19 种，其中真红树有 11 种，半红树有 8 种；已发现的野生动物有 275 种，其中鸟类 151 种，列为国家 II 级重点保护的野生动物 14 种，列入《濒危动植物种国际贸易公约》的物种 17 种，列入中日候鸟保护协定的有 86 种，列入中澳候鸟保护协定的有 38 种（王广军，2016；邓秋香等，2022）。区域内的西边有广西北海冠头岭自治区级森林公园，自然景观资源丰富。

该区域的银滩是优质沙滩分布区，是独特性极高的自然景观，是我国著名的自然风景旅游区。该区域内有北海滨海国家湿地公园、铁山港区白龙古城港沿岸红海榄红树林自然保护小区，红树林种类多，也是候鸟迁飞的重要中继站，鸟类种类多，是多种易危、濒危、极危物种的重要栖息地，生物多样性维护功能极重要。该区域的沿海防护林、红树林、砂质海岸等防护区域具有重要的海岸防护功能。因此，该区域具有提供独特自然景观、生物多样性维护、海岸防护等多种极重要的生态功能，是广西国土空间生态保护关键区域，对于维护广西国土空间生态安全具有重要作用。

该区域主要生态问题：银滩中区岸段沙滩出现侵蚀情况，砂质流失（广西壮族自治区生态环境厅，2021）；互花米草入侵形势严峻，滨海湿地生态系统面临威胁；沿海岸部分村庄的生活污水未能完全达标排放，对沿海水质产生影响；部分红树林宜林滩涂造林需要加快推进。生态保护主要方向与措施：对银滩沙滩进行调查研究并对砂质流失严重沙滩进行修复补沙，开展海滩修复；对侵蚀、破坏岸段进行修复；开展硬质海堤生态化改造工程；严格保护现有红树林，开展红树林修复；加强互花米草等外来入侵生物防治，有效控制互花米草蔓延趋势；针对沿岸村庄建设集中式污水处理设施及配套管网实施控源截污，减少农村生活污水直排，改善海水水质。

（6）铁山港湾－英罗湾生态保护关键区域。

该区域总面积 454.79 km²，包括海岸、滩涂、红树林、浅海，位于北海市合浦县东南部和铁山港区东部，包括铁山港湾和英罗湾（广西部分）。

铁山港湾地处广西海岸东段，与两广界湾英罗湾相邻，深入内陆 34 km，呈南北走向，全湾岸线长约 170 km，面积约 340 km²，其中滩涂面积 173 km²（广西壮族自治区人民政府，2005）。西傍南康盆地，东依沙田半岛，北被丘陵和台地平原所环绕，湾口呈喇叭形且朝南敞开，口门宽 32 km，全湾没有较大河流汇入，仅有一条小型的那交河注入港汊丹兜海，入湾水量和沙量甚少。英罗湾位于广东、广西在北部湾的交界处。英罗湾东侧为广东管辖，西侧为广西管辖。

该区域分布的红树林面积有 20.68 km²，占广西红树林总面积的 22.16%，主要有白骨壤群落、桐花树群落、秋茄群落、红海榄群落、木榄群落、海漆群落等。该区域内有广西山口国家级红树林生态自然保护区和广西合浦儒艮国家级自然保护区。广西山口国家级红树林生态自然保护区面积 80 km²，属海洋与海岸生态系统类型自然保护区，保护对象为红树林生态系统及其生物多样性；已知野生维管束植物 60 种，有红树、半红树植物 14 种，其中红树植物 9 种，半红树植物 5 种；有海草植物 3 种，包括日本大藻、二药藻和喜盐草。保护区已知大型底栖动物 170 种，野生脊椎动物 201 种，其中，鱼类 95 种、鸟类 106 种。国家 I 级重点保护野生动物有黑脸琵鹭；国家 II 级重点保护野生动物有白琵鹭、凤头鹰、松雀鹰、雀鹰、黑鸢、灰脸鵟鹰、燕隼、红脚隼、红隼、小鸦鹃、红角鸮、斑头鸺鹠等（谭伟福等，2014）。广西合浦儒艮国家级自然保护区总面积 309.42 km²，属野生动物类型兼海洋与海岸生态系统类型自然保护区，保护对象为儒艮、中华白海豚及其栖息地，江豚、中华鲎、海龟等珍稀海洋动物以及红树林、海草床等海洋生态系统。保护区为浅海水域湿地，主要的植被类型为海草场。海草场有 5 个，海草植物有 4 种，即喜盐草、矮大叶藻、二药藻和贝克喜盐草，这些为儒艮的主要食物。红树植物主要为秋茄、桐花树。保护区内已知软体动物 215 种，虾蟹类 93 种，鱼类 178 种，鸟类 64 种（谭伟福等，2014；余桂东，2015）。野生动物中，国家 I 级重点保护野生动物有儒艮、中华白海豚、玳瑁、黑脸琵鹭等；国家 II 级重点保护野生动物有江豚、文昌鱼、白琵鹭、黑翅鸢、褐翅鸦鹃、凤头鹰、松雀鹰、雀鹰、燕隼、红脚隼、红隼、小鸦鹃、红角鸮、斑头鸺鹠、中国鲎等（谭伟福等，2014）。

该区域分布着红树林、海草床等生态系统。广西山口国家级红树林生态自然保护区的英罗港片分布着全国连片面积最大的天然红海榄林（红树植物的一种），是我国重要的红树林种源基地和基因库。该区域是东亚－澳大利亚候鸟迁徙通道上鸟类中途停歇的重要场所，同时也是亚洲大陆连接中南半岛的过渡区，是候鸟迁飞的重要中继站，目前已成为重要国际候鸟迁徙的安全通道及重要栖息地，鸟类种类多。广西合浦儒艮国家级自然保护区有儒艮、中华白海豚、黑鹳等国家Ⅰ级重点保护野生动物。因此，该区域生物多样性丰富，珍稀濒危物种多，生物多样性维护功能极重要，是广西国土空间生物多样性维护关键区域。该区域的沿海防护林、红树林等生物防护区域及基岩、砂质海岸等物理防护区域具有重要的海岸防护功能。因此，该区域具有生物多样性维护、海岸防护等多种极重要的生态功能，是广西国土空间生态保护关键区域，对于维护广西国土空间生态安全具有重要作用。

该区域主要生态问题：围海造地和围海养殖破坏了部分红树林；海草床生物多样性衰退；入海河流水质未能稳定达标，局部水质下降；外来物种互花米草已呈入侵红树林之势，在互花米草分布面积最大的丹兜海，互花米草占据红树林宜林滩涂。生态保护主要方向与措施：严格保护铁山港湾现有红树林生态系统，加强红树林湿地修复，优先在自然保护区的红树林宜林滩涂造红树林，逐步推进自然保护区内养殖塘退塘还林和保护地以外的宜林滩涂造林，对禁养区内的水产养殖设施进行拆除或搬迁，清除枯死木，补种红树等湿地植被，恢复红树林；大力开展互花米草除治工作，有效抑制和预防其蔓延；对典型海草床开展生态系统健康监测评估，加大对海草床生态系统的保护力度；加强入海河口周边乡镇生活污染治理和农业面源污染治理，使监测断面水质持续达标。

（7）涠洲岛 – 斜阳岛生态保护关键区域。

该区域总面积 233.17 km²，分布于北海市海城区的涠洲镇，包括涠洲岛、斜阳岛及周边海域。

涠洲岛与北海市区相距 38 km，土地总面积 24.98 km²，是北部湾最大的岛屿。涠洲岛是在第四纪火山爆发过程中在水下堆凝形成，经过往后复杂的地质变化缓慢上升而形成的火山岛屿，其岩层主要以玄武岩、玄武质碎屑岩、凝灰岩、海滩岩为主，在火山喷发堆积和海水冲刷的双重作用下，形成了火山地貌、海蚀地貌、海积地貌、珊瑚礁地貌等丰富的地貌（龙秋萍，2017；樊祺诚等，2006）。涠洲岛的地貌特征，南部沿岸以海蚀地貌为主，北部沿岸以海积地貌和珊瑚礁地貌为主，岛上不同程度地保存有火山活动的遗迹。总的地势为南高北低，自南向北缓缓倾斜。斜阳岛位于涠洲岛东南 13.8 km 处，土地总面积 1.83 km²，由火山喷发堆积形成，以火山地貌和海蚀地貌为主。涠洲岛和斜阳岛均由火山喷发形成，是北部湾内一对姊妹火山岛，两岛保存了特有的射气岩浆喷发的火山地貌和海蚀地貌，成为岛上重要的自然景观资源，吸引了八方游客（樊祺诚等，2006）。

该区域内有广西北海涠洲岛国家火山地质公园、广西涠洲岛自治区级自然保护区、广西涠洲岛珊瑚礁国家级海洋公园。广西北海涠洲岛国家火山地质公园的火山景观千姿百态、气势壮观、风光奇异，具有典型的火山机构（包括火山口）和丰富的火山景观。公园内特有的火山景观、海蚀景观（如海蚀平台、海蚀洞、海蚀穴、海蚀桥和海蚀蘑菇等）所表现的神秘美世上罕见（世界地质公园网络办公室，2012），是观光旅游理想场所和多学科科研考察基地。广西涠洲岛自治区级自然保护区总面积 23.82 km²，属野生动物类型自然保护区，保护对象为迁徙候鸟和海岛生态系统。保护区已知维管束植物 311 种、野生脊椎动物 220 种（其中鸟类 188 种）（谭伟福等，2014）。其中，国家Ⅱ级重点保护野生植物有水蕨；国家Ⅰ级重点保护野生动物有黑鹳、中华秋沙鸭、黑脸琵鹭、黄嘴白鹭等；国家Ⅱ级重点保护野生动物有白琵鹭、鹊鹞、凤头鹰、松雀鹰、雀鹰、灰脸鵟鹰、普通鵟、红隼、斑嘴鹈鹕、褐鲣鸟、海鸬鹚、褐翅鸦鹃、小鸦鹃、领角鸮、黄嘴角鸮、雕鸮、鹰鸮、红角鸮、仙八色鸫、虎纹蛙等（谭伟福等，2014）。广西涠洲岛珊瑚礁国家海洋公园海域面积 25.12 km²，海域范围基本覆盖整个涠洲岛。涠洲岛珊瑚礁主要分布于涠洲岛北面、东面、西南面，是广西沿海拥有的唯一珊瑚礁群。涠洲岛珊瑚以造礁珊瑚为主体，达 10 科 23 属 41 种；其次，还分布有较多的柳珊瑚，为 4 科 12 属 14 种；此外，也分布有少量的软珊瑚、群体海葵。其中，优势属是滨珊瑚属、角蜂巢珊瑚属、蜂巢珊瑚属、牡丹珊瑚属（何精科等，2019）。

该区域内的涠洲岛是北部湾最大的岛屿，是中国最年轻的火山岛之一，具有最典型的火山结构（火山口）、最丰富的火山景观，以独特的火山地貌和秀丽的滨海景观为突出特色，自然条件优越，是独特性极高的自然景观，是我国著名的自然风景旅游区。该区域是候鸟和旅鸟迁徙印尼、西沙群岛及印支半岛的重要中途"驿站"，目前已成为重要国际候鸟迁徙的安全通道及重要栖息地，鸟类种类多。该区域是广西沿海唯一拥有珊瑚礁生态系统的海域，珊瑚礁种类多。2023 年 6 月，涠洲岛入选自然资源部公布的"和美海岛"名单（杨召奎，2023）。因此，该区域具有提供独特自然景观、生物多样性维护等多种极重要的生态功能，是广西国土空间生态保护关键区域，对于维护广西国土空间生态安全具有重要作用。

该区域主要生态问题：局部珊瑚礁群落呈现退化趋势（周浩郎，2020）。生态保护主要方向与措施：对珊瑚礁资源实行更严格的保护，深入开展珊瑚礁生态系统监测，开展珊瑚礁资源恢复研究及实施工作；加强北海涠洲岛火山国家地质公园和涠洲岛自然保护区保护和建设；加强涠洲岛内滨海景区亲海空间管理，有效控制游客数量，整治修复沙质岸线，改造湿地生态环境。

第四节　广西国土空间生态保护关键区域保护策略

一、将国土空间生态保护关键区域列入国土空间生态安全格局

广西国土空间生态安全格局是指对维护广西国土空间生态服务功能（包括水源涵养、水土保持、生物多样性维护、提供独特自然景观、减轻自然灾害等）具有关键性意义的景观区域、空间位置及相互关系所构成的基础性国土空间生态结构。通过有效保护、恢复和重建国土空间生态安全格局来保障关键生态过程的完整性，确保各种生态系统发挥持续的生态服务，进而维护国土空间生态安全（俞孔坚等，2012）。国土空间生态安全格局是确保广西经济社会可持续发展的基础。

52 片划定的广西国土空间生态保护关键区域是对维护广西国土空间的涵养水源、保持水土、维护生物多样性、提供独特自然景观、减轻自然灾害等生态服务功能具有关键性意义的景观区域。其中，位于广西北部地区的越城岭 – 猫儿山生态保护关键区域具有涵养水源、维护生物多样性、保持水土、提供独特自然景观等多种极重要的生态功能，大南山 – 天平山 – 三江东部 – 融安北部生态保护关键区域具有涵养水源、维护生物多样性、保持水土等多种极重要的生态功能，九万大山 – 摩天岭 – 大苗山生态保护关键区域具有涵养水源、维护生物多样性、保持水土、提供独特自然景观等多种极重要的生态功能，罗城南部 – 宜州东北部 – 环江中部喀斯特山地生态保护关键区域具有保持水土、涵养水源等极重要的生态功能，凤凰山喀斯特山地生态保护关键区域具有保持水土、涵养水源、维护生物多样性、提供独特自然景观等多种极重要的生态功能；位于广西东北部地区的全州东部山地生态保护关键区域具有保持水土、涵养水源等极重要的生态功能，都庞岭生态保护关键区域具有涵养水源、维护生物多样性、保持水土等多种极重要的生态功能，海洋山生态保护关键区域具有涵养水源、维护生物多样性、保持水土等多种极重要的生态功能，桂林市区 – 阳朔 – 平乐喀斯特山地和漓江生态保护关键区域具有提供独特自然景观、涵养水源、保持水土等多种极重要的生态功能，花山生态保护关键区域具有涵养水源、维护生物多样性、保持水土等多种极重要的生态功能，萌渚岭生态保护关键区域具有涵养水源、维护生物多样性、保持水土等多种极重要的生态功能，八步东部山地生态保护关键区域具有涵养水源、维护生物多样性、保持水土等多种极重要的生态功能，大桂山生态保护关键区域具有涵养水源、维护生物多样性、保持水土等多种极重要的生态功能，昭平 – 蒙山 – 荔浦 – 平乐山地生态保护关键区域具有涵养

113

水源、维护生物多样性、保持水土等多种极重要的生态功能；位于广西西北部地区的岑王老山 – 青龙山 – 东风岭生态保护关键区域具有涵养水源、维护生物多样性、保持水土、提供独特自然景观等多种极重要的生态功能，金钟山生态保护关键区域具有涵养水源、维护生物多样性、保持水土等多种极重要的生态功能，西林南部 – 田林西南部山地生态保护关键区域具有涵养水源、维护生物多样性、保持水土等多种极重要的生态功能，右江区北部山地生态保护关键区域具有涵养水源、维护生物多样性、保持水土等多种极重要的生态功能，田阳北部山地生态保护关键区域具有涵养水源、维护生物多样性、保持水土等多种极重要的生态功能；位于广西西南部地区的大王岭 – 黄连山生态保护关键区域具有涵养水源、维护生物多样性、保持水土等多种极重要的生态功能，六韶山生态保护关键区域具有涵养水源、维护生物多样性、保持水土等多种极重要的生态功能，桂西喀斯特山地生态保护关键区域具有保持水土、维护生物多样性、涵养水源、提供独特自然景观等多种极重要的生态功能，平果中部喀斯特山地生态保护关键区域具有保持水土、涵养水源等极重要的生态功能，西大明山生态保护关键区域具有涵养水源、维护生物多样性、保持水土等多种极重要的生态功能，江州 – 扶绥喀斯特山地生态保护关键区域具有维护生物多样性、保持水土、涵养水源等多种极重要的生态功能，龙州 – 宁明喀斯特山地生态保护关键区域具有维护生物多样性、保持水土、涵养水源等多种极重要的生态功能，大青山生态保护关键区域具有涵养水源、保持水土等极重要的生态功能，四方岭生态保护关键区域具有涵养水源、保持水土等极重要的生态功能，十万大山生态保护关键区域具有涵养水源、维护生物多样性、保持水土等多种极重要的生态功能；位于广西东南部地区的云开大山生态保护关键区域具有涵养水源、保持水土、维护生物多样性等多种极重要的生态功能，大容山生态保护关键区域具有涵养水源、保持水土、维护生物多样性等多种极重要的生态功能，六万大山生态保护关键区域具有涵养水源、保持水土、维护生物多样性等多种极重要的生态功能，罗阳山生态保护关键区域具有涵养水源、保持水土等极重要的生态功能；位于广西中部地区的融安 – 永福 – 鹿寨 – 柳城喀斯特山地生态保护关键区域具有保持水土、涵养水源等极重要的生态功能，架桥岭生态保护关键区域具有涵养水源、保持水土、维护生物多样性等多种极重要的生态功能，大瑶山生态保护关键区域具有涵养水源、维护生物多样性、保持水土、提供独特自然景观等多种极重要的生态功能，莲花山生态保护关键区域具有涵养水源、保持水土等极重要的生态功能，镇龙山生态保护关键区域具有涵养水源、保持水土等极重要的生态功能，覃塘 – 兴宾 – 武宣喀斯特山地生态保护关键区域具有保持水土、涵养水源等极重要的生态功能，都阳山喀斯特山地生态保护关键区域具有保持水土、涵养水源、提供独特自然景观等多种极重要的生态功能，上林－忻城－兴宾－柳江喀斯特山地生态保护关键区域具有保持水土、涵养水源等极重要的生态功能，大明山生态保护关键区域具有涵养水源、维护生物多样性、保持水土、提供独特自然景观等多种极重要的生态功能，武鸣西部－隆安东部喀斯特山地生态保护关键区域具有涵养水源、维护生物多样性、保持水土等多种极重要的生态功能；位于广西海岸带的北仑河口－珍珠湾生态保护关键区域具有维护生物多样性、防护海岸、提供独特自然景观等多种极重要的生态功能，防城港湾生态保护关键区域具有维护生物多样性、防护海岸、提供独特自然景观等多种极重要的生态功能，钦州湾－三娘湾－大风江口生态保护关键区域具有维护生物多样性、防护海岸、提供独特自然景观等多种极重要的生态功能，廉州湾生态保护关键区域具有维护生物多样性、防护海岸等极重要的生态功能，银滩岸段生态保护关键区域具有提供独特自然景观、维护生物多样性、防护海岸等多种极重要的生态功能，铁山港－英罗湾生态保护关键区域具有维护生物多样性、防护海岸等极重要的生态功能，润洲岛－斜阳岛生态保护关键区域具有提供独特自然景观、维护生物多样性等极重要的生态功能。因此，需将生态保护关键区域作为广西国土空间生态安全格局的重要组成部分，在国土空间管制中作为生态管理的重点区域。

二、实施国土空间生态保护关键区域保护和修复工程

根据广西山地的特点，广西山地生态保护关键区域可以分为喀斯特地区生态保护关键区域、非喀斯特地区生态保护关键区域。喀斯特山地是由石灰岩构成的山地（俗称石山），其特点如下：坡陡，岩石多、土壤少，土壤为石灰土，主要为棕色石灰土，土壤呈中性或微酸微碱，生长的植物主要为石灰土植物。非喀斯特山地是由花岗岩、砂页岩及变质岩构成的山地（俗称土山），其特点如下：土壤丰富，主要为赤红壤、红壤和黄壤，土壤呈酸性，生长的植物主要为酸性土植物。由此可见，喀斯特地区生态保护关键区域和非喀斯特地区生态保护关键区域的生态条件明显不同，应采取不同的保护措施。此外，海岸带生态保护关键区域的生态条件独特，也应采取不同的保护措施。

（一）中亚热带山地生态保护关键区域保护和修复工程

1. 中亚热带喀斯特地区生态保护关键区域保护和修复工程

广西中亚热带喀斯特地区生态保护关键区域有 5 片，土地总面积 9 910.06 km²，

包括凤凰山喀斯特山地生态保护关键区域、罗城南部 – 宜州东北部 – 环江中部喀斯特山地生态保护关键区域、全州东部山地生态保护关键区域、桂林市区 – 阳朔 – 平乐喀斯特山地和漓江生态保护关键区域、融安 – 永福 – 鹿寨 – 柳城喀斯特山地生态保护关键区域。

保护和修复工程以提高中亚热带喀斯特地区生态保护关键区域的水土保持、水源涵养、生物多样性维护、独特自然景观维持等生态服务功能和提升中亚热带喀斯特山地生态系统稳定性及持续性为目标，全面开展生态保护和修复，具体包括以下内容：

（1）喀斯特山地森林生态系统管护和质量精准提升工程。保护中亚热带喀斯特常绿落叶阔叶混交林生态系统；对区域内所有天然林实行严格保护，加强生态公益林管理；加强封山育林，使喀斯特山地灌丛逐步演替为中亚热带喀斯特常绿落叶阔叶混交林，提高森林生态系统质量。

（2）生物多样性保护工程。保护和建设木伦国家级自然保护区和三匹虎自治区级自然保护区；保护南方红豆杉、单性木兰、小叶兜兰等国家级重点保护野生植物和豹、云豹、林麝、黑颈长尾雉等国家级重点保护野生动物及其栖息地。

（3）石漠化和水土流失治理工程。通过封山育林和人工造林相结合的措施来治理石漠化土地，推广石山立体林业模式（山顶水源林、山腰经济林、山脚果林、林下草药、平地经济作物），努力提高石山的森林覆盖率；治理水土流失，25°以上坡耕地实行退耕还林，25°以下坡耕地要坡改梯，根据地形合理配套引水渠、排涝渠、拦沙坝、谷坊、沉沙池、蓄水池等小型水利水保工程。

（4）矿山生态修复工程。采取生物措施和工程措施综合治理矿山废弃地，消除矿山地质灾害隐患，平整土地，恢复植被。

（5）独特自然景观保护工程。加强桂林喀斯特世界自然遗产地的大陆型塔状喀斯特地貌和漓江自然景观、环江喀斯特自然遗产地的锥形喀斯特地貌等独特自然景观保护，保障独特自然景观得到永续保护和持续利用。

2. 中亚热带非喀斯特地区生态保护关键区域保护和修复工程

广西中亚热带非喀斯特地区生态保护关键区域有 12 片，土地总面积 25 407.75 km²，包括九万大山 – 摩天岭 – 大苗山生态保护关键区域、大南山 – 天平山 – 三江东部 – 融安北部生态保护关键区域、越城岭 – 猫儿山生态保护关键区域、都庞岭生态保护关键区域、海洋山生态保护关键区域、架桥岭生态保护关键区域、花山生态保护关键区域、萌渚岭生态保护关键区域、八步东部山地生态保护关键区域、大桂山北部生态保护关键区域、昭平 – 蒙山 – 荔浦 – 平乐山地生态保护关键区域、大瑶山北部生态保护关键区域。

保护和修复工程以提高九万大山 – 摩天岭 – 大苗山、大南山 – 天平山 – 三江东部 – 融安北部山地、越城岭 – 猫儿山、都庞岭、海洋山、架桥岭、花山、萌渚岭、八步东部山地、大桂山北部、昭平 – 蒙山 – 荔浦 – 平乐山地、大瑶山北部等山地生态保护关键区域的水源涵养、生物多样性维护、水土保持等生态服务功能和提升山地生态系统稳定性及持续性为目标，全面开展生态保护和修复，具体包括以下内容：

（1）山地森林生态系统管护和质量精准提升工程。保护中亚热带常绿阔叶林生态系统，对区域内所有天然林实行严格保护，加强江河源头区域封育保护，加强生态公益林管理；加强中幼林抚育和退化林改培更新，降低速生林和经济林比例，优化森林群落结构，提升森林质量；在生态公益林区，要通过永久封山育林，逐步恢复为地带性的天然的中亚热带常绿阔叶林植被类型；在商品林区，要建成多层次多种类的森林生态经济群落，提高商品林的生态效益和经济效益，也就是发展林下经济，包括林下种植（如种植中药材、栽培食用菌、种植兰花）、林下养殖（如林下养禽、林下养畜、林下养蜂）、林下旅游等。

（2）生物多样性保护工程。保护和建设自然保护区，包括九万山、元宝山、花坪、千家洞、七冲、猫儿山、银竹老山资源冷杉、大桂山鳄蜥区、大瑶山 9 个国家级自然保护区，泗涧山大鲵、青狮潭、五福宝顶、建新、海洋山、银殿山、西岭、姑婆山、滑水冲、古修、寿城 11 个自治区级自然保护区，1 个县级自然保护区（三锁鸟类县级自然保区）；保护元宝山冷杉、资源冷杉、银杉、南方红豆杉等国家级重点保护野生植物和熊猴、豹、云豹、金钱豹、林麝、白颈长尾雉、黄腹角雉、金雕、鳄蜥、鼋等国家级重点保护野生动物及其栖息地。

（3）水土流失治理工程。通过封山育林、建立"乔 – 灌 – 草"多层群落等措施治理水土流失；推广山地立体生态林业模式，即"山上生态公益林，山腰经济林，山下果林"。

（4）矿山生态修复工程。采取生物措施和工程措施综合治理矿山废弃地，消除矿山地质灾害隐患，平整土地，恢复植被。

（5）独特自然景观保护工程。加强资源国家地质公园丹霞地貌等独特自然景观保护，保障独特自然景观得到永续保护和持续利用。

（6）地质灾害的防治工程。加强滑坡、崩塌、泥石流等地质灾害的防治。

（二）南亚热带山地生态保护关键区域保护和修复工程

1. 南亚热带喀斯特地区生态保护关键区域保护和修复工程

广西南亚热带喀斯特地区生态保护关键区域有 5 片，土地总面积 15 762.80 km²，包括平果中部喀斯特山地生态保护关键区域、都阳山喀斯特山地生态保护关键区域、上林 – 忻城 – 兴宾 – 柳江喀斯特山地生态保护关键区域、武鸣西部 – 隆安东部喀斯特山地生态保护关键区域、覃塘 – 兴宾 – 武宣喀斯特山地生态保护关键区域。

保护和修复工程以提高南亚热带喀斯特地区生态保护关键区域的水土保持、水源涵养、生物多样性维护、独特自然景观维持等生态服务功能和提升南亚热带喀斯特山地生态系统稳定性及持续性为目标，全面开展生态保护和修复，具体包括以下内容：

（1）喀斯特山地森林生态系统管护和质量精准提升工程。保护南亚热带喀斯特常绿落叶阔叶混交林生态系统；对区域内所有天然林实行严格保护，加强生态公益林管理；加强封山育林，使喀斯特山地灌丛逐步演替为南亚热带喀斯特常绿落叶阔叶混交林，提高森林生态系统质量。

（2）生物多样性保护工程。保护和建设弄拉自治区级自然保护区与三十六弄 – 陇均自然保护区；保护石山苏铁、同色兜兰等国家级重点保护野生植物和林麝、大灵猫、小灵猫等国家级重点保护野生动物及其栖息地。

（3）石漠化和水土流失治理工程。通过封山育林和人工造林相结合的措施来治理石漠化土地，推广石山立体林业模式（山顶水源林、山腰经济林、山脚果林、林下草药、平地经济作物），努力提高石山的森林覆盖率；治理水土流失，25°以上坡耕地实行退耕还林，25°以下坡耕地要坡改梯，根据地形合理配套引水渠、排涝渠、拦沙坝、谷坊、沉沙池、蓄水池等小型水利水保工程。

（4）水电站库区保护工程。加强大化水电站库区和岩滩水电站库区的保护。

（5）矿山生态修复工程。采取生物措施和工程措施综合治理矿山废弃地，消除矿山地质灾害隐患，平整土地，恢复植被。

（6）独特自然景观保护工程。加强大化国家地质公园的喀斯特地貌、凤山国家地质公园的喀斯特地貌等独特自然景观保护，保障独特自然景观得到永续保护和持续利用。

2. 南亚热带非喀斯特地区生态保护关键区域保护和修复工程

广西南亚热带非喀斯特地区生态保护关键区域有 12 片，土地总面积 25 316.61 km²，包括金钟山生态保护关键区域、西林南部 – 田林西南部山地生态保护关键区域、岑王老山－青龙山－东风岭生态保护关键区域、右江区北部山地生态保护关键区域、田阳北部山地生态保护关键区域、大明山生态保护关键区域、镇龙山生态保护关键区域、莲花山生态保护关键区域、大瑶山南部和中部生态保护关键区域、大容山生态保护关键区域、大桂山南部生态保护关键区域、云开大山生态保护关键区域。

保护和修复工程以提高金钟山、西林南部－田林西南部山地、岑王老山－青龙山－东风岭、右江区北部山地、田阳北部山地、大明山、镇龙山、莲花山、大瑶山南部和中部、大容山、大桂山南部、云开大山等山地生态保护关键区域的水源涵养、生物多样性维护、水土保持等生态服务功能和提升山地生态系统稳定性及持续性为目标，全面开展生态保护和修复，具体包括以下内容：

（1）山地森林生态系统管护和质量精准提升工程。保护南亚热带季风常绿阔叶林生态系统；对区域内所有天然林实行严格保护，加强江河源头区域封育保护，加强生态公益林管理；加强中幼林抚育和退化林改培更新，降低速生林和经济林比例，优化森林群落结构，提升森林质量；在生态公益林区，要通过永久封山育林，逐步恢复为地带性的天然的南亚热带季风常绿阔叶林植被类型；在商品林区，要建成多层次多种类的森林生态经济群落，提高商品林的生态效益和经济效益，也就是发展林下经济，包括林下种植（如种植中药材、栽培食用菌、种植兰花）、林下养殖（如林下养禽、林下养畜、林下养蜂）、林下旅游等。

（2）生物多样性保护工程。保护和建设自然保护区，包括金钟山黑颈长尾雉、大明山、大瑶山、岑王老山、雅长兰科植物5个国家级自然保护区，王子山雉类、大哄豹、泗水河、凌云洞穴鱼类、龙滩、澄碧河、龙山、金秀老山、大平山、大容山、天堂山11个自治区级自然保护区；保护贵州苏铁、叉孢苏铁、南方红豆杉、长瓣兜兰、麻栗坡兜兰、同色兜兰等国家级重点保护野生植物和黑叶猴、熊猴、豹、云豹、林麝、熊狸、黑颈长尾雉、金雕、蟒蛇、白肩雕、鳄蜥、鼋、金斑喙凤蝶等国家级重点保护野生动物及其栖息地。

（3）水土流失治理工程。通过封山育林、建立"乔－灌－草"多层群落等措施治理水土流失；推广山地立体生态林业模式，即"山上生态公益林，山腰经济林，山下果林"。

（4）矿山生态修复工程。采取生物措施和工程措施综合治理矿山废弃地，消除矿山地质灾害隐患、平整土地、恢复植被。

（5）地质灾害防治工程。加强滑坡、崩塌、泥石流等地质灾害的防治。

（三）北热带山地生态保护关键区域保护和修复工程

1.北热带喀斯特地区生态保护关键区域保护和修复工程

广西北热带喀斯特地区生态保护关键区域有 3 片，土地总面积 12 712.39 km²，包括桂西喀斯特山地生态保护关键区域、江州–扶绥喀斯特山地生态保护关键区域、龙州–宁明喀斯特山地生态保护关键区域。

保护和修复工程以提高北热带喀斯特地区生态保护关键区域的水土保持、水源涵养、生物多样性维护、独特自然景观维持等生态服务功能和提升北热带喀斯特山地生态系统稳定性及持续性为目标，全面开展生态保护和修复，具体包括以下内容：

（1）喀斯特山地森林生态系统管护和质量精准提升工程。保护北热带喀斯特季节性雨林生态系统；对区域内所有天然林实行严格保护，加强生态公益林管理；加强封山育林，使喀斯特山地灌丛逐步演替为北热带喀斯特季节性雨林，提高森林生态系统质量。

（2）生物多样性保护工程。保护和建设自然保护区，包括邦亮长臂猿、恩城、崇左白头叶猴、弄岗 4 个国家级自然保护区，下雷、底定、龙虎山、青龙山 4 个自治区级自然保护区，古龙山、地州 2 个县级自然保护区；保护石山苏铁、叉叶苏铁、望天树、蚬木等国家级重点保护野生植物和蜂猴、熊猴、黑叶猴、白头叶猴、东黑冠长臂猿、云豹、金钱豹、林麝、黄腹角雉等国家级重点保护野生动物及其栖息地。

（3）石漠化和水土流失治理工程。通过封山育林和人工造林相结合的措施来治理石漠化土地，推广石山立体林业模式（山顶水源林、山腰经济林、山脚果林、林下草药、平地经济作物），努力提高石山的森林覆盖率；治理水土流失，25° 以上坡耕地实行退耕还林，25° 以下坡耕地要坡改梯。

（4）矿山生态修复工程。采取生物措施和工程措施综合治理矿山废弃地，消除矿山地质灾害隐患，平整土地，恢复植被。

（5）独特自然景观保护工程。加强德天瀑布、黑水河流域喀斯特地貌等独特自然景观保护，保障独特自然景观得到永续保护和持续利用。

2.北热带非喀斯特地区生态保护关键区域保护和修复工程

广西北热带非喀斯特地区生态保护关键区域有 8 片，土地总面积 10 391.55 km²，包括大王岭–黄连山生态保护关键区域、六韶山生态保护关键区域、西大明山生态保护关键区域、大青山生态保护关键区域、四方岭生态保护关键区域、十万大山生态保护关键区域、罗阳山生态保护关键区域、六万大山生态保护关键区域。

保护和修复工程以提高大王岭–黄连山、六韶山、西大明山、大青山、四方岭、十万大山、罗阳山、六万大山等山地生态保护关键区域的水源涵养、生物多样性维护、水土保持等生态服务功能和提升山地生态系统稳定性及持续性为目标，全面开展生态保护修复，具体包括以下内容：

（1）山地森林生态系统管护和质量精准提升工程。保护北热带季雨林生态系统；对区域内所有天然林实行严格保护，加强江河源头区域封育保护，加强生态公益林管理，逐渐提高生态公益林比例；加强中幼林抚育和退化林改培更新；优化森林群落结构，逐渐减少桉树纯林面积，逐渐增加优良乡土树种面积，提高森林生态系统结构完整性；在生态公益林区，要通过永久封山育林，逐步恢复为地带性的天然的北热带季雨林植被类型；在商品林区，要建成多层次多种类的森林生态经济群落，提高商品林的生态效益和经济效益，也就是发展林下经济，包括林下种植（如种植中药材、栽培食用菌、种植兰花）、林下养殖（如林下养禽、林下养畜、林下养蜂）、林下旅游等。

（2）生物多样性保护工程。保护和建设自然保护区，包括十万大山、防城金花茶 2 个国家级自然保护区，大王岭、黄连山 – 兴旺、西大明山、王岗山、那林 5 个自治区级自然保护区，德孚 1 个县级自然保护区；保护德保苏铁、宽叶苏铁、狭叶坡垒、金花茶、紫纹兜兰等国家级重点保护野生植物和熊猴、黑叶猴、林麝、云豹、豺、圆鼻巨蜥、海南鸦等国家级重点保护野生动物及其栖息地。

（3）加强水土流失治理。通过封山育林、建立"乔 – 灌 – 草"多层群落等措施治理水土流失；推广山地立体生态林业模式，即"山上生态公益林，山腰经济林，山下果林"。

（4）矿山生态修复工程。采取生物措施和工程措施综合治理矿山废弃地，消除矿山地质灾害隐患，平整土地，恢复植被。

（5）地质灾害的防治工程。加强滑坡、崩塌、泥石流等地质灾害的防治。

（四）海岸带生态保护关键区域保护和修复工程

广西海岸带生态保护关键区域有 7 片，总面积 2 148.14 km²，包括北仑河口 – 珍珠湾生态保护关键区域、防城港湾生态保护关键区域、钦州湾 – 三娘湾 – 大风江口生态保护关键区域、廉州湾生态保护关键区域、银滩岸段生态保护关键区域、铁山港湾 – 英罗湾生态保护关键区域、涠洲岛 – 斜阳岛生态保护关键区域。

保护和修复工程以提高北仑河口 – 珍珠湾、防城港湾、钦州湾 – 三娘湾 – 大风江口、廉州湾、银滩岸段、铁山港湾 – 英罗湾、涠洲岛 – 斜阳岛等生态保护关键区域的生物多样性维护、海岸防护、独特自然景观维持等生态服务功能和建设高质量美丽海湾为主要目标，全面开展生态保护和修复，具体包括以下内容：

（1）红树林保护与修复工程。广西2019年有红树林93.31 km²，主要分布于北仑河口、珍珠湾、防城港湾、钦州湾、大风江口、廉州湾、铁山港湾、英罗湾；对各个海湾现有的红树林全部进行严格保护，禁止破坏；整合相关专项资金，加大资金投入，因地制宜制定红树林恢复对策；优先在自然保护区管辖的红树林宜林滩涂营造红树林，逐步推进自然保护区内养殖塘退塘还红树林和保护区以外的红树林宜林滩涂营造红树林；清退非法养殖，对禁养区内的水产养殖进行拆除或搬迁，开展养殖塘腾退工程，清除塘堤，恢复潮间带自然地貌特征，对生境进行宜林化改造后营造红树林；红树林保护与修复措施包括"封育＋自然修复"和"生境修复＋补植"。

（2）海草场保护与修复工程。海草场主要分布在珍珠湾和铁山港湾。对典型海草床开展生态系统健康监测评估，加大对海洋环境及海草床生态系统的监控和保护力度，加强海草恢复和种质资源保护工作，开展海草床的人工恢复。

（3）生物多样性保护工程。保护和建设自然保护地，包括广西北仑河口国家级自然保护区、广西山口红树林国家级自然保护区、广西合浦儒艮国家级自然保护区、广西茅尾海红树林自治区级自然保护区、广西涠洲岛自治区级自然保护区、北海滨海国家湿地公园、钦州茅尾海国家级海洋公园、广西涠洲岛珊瑚礁国家级海洋公园、北海涠洲岛国家火山地质公园；保护小花老鼠簕、红海榄、木榄、海漆、老鼠簕、水黄皮、杨叶肖槿、盾叶臭黄荆、银叶树等珍稀濒危红树植物和白肩雕、黑鹳、儒艮、中华白海豚等国家级重点保护野生动物及其栖息地。

（4）海湾污染与河口污染治理工程。通过加强沿海城镇和农村生活污水治理、水产养殖尾水治理、农业面源污染治理等措施来综合治理海湾污染；开展入海河口综合整治，包括农村生活污水处理、养殖废弃物综合利用、汇水区人工湿地建设、岸带植被－土壤生态修复、饮用水源地环境保护、水生态原位修复、水产养殖尾水治理、农业面源污染治理等内容，推进水环境综合整治。

（5）互花米草治理工程。互花米草是海滩外来入侵植物，由于其广泛蔓延，侵占了宝贵的红树林滩涂资源和抑制本地红树林的生长，并会减少潮间带贝类等的生长与养殖空间，因此必须清除互花米草。互花米草主要分布在铁山港湾、北海银滩至营盘镇、廉州湾、英罗湾、大风江口。统一制定互花米草防治方案和监控方案，有目的、有组织地在互花米草集中分布区和典型区域开展互花米草除治工作，有效抑制和预防其蔓延。应采取多种方法对互花米草入侵进行综合治理，以保护海湾滩涂生态系统。运用综合防控方案清除互花米草，补种红树林植物。

（6）珊瑚礁生态系统保护修复工程。对涠洲岛的珊瑚礁资源实行严格的保护，开展珊瑚礁恢复性评估及工程恢复工作。

（7）独特自然景观保护工程。对北海市银滩、防城港市金滩和白浪滩等砂质海滩进行调查研究并对砂质流失严重沙滩进行修复补沙，开展砂质海滩修复；加强涠洲岛和斜阳岛的火山地貌、海蚀地貌及防城港市怪石滩等独特自然景观保护，保障独特自然景观得到永续保护和持续利用。

三、多路径实现国土空间生态保护关键区域的生态产品价值

国土空间生态保护关键区域内主要为森林、草地、湿地等生态系统。森林、草地、湿地等生态系统不仅提供了人类生活与生产所必需的食物、医药、木材、生态能源及原材料等物质产品，还提供了调节气候、涵养水源、调蓄洪水、净化环境、防风固沙等维持人类赖以生存与发展的自然环境条件的生态调节服务产品，以及提升人们生活质量、促进精神健康的文化服务产品。生态产品通常分为三大类：第一类是生态物质产品，包括食物、水资源、木材、医药、生态能源及生物原材料；第二类是生态调节服务产品，主要有涵养水源、维护生物多样性、调节气候、固碳、生产氧气、保持土壤、净化环境、调蓄洪水、防风固沙等；第三类是生态文化服务产品，主要有自然体验、生态旅游、自然教育等（欧阳志云，2021）。生态产品来自生态系统，多为公共产品，能改善人们生活的环境，提升人们的生活质量，支撑经济社会发展，以及为工农业生产提供原材料（欧阳志云，2021）。

探讨国土空间生态保护关键区域的生态产品价值实现路径，是践行"绿水青山就是金山银山"理念的重要举措，对于推进国土空间生态保护关键区域高质量发展、深入实施乡村振兴战略、更有效保护生态环境等具有十分重要的意义。国土空间生态保护关键区域的生态产品价值实现可以分为政府主导的生态产品价值实现路径、市场主导的生态产品价值实现路径。

（一）政府主导的生态产品价值实现路径

国土空间生态保护关键区域的生态调节服务产品（包括涵养水源、维护生物多样性、调节气候、固碳、生产氧气、保持土壤、净化环境、调蓄洪水、防风固沙等）是能满足人类对美好环境需求的产品，属于公共产品。公共产品的外部性会导致市场失灵（窦亚权等，2022），这种情况下很难将国土空间生态保护关键区域的生态优势转化为经济优势，从而制约国土空间生态保护关键区域生态产品价值的实现。对于公共性生态产品，主要是通过下级政府与上级政府之间或不同地区的政府之间

以生态补偿形式来实现公共产品或公共服务的交换，以间接方式实现公共性生态产品价值，推动地区间的均衡发展。生态补偿是公共性生态产品最重要的经济价值实现手段，是政府从社会公共利益出发，向在生态保护关键区域中公共性生态产品的生产者支付其劳动价值和机会成本的行为，包括生态保护修复投资、财政补贴补助、财政转移支付等（夏鹏，2020）。生态补偿方式主要有纵向和横向两种：纵向生态补偿即中央财政和自治区财政通过转移支付、政府购买（赎买）等方式购买生态产品；横向生态补偿包括区域之间、流域上下游之间的生态价值补偿等，鼓励和支持通过购买生态产品和生态服务等方式，促进生态受益地区与生态保护地区良性互动。

（二）市场主导的生态产品价值实现路径

国土空间生态保护关键区域的生态物质产品（包括食物、水资源、木材、医药、生态能源及生物原材料）与市场上的普通产品一样，均衡价格和数量可由市场交易机制实现（窦亚权等，2022）。

对于生态物质产品和生态文化服务产品，在保护生态环境的前提下，通过合理开发利用进行生态产业化获得经济收益，从而实现其生态价值。生态产业化就是立足生态优势，大力培育生态经济，将生态资源转化为特色产业，打造生态产品品牌，促进生态产品价值增值。另外，充分利用清新的空气、洁净的水源、独特的自然景观等优质生态产品，发展山上经济、水中经济、林下经济，发展生态旅游、生态体验、森林康养，结合当地生态禀赋进行产业化经营，从而实现生态产品价值。

四、完善国土空间生态保护关键区域的保护政策

（一）加强国土空间生态保护关键区域的用途管控

国土空间生态保护关键区域以提供生态服务（水源涵养、生物多样性维护、水土保持、海岸生态稳定等）为主导功能，在国土空间用途上主要作为生态空间管理，区域内土地以生态环境保护为主导用途，主要为林地、草地、湿地（包括河流、水库、湖泊、沼泽、滩涂等）。其中，林地要逐渐增加生态公益林比例，减少商品林比例。从严控制生态空间转为城镇空间和农业空间，有序引导生态空间用途之间的相互转换，鼓励向有利于生态功能提升的方向转变；严格控制各类开发利用活动对生态空间的占用和干扰，确保生态空间的生态功能不降低，生态服务保障能力逐渐提高；组织制定和实施生态空间改造提升计划，提升生态空间的生态功能和服务价值（国土资源部，2017）。

（二）深入开展国土空间生态保护关键区域自然资源确权登记

依据自然资源部联合发布的《自然资源统一确权登记暂行办法》、广西自然资源厅发布的《广西自然资源确权登记技术规程（试行）》等国家和自治区的相关法规和技术规程，对国土空间生态保护关键区域内的自然资源进行确权登记，包括对山岭、森林、草地、荒地、水流、滩涂、海域、无居民海岛及探明储量的矿产资源等自然资源进行确权登记。通过确权登记，明确国土空间生态保护关键区域内的各类自然资源的坐落、空间分布范围、面积、类型及数量、质量等自然状况，所有权主体、所有权代表行使主体、所有权代理行使主体、行使方式及权利内容等权属情况，并关联公共管制要求，推进确权登记法治化、规范化、标准化、信息化，为国土空间生态保护关键区域的用途管制和生态保护修复提供基础支撑与产权保障。

（三）各级政府和部门共同管理好国土空间生态保护关键区域

自治区、市、县（区、县级市）各级政府应当采取措施，确保本行政区域的生态保护关键区域生态服务功能不降低、生态服务保障能力逐渐提高。

自治区、市、县（区、县级市）各级政府统一协调相关部门，按照各自职责对生态保护关键区域进行管理，同时加强部门协同，实现生态保护关键区域的统筹管理和保护。

采取协议管护等方式，对生态保护关键区域进行有效保护。确有需要的，可采取土地征收方式予以保护。采取协议管护方式的，由自然资源管理部门与生态保护关键区域的相关土地权利人签订协议，明确双方权利义务，约定管护和违约责任。鼓励建立土地使用信用制度，对于没有履行管护协议的行为，记入当事人用地信用档案，强化用地监管和检查。

（四）完善对国土空间生态保护关键区域的投入政策

自治区、市、县（区、县级市）各级政府建立健全国土空间生态保护补偿长效机制和多渠道增加生态保护投入机制，加强对国土空间生态保护关键区域生态保护的补偿。鼓励生态受益地区采取资金补助、定向援助、对口支援等多种形式，对生态保护关键区域保护造成的利益损失进行补偿。

完善财政转移支付制度，除争取国家的生态补偿资金外，自治区、市、县（区、县级市）各级财政要增加对国土空间生态保护关键区域用于公共服务和生态补偿的转移支付，保障国土空间生态保护关键区域的人均基本服务支出与全区平均水平大体相当。

引导国土空间生态保护关键区域发展生态特色产业，限制不符合生态保护要求的产业扩张。

鼓励社会资本参与生态保护。发挥政府投入的带动作用，探索通过 PPP（政府和社会资本合作）等模式引入社会资本开展国土空间生态保护关键区域的生态保护和修复。在不新增地方政府隐性债务的前提下，支持金融机构参与国土空间生态保护关键区域的生态保护和修复项目，积极开发适合的金融产品，按市场化原则为项目提供中长期资金支持。积极支持符合条件的企业发行绿色债券，用于生态保护和修复工程。

（五）建立国土空间生态保护关键区域管理信息系统

建立国土空间生态保护关键区域监测网，开展国土空间生态保护关键区域监测评估。充分利用卫星和各类地面监测站点开展全天候监测，开展国土空间生态保护关键区域生态状况的动态监测，及时掌握国土空间生态保护关键区域的生态状况和变化趋势，为国土空间生态保护关键区域管理提供科学依据。建立结构完整、功能齐全、技术先进的国土空间生态保护关键区域管理信息系统，对国土空间生态保护关键区域的生态功能及其保护状况定期组织评估和考核，并及时向社会公布结果。

（六）加强国土空间生态保护关键区域保护的宣传教育

自治区、市、县（区、县级市）各级政府建立健全生态保护的公众参与和信息公开机制，充分发挥社会舆论和公众的监督作用。加强宣传、教育和科普，提高公众生态意识，增加自觉性，形成全社会关心和支持国土空间生态保护关键区域保护事业的强大舆论环境。

下篇
国土空间生态修复分区

第五章　国土空间生态修复分区的目的和意义

第一节　国土空间生态修复分区的目的

一、生态文明背景下国土空间生态修复理念转变的新要求

随着社会经济的发展及城乡建设步伐的加快，自然生态系统出现景观破碎化、生态结构不稳定和生态功能衰退等系列生态问题，一定程度上成了生态、经济、社会三位一体协调发展的绊脚石（张传华等，2022）。在此背景下，生态文明建设理念应运而生。该理念的提出，为区域自然生态系统的保护提供了绝对优势地位。2017年10月，党的十九大报告对新时期下的生态文明建设提出了具体部署和新要求，并在术语使用上逐步从生态修复过渡到国土空间生态修复；2018年3月，国务院对原国土资源部进行改革，重新组建自然资源部，并设立了不同的司局，包括国土空间生态修复司。2021年3月，国家相继发布了《中华人民共和国国民经济和社会发展第十四个五年规划和2035年远景目标纲要》（简称"十四五"规划）、《全国重要生态系统保护和修复重大工程总体规划（2021—2035年）》等重要文件，均提及生态保护和修复在推动生态文明建设和保障国家生态安全方面的重要性。2022年10月16日，党的二十大报告指出要持续推进生态文明建设，提高自然资源利用效率，加快实施重要生态系统保护与修复重大工程。上述对生态文明建设的系列重要论述，赋予了新时代国土空间生态修复新的理论阐述，表明当前的生态保护已从单一要素的保护聚焦于多要素的综合保护。这些重要论述为系统推进区域生态环境综合治理提供了新的方向引领。在山水林田湖草生命共同体的自然资源修复观下，国土空间生态修复分区研究尤为重要，关键在于查明生态功能衰退度，提升系统恢复能力。因此，本篇将以河池市为研究对象，评价生态功能衰退度与恢复力，并服务于河池市国土空间生态修复分区管理。

二、区域生态功能提升是缓解人地关系矛盾的重要途径

人类活动与生态服务功能息息相关，同一种人类活动可能同时作用于多种不同的生态服务，或者不同人类活动同时作用于同一生态服务。虽然土地系统可以在一定阈值内对因人类活动所引起的土地退化现象进行自我调节和自我恢复，但当人类活动对土地的作用强度过大时，会对土地生态功能构成威胁，激化人地矛盾，倒逼管理者实施国土空间系统化保护与修复措施。人地关系从根本上反映了自然资源与人类社会相互间的辩证关系、空间关联性及其演变规律的过程（刘彦随，2020）。人地关系脆弱地区的生态要素结构、资源环境容量在快速发展的工业化和城镇化进程中会发生巨大的变化。具体来看，生态系统受损的直接体现为生态斑块破碎、生物多样性下降、生态系统服务能力减弱等，这些现象在喀斯特地区表现得尤为突出。喀斯特地区由于其脆弱的生态环境，石山裸露面积大，用水安全及粮食生产受到限制，导致人地关系矛盾日趋复杂并带来制约性影响。而生态功能衰退度与恢复力评价本身可以从功能高低、结构变化等方面为生态保护和修复以及资源可持续利用提供技术参考，也可以为协调区域人地关系、优化国土空间生态安全格局提供依据。

三、通过国土空间生态修复分区为国土空间生态修复提供科学依据

河池市属于我国西南喀斯特生态脆弱区。脆弱的生态环境在影响河池市国土生态空间格局优化的同时，还制约其境内红水河、龙江及其支流等河流的可持续发展。开展喀斯特地区国土空间生态修复分区是治理喀斯特生态脆弱区的迫切需要。喀斯特退化山区虽然已经在植被多样性恢复、森林覆盖率提升等方面尝试实施了诸多生态治理工程，但仍难以改变其土壤和岩性等特有的地质条件，其生态功能衰退度较其他非喀斯特地区高，生态功能有待进一步恢复和提升。因此，本研究以桂西北喀斯特区域的河池市作为研究案例，对构建的评估框架进行实证分析，以验证其可行性和合理性。首先，系统总结归纳生态功能衰退度、生态功能恢复力及国土空间生态修复分区等相关概念及理论基础，加强对其内涵的认知，在此基础上探索基于区域生态功能衰退度与生态功能恢复力评价的国土空间生态修复分区理论框架及方法体系。其次，分析研究区当前所面临的生态环境问题，综合运用多种数据处理方法并结合实际情况明确区域生态功能衰退程度与生态功能恢复力各等级的分布状况，揭示其在国土空间利用过程中所存在的问题与短板。最后，基于互斥矩阵模型将生

态功能衰退度与生态功能恢复力评价结果进行叠加，划分国土空间生态修复区域，并依据不同的分区结果制定差异化的分区管控措施。本研究旨在为河池市生态文明背景下的国土空间生态功能提升和生态安全格局优化提供理论指导、技术支撑和资料参考。

第二节　国土空间生态修复分区的意义

一、理论意义

国土空间生态修复分区是生态修复的前提，是实现区域国土空间高质量利用必不可少的重要方式和举措。目前，多数研究基于生态安全格局、生态服务功能重要性和敏感性、生态服务供需关系等角度开展国土空间生态修复分区研究，存在评价体系尚未完善、研究角度缺乏多维化等问题，如缺乏基于生态功能衰退度与恢复力评价视角对喀斯特地区国土空间生态修复分区进行全面且系统的研究。生态功能衰退度与生态功能恢复力评价的地域性决定了功能评价是一项复杂的工作，其指标的选取需要突出区域生态系统特性。因此，通过梳理土地生态功能与国土空间生态修复分区相关领域的研究进展，可以厘清两者之间的相互关系。同时，在景观生态学、恢复生态学及土地可持续利用等相关理论的支撑下，结合制约研究区国土空间健康发展最为突出的因子构建生态功能衰退度与生态功能恢复力评价指标体系，在丰富国土空间生态修复分区理论体系的同时，也为国土空间生态修复工作提供理论基础和新视角。

二、实践意义

良好的生态环境既是推动人类永续发展的基础，也是促进国土空间可持续发展的前提。喀斯特地区的生态系统相对来说较为脆弱，主要是由于碳酸盐具有较强的可溶蚀性，再加上人们在土地利用过程中不合理的砍伐、采矿、开垦等行为，妨碍了生态服务功能和价值的发挥，改变了生态系统原有的结构，破坏了生态景观格局，使本就脆弱的区域生态环境愈加脆弱，很大程度上制约了区域经济社会的发展，对喀斯特地区人民的生存和可持续发展构成了多维约束。河池市地形地貌复杂，生态本底脆弱，生态环境存在特殊性，是广西喀斯特地貌裸露面积最大的地级市，亟须积极开展国土空间生态修复分区研究，保障国土空间生态安全，实现国土空间高质量利用目标。因此，以桂西北喀斯特区域的河池市为代表，从生态功能衰退度与生态功能恢复力评价的角度开展国土空间生态修复分区研究具有重要的实践意义。一方面，通过对区域生态功能的衰退水平和生态功能恢复能力进行评价和剖析，可以明确河池市各县（区）的制约性生态功能，有利于进行不同类型区域的识别划分，从而精准提出有针对性和差异性的分区管控措施，形成别具一格的"河池生态模式"；另一方面，评价过程中所使用的方法及评价结果，可以为其他相似地区开展国土空间生态修复分区研究提供参考和借鉴。

第六章　国土空间生态修复分区的研究概况

第一节　国外研究概况

一、土地生态功能研究

在生态学学科的蓬勃发展下，国外学者从土地生态功能的基础理论到评价方法逐步开展相关研究。Constanza 等（1997）将生态系统服务功能归结为水调节、土壤形成、废物处理和食物生产等 17 种类型，并对世界范围内主要的生态系统服务价值进行量化测度。此后，该方法成了生态功能定量化分析的里程碑。Gretch Daily（1997）在《生态系统服务功能》一书中详细论述生态系统服务功能的内涵，围绕其构建评估框架、探究其评价方法，并以 20 多个不同地区和不同类型生态系统的生态功能为例开展实证研究。随后，生态系统服务价值和生物多样性研究的评估内容和方法得到发展，并受到生态学家和经济学家的垂青，开始成为生态学和经济学等学科领域的重点关注内容。千年生态系统评估（2001）首次对生态系统服务功能及其价值进行研究，将生态系统服务功能概括为生态系统产品、调节、支持及文化功能（Leemans et al.，2003）。通过该评估，生态服务功能相关研究成为国际上生态学领域研究的热点及重要方向。目前，国外关于生态服务功能的研究涵盖热带雨林（Peters et al.，1991）等气候带大尺度研究及森林（Hanley et al.，1993）等单一生态系统小尺度研究，运用 GIS 技术与 InVEST 模型（Mansooor et al.，2013）相结合的方法，融合景观生态学、恢复生态学等学科知识，改变传统的粗略估算模式，从不同研究尺度开展生态功能价值的测算和估量。

二、土地生态功能衰退研究

土地生态功能衰退程度的精确诊断是开展生态修复的首要条件。目前，学者们关于土地生态功能衰退的研究多集中于土地退化、土地生态退化等议题。土地生态退化是由于人类不合理的土地利用方式而造成的生态环境恶化现象，主要表现为土地生态系统结构受损、功能衰退、物种多样性下降、土地生产潜力减弱等，其核心是土壤和植被的退化。一旦土地遭受破坏及其功能受损，则需投入大量的人力、物力及花费漫长的时间去恢复完善，且恢复起来尤为困难，有些破坏甚至是无法逆转的。近几十年来，由于城市化的发展所引起的耕地"非农化"、森林资源减少、城市人口集聚增加等现象加速了土地生态功能衰退的进程，伴随着土地生态退化空间的日益扩增和强度的不断提升，原本范围较小的且重要性较低的土地生态已逐步上升至大范围的全球性重大危机。因此，各国学者广泛关注并陆续开展土地生态功能衰退相关研究。国外学者以"土地生态功能衰退"为主题的单项研究并不多，通常以土地退化，尤其是土壤退化研究为主旋律。起初，联合国粮食及农业组织（FAO）在"*Land Degradation*"中首先明确了土地退化的概念，并在此基础上提出了一系列法律法规和政策等预防措施（郭晓娜等，2019）。随后，学者们从不同的研究内容和研究角度出发，相继延伸了土地退化的内涵，并提出了不同的观点与看法。Blaike 等（1992）认为，造成土地退化的关键因素有两个，一是土地生产力需要有显著下降趋势，二是引起这种下降的原因是人类不当的土地利用行为或者不利的自然条件，可以将此退化概括为土地系统内部质量的损失或外部容量的下降。也有学者认为，若某个区域的土地系统生产力或者服务价值因人类活动干扰而出现衰减，则会产生土地退化现象（Christopher et al.，1995）。由此可以看出，土地退化不单单是由于土生态系统本身抗干扰能力弱和稳定性不强等所引起的问题，同时也是人类不合理利用土地所带来的后果。20 世纪 90 年代，学者们在土地退化评价的理论与方法上取得了重大突破，集中反映于 1994 年在巴黎外交大会通过的《联合国防治荒漠化公约》中。该公约阐述了防治荒漠化的目的及土地退化的概念和成因等内容（United Nations，1994）。在评价方法上，随着技术的不断发展，遥感影像逐步呈现精准、精细的特点，越来越多的学者更倾向于使用遥感数据进行分析，并取得了显著性进步（Geerken et al.，2004；Abel et al.，2010）。

三、生态功能恢复力研究

土地生态功能衰退在一定程度上对生态功能恢复力产生了影响。在变化多端的环境下，生态功能恢复力作为区域经济社会可持续发展的前提，通过综合措施提高生态功能恢复力，对维持健康的生态系统状态和为人类提供可持续的生态服务具有重要意义。"恢复力"一词（英文可译为 Resilience）来自罗马帝国所使用的拉丁文"*Resilio*"，即"弹回"。研究过程中，学者们将其扩展为系统在承受压力时恢复并回到原始状态的能力（闫海明等，2012）。"Ecological Resilience"则可译为"生态恢复""生态修复"或者"生态重建"。20 世纪 70 年代，Holling（1973）率先将"恢复力"

引入生态学领域，以便更好地观测生态系统的稳定性。20世纪80年代，Pimm（1984）认为恢复力是遭受干扰的系统恢复到其原本稳定状态的速度。随着研究内容的深化和研究对象的扩大，学者们提出了大量不同的观点，恢复力的内涵也得以丰富和发展。Walker（2015）认为恢复力是指系统在遭受扰动后恢复到稳定状态的能力，具体包括系统保持结构、功能及反馈特性的能力。Sasaki（2015）认为生态系统若能在持续一段时间内维持其结构和特性不变，即为生态恢复力。虽然学者们基于不同的角度阐释了恢复力具有差异化的概念，但归根结底均基于生态系统受到干扰后恢复到原来状态这一条件假设之下。在生态学领域中，国际上比较认同Walker等学者界定的恢复力概念。研究对象上，主要是对在受到干扰后引起生态退化的系统进行保护对策研究，包括受到高强度利用和污染的土壤恢复力（Bavoso et al.，2012）及受到自然灾害或人类乱砍滥伐的植被恢复力研究（Kaurin et al.，2018）。由于生态系统具备多稳定性特点，所有不同程度的外界干扰都可能改变系统的状态，因此定量评估可以为管理者更好地管理生态系统提供指引。但恢复力主要强调的是系统的内在特性且难以衡量，目前国外研究的评价方法更多的是实验法（Whitford et al.，1999）、阈值法（Peterson G，2002）、替代指标法（Bennett et al.，2005）等方法。迄今为止，退化生态系统的恢复力研究在全球范围内仍是一个热潮方向。

四、国土空间生态修复分区研究

生态区划是国土空间生态修复分区的研究基础。生态区划分主要是在充分认识人与自然的关系后，应用生态学知识划分不同的生态环境区域单元，以反映各个区域的相似性（刘国华等，1998）。俄国学者Dokuhchaev（1999）将"自然带"概念发展为"生态区"概念，为生态修复分区奠定了理论基础。国外学者对国土空间生态修复的研究，起源于100年前欧美国家资源型城市的自然资源开发利用和管理问题，这主要是因为欧美发达国家的经济在蓬勃发展的同时也暴露了各种生态环境问题。受自由放任式资源利用模式引发的资源浪费与枯竭的影响，湿地、林地和草地等自然资源的保护性利用成为20世纪欧美国家的热门话题，于是他们开始制定一系列自然资源管理法令，率先开展自然资源保护和生态修复活动（曹永强等，2016）。例如，1934年5月在北美西部大平原爆发了一场影响力非常大的"黑色风暴"，这使美国和加拿大等一些北美洲国家开始萌生要按照自然规律利用自然资源的想法，否则极有可能遭到大自然的报复，于是便开启了为期十多年的"太平洋"生态修复工程，积极应对生态环境风险挑战。随着人们生态保护意识的加强及各国对生态环境保护的重视，国外一些学者开展了关于森林和湖泊（Sylvain et al., 2019）等单一生态系统或自然地理要素的生态问题及其修复研究，一些学者开始尝试开展国土空间生态修复问题的系统性评估研究，集中体现在煤矿塌陷区风险评估（Burger J，2008）、生态修复情景预测（Adriaensen et al., 2003）、生态安全格局构建（Dilts et al., 2016）等研究角度。另外，一些学者也开展了生态服务供需（Spyra et al., 2019）的理论与实践探索，大量国土空间生态修复技术与方法也由此应运而生。国土空间生态修复分区结果是否可行受到多重因素的影响，因此，分区指标的选取及分区方法的探讨是当前国土空间生态修复研究的重中之重。

第二节　国内研究概况

一、土地生态功能研究概况

受国外学者研究的影响，我国学者也对土地生态功能及其价值进行了大量研究，研究初期主要是对生态功能的概念和指标体系进行大量探索，随后开展了由点到面的符合区域实际的评估模式。在内涵界定上，国内比较具有代表性的是欧阳志云的表意。他认为，土地生态服务功能表现为生态系统给人类的生存与发展带来的效用与惠益（欧阳志云等，2009），不仅包括生态系统为人类提供并为之使用的食品、木材、医药等（直接功能），更重要的是有效保障地球的生命支持系统，起到了维持物种丰富度、促进大气化学平衡与稳定、优化生态环境等作用（间接功能）（傅伯杰等，2012）。在评价类型上，主要包括综合评价和单项评价，评价过程中所涉及的方法多是对国外方法的借鉴应用并不断改进。其中，综合评价以生态系统中的主要生态功能为评估对象开展研究，如欧阳志云等（1999）基于土壤保持、涵养水源、CO_2 固定等指标测算陆地生态系统的生态功能及其价值；谢高地等（2015）对原有生态价值评价方法进行多次修订，构建的中国陆地不同生态系统服务价值当量表成了后续相关研究的重要依据并被广泛使用；傅伯杰等（2017）从供给服务、调节服务和文化服务 3 个方面构建评价指标体系对生态系统服务进行定量化评估；也有学者基于年均归一化植被指数（NDVI）、景观多样性指数、SO_2 排放量指数、土壤侵蚀程度等指标识别生态质量状况（李德一等，2011）及对生态服务功能的重要性和敏感性（王浩等，2021）进行研究。单项评价主要是评价生态系统中的某项具体功能，其中水土保持功能（宫晨等，2022）、水源涵养功能（叶勤玉等，2022）、生物多样性维护功能（马琪等，2021）等是重要研究内容。在影响因素上，学者们普遍认可人口的爆炸式增长和城镇化的快速发展是影响生态功能发挥的主要原因，且生态功能变化与土地利用变化有着密切关系，认为林地越多，生态功能越高，相反，建设用地和耕地越多，则会造成生态功能的衰退（王永静等，2021）。在研究喀斯特地区的生态服务功能时，除了要考虑土地利用类型和植被类型对其的影响，还要考虑土壤等地质条件的干扰。随着理论和实践研究的不断深入，学者们进一步拓宽了土地生态服务功能及其价值的科学应用情境，也更多地关注自然资源资产核算（郭韦杉等，2021）、自然资源生态服务重要性的空间变化（吴英迪等，2022）、生态服务的权衡与协同关系（牛丽楠等，2022）、生态服务与人类福祉的交互耦合效应（邱坚坚等，2023）及生态补偿长效机制（刘香华等，2022）等领域，研究的技术路线涉及 InVEST 模型、RMMF 模型、价值当量因子法、降水贮存量法等方法，对探究区域生态功能具有重要的借鉴意义。

二、土地生态功能衰退研究

国外学者对土地退化的内涵、理论体系及治理方法等的研究，对我国开展土地利用评价具有较大的借鉴意义。我国学者直接针对土地生态功能衰退的研究也较少，对其相关议题的研究始于 20 世纪 80 年代，研究对象从干旱区逐步扩大到全国范围，研究内容涵盖土地生态退化的内涵界定、类型分类、综合评价及其治理对策。从内涵描述上看，有学者（田亚平等，2006）认为，"退化"是一个对比的概念，其含义是相对的，可分为绝对退化和相对退化。从退化类型上看，可将土地生态退化划分为植被退化（吕国旭等，2017）、土地石漠化退化（闫妍等，2017）、土壤退化（肖蓉等，2018）、水土流失退化（殷宝库等，2020）及草地退化（李雪莹等，2023）等多种形式，也可依据研究对象和评估指标的选取将其划分为区域土地综合退化评价和区域主导因素退化评价。前者如文子祥等（1994）将土地综合退化类型划分为风蚀沙化型、水土流失型、草地退化型、盐渍化型、土壤贫瘠型及土壤污染型；郭晓娜等（2019）从土地利用类型角度，将土地退化划分为城市土地退化型、农田退化型、湿地退化型及森林退化型等。后者如曾馥平（2008）基于西南喀斯特地区的地形地貌和生态现状，将其生态环境退化驱动因子概括为人口增长过快、经济发展落后及自然灾害频繁。从评价方法上看，学者们多以构建综合评价指标体系后计算土地生态退化综合指数为主，如程晋南（2008）结合 RS 技术（遥感技术）和 GIS 技术，以生物丰度、NDVI、水网密度及土地退化指数为评价因子测度泰安市土地生态环境状况，结果显示其生态环境大致良好；程武学等（2012）从生境质量和土地退化角度选取指标后构建指标体系，运用 AHP 法确定指标权重后将其加权叠加，并将生态功能衰退威胁评价结果分为极度、高度、中度、轻度和微度；李俊刚（2017）基于植被覆盖度、土壤侵蚀强度及土地生态质量角度分析盘县煤矿区土地退化的时空演变过程，并将其退化等级划分为微度（未退化）、轻度、中度、重度和极重度。随着数字化和信息化时代的发展，统计数据源得以丰富，评价指标的选择也更多地向影像数据和社会经济数据结合发展，基于土地生态退化诊断（于昊辰等，2020）、土地生态环境变化评价（胡思汉等，2021）等角度的文献层出不穷，出现土地退化风险评价（张子墨等，2022）逐渐替代土地退化评价的态势，实现从"结果"评估到"风险"评估的转变，但其评价指标体系整体差异不大。喀斯特地区是我国典型的生态环境脆弱区，受人类不当的土地利用方式及碳酸盐岩较强的可溶蚀性等的影响，易产生水土流失和土壤侵蚀，从而导致以石漠化为特征的土地退化现象。喀斯特石漠化是指喀斯特生态环境下在本就脆弱的生态系统和人类活动强烈干扰的共同作用下，产生基岩裸露度高、水土流失严重、土壤蓄水保肥能力弱等问题，导致生态系统受损后难以恢复，而出现这些问题与特征的实质正是生态功能的下降与衰退。因此，未来在研究生态功能时更应关注喀斯特生态环境脆弱区的水土保持能力和水源涵养能力评估，因为这两项生态能力是喀斯特地区石漠化治理与修复的核心。

三、生态功能恢复力研究

我国针对因自然灾害或人类活动导致的退化生态系统的恢复力也开展了大量研究，但相较于国外而言起步较晚，并且不同文献对生态系统恢复力的内涵也有着不同的解释。王云霞等（2011）认为，生态系统恢复力由系统本身状态限制的恢复强度及受系统自我调节与缓冲能力影响的恢复限度两个方面组成。王文婕等（2015）认为，生态系统本身具备的自我调节与恢复能力可以在系统因受到多重因素作用而失衡时协助其恢复到平衡状态，在此情况下将生态系统恢复力界定为自我调节、修复、抗干扰的能力。研究生态系统恢复力的目的是实现生态系统结构和功能的健康稳定可持续利用目标，故需要准确衡量恢复力的大小并实施分区管控措施。目前，我国开展了许多将恢复力理论引入到生态恢复中的相关定性研究，如从早期的建设"三北"防护林、启动退耕还林工程和太行山绿化工程，到后期的喀斯特地区石漠化治理和流域治理，均基于人类干扰活动实现已受损和已破坏国土空间的生态系统重建，形成了一系列生态恢复研究的成功案例，推动了我国生态环境建设的发展。随着恢复生态学理论研究的日趋成熟，大量学者针对城市、森林、草地、矿区、流域等中小尺度生态系统开展了量化评价，并积累了许多区域案例。例如，秦会艳等（2022）基于"压力—状态—响应"模型选取人口密度、森林覆盖率、生态保护投入等22项指标对我国不同省份森林生态系统恢复力进行评价；牛丽楠等（2023）认为生态质量和生态系统服务与生态恢复力密切相关，以此选取植被覆盖度、植被净初级生产力、水源涵养服务、土壤保持服务、防风固沙服务等指标对黄土高原生态恢复力进行研究。上述研究表明，对生态功能恢复力的驱动因子进行定量评估从而达到判定生态恢复力高低的目的，也是一种可靠的技术手段。由于人类活动范围逐步扩大，对活动对象的影响也逐渐加深，生态系统作为一个复杂的综合性系统，不可避免地受到人类的干扰。郑伟（2012）认为生态功能恢复力与人类活动强度成反比，即人类干扰度越高，生态系统维持其自身功能和结构的能力越弱，恢复能力越低。总体上看，构建以目标层、准则层及指标层为主的多层次评价指标体系，辅以熵值法、AHP法及PCA法确定指标权重，并结合遥感与GIS技术进行生态系统恢复力监测与评价，是当前的一种主流范式。在这个研究方向中，一些学者将生态恢复力与生态韧性、生态弹性、生态承载力、生态健康性及生态脆弱性等概念相关联，陆续开展以生态脆弱区社会—生态系统恢复力评价（张行等，2019）、基于"潜力—支持力—恢复力"框架的村镇可持续发展能力评价（王成等，2021）、生态保护红线生态系统健康评价（燕守广等，2020）及生态韧性评价（松茂等，2022）为视角的相关研究，以反映生态系统的抵抗力和恢复力，为构建生态功能恢复力评价指标体系提供了参考。

四、国土空间生态修复分区研究

在我国，国土空间生态修复是一项可以有效推动生态文明建设的国家重大战略项目，有益于加强国家生态安全和增进民生福祉。《山水林田湖草生态保护修复工程指南（试行）》等政策文件的发布、国土空间规划的编制、生物多样性保护工程的陆续实施及自然保护地体系的构建，对国土空间生态修复具有指导性作用（宫清华等，2020）。虽然学者们对国土空间生态修复的内涵有着不同的理解和认识，但总体上均认同国土空间生态修复是在以生态文明建设为理论指导和以国土空间规划为理论体系的背景下，将国土综合整治和生态修复进行有机融合，对生态功能衰退、生态系统受损及生态产品供给能力低下的区域进行修复的一种专项行动（张漾文等，

2021）。近些年来，随着山水林田湖草生态保护修复试点工程的铺开，我国学者开展了系列围绕"如何科学划分国土空间生态修复类型区"的研究，主要集中于以下4种视角：一是基于生态安全格局"生态源地识别—生态阻力面构建—生态廊道提取"研究范式的基础上诊断与识别生态修复关键区。例如，方莹等（2020）使用生境质量模型、最小累积阻力模型（MCR模型）等方法构建生态安全格局，识别烟台市国土空间生态保护修复关键区域；倪庆琳等（2020）、冯琰玮等（2022）和王秀明等（2022）也开展了强调生态安全格局途径下的重点修复区识别研究。二是基于生态系统服务角度，通过测算生态服务供需或者生态服务功能开展空间分区。例如，谢余初等（2020）运用象限匹配法、莫兰指数及供需协调度等方法，定量分析广西生态系统服务供需关系，并将广西划分为4个大区和10个国土空间生态修复分区；田美荣等（2017）基于水源涵养、防风固沙、生物多样性等主导生态服务功能和生态退化程度的视角开展巴林右旗生态修复分区研究。三是基于综合指标体系，多层次、多要素和多维度的指标体系在反映各变量内部相互作用的同时，也能对国土空间生态修复分区结果产生关键性作用。例如，通过选取气候、土壤、植被、经济等因子（宋伟等，2019）进行生态修复综合分区研究，基于"退化压力—供给状态—修复潜力"评估框架（丹宇卓等，2020）构建城市群国土空间生态修复分区体系，或者基于"要素—景观—系统"框架（韩博等，2020）构建流域带生态修复总体格局。四是以资源环境承载力评价和国土空间开发适宜性评价（简称"双评价"）为研究视角，基于"重要性—敏感性"框架（黄心怡等，2020）开展自然生态空间的精准分区与管控措施研究，统筹国土空间的保护利用。其中，通过构建生态安全格局来进行分区成为上述4种方法的主要技术模式。保护与修复类型上，可归纳为以下三大类：第一类是对区域景观多样性（徐海顺等，2019）、生物多样性（邢韶华等，2021）、生态服务功能（王浩，2021）等重要区域实施保护，最大程度上降低人类建设开发活动对其的干扰与破坏；第二类是对退化或受损的森林（温远光等，2022）、农用地（樊应凭等，2022）、河岸带（林知远等，2022）等生态系统实施修复，及时遏制其退化局面；第三类是对资源环境承载力等不确定性风险进行生态系统适应性管理，如开展碳减排评估（唐德才等，2021），以增强生态系统韧性。研究尺度上，已报道的关于国土空间生态修复分区的对象涵盖了省、市、县（区）、乡镇、城市群、流域等各类范围（刘春芳等，2020；杨庆媛等，2022；韦宝婧等，2022；岳文泽等，2022；曾晨等，2022；周璟等，2022）。总体来看，近年来国内对国土空间生态修复分区及其相关延伸研究的成果不断涌现，也意味着国土空间生态修复在国土空间总体规划中的应用研究逐渐趋于成熟化，为本研究提供了较好的借鉴。

第七章　国土空间生态修复分区的理论与方法

第一节　国土空间生态修复分区的概念

一、国土空间

根据自然资源部 2020 年发布的《省级国土空间规划编制指南（试行）》，国土空间指国家主权与主权权利管辖下的地域空间，包括陆地国土空间和海洋国土空间。

二、生态功能衰退度

从现阶段已有的研究成果来看，国内外学者对生态功能的定义略有不同，但大体基本一致，即把生态功能看作是生态系统所体现并为人类提供的各种功能或作用，包括水源涵养、水土保持、气候调节、生物多样性维护等功能（Daily G C，1997）。狭义上的生态功能衰退可以理解为生态系统的平衡性与稳定性在物质循环过程中逐渐变得脆弱且生态功能逐渐降低的过程。

本研究认为"生态功能衰退度"是广义概念，包括以下几个方面：①生态功能衰退度是生态系统为人类提供各项功能的表征，衰退程度越高，生态系统能提供该效用的能力越低。②生态功能衰退度的内容不仅包括生态服务功能及其服务价值，而且还具备更广泛的外延性，是生态能力、生态活力和生态价值 3 个方面为子集的概念集合。③生态能力、生态活力、生态价值三者与生态功能衰退度呈负向相关关系，生态能力、生态活力和生态价值越高的地方，其对应的衰退度就越低，反之，衰退度就越高。综上，生态功能衰退度是指在生态能力、生态活力和生态价值的共同作用下区域生态系统的生态功能减弱或者丧失，导致系统无法正常发挥其特有的生态功能或者发挥其生态功能的作用和效果不足的现象。

生态功能衰退度评价则在整个区域内进行对比分析，是以研究区的自然资源本底为前提，选取适宜的评价因子并确定其权重，利用地理空间分析工具并辅以定性与定量评估相结合的方法，对区域生态能力、生态活力及生态价值进行科学评估的过程。

三、生态功能恢复力

城市、耕地、森林等不同系统在受到一定程度的破坏后均具有保持稳定状态的能力。根据研究领域学科发展的特点及研究内容的不同，学者们将其称为"韧性"（燕守广等，2020）或"弹性"（牛潜等，2019），但整体上可归纳为恢复力。恢复力本质上是系统的一种属性，因此，生态系统在理论上也具有恢复力，其研究的内容是生态系统在受到外界的干扰下，结构和功能发生偏离但没有发生质的变化。当撤销该干扰时系统能够通过自身的抵抗、维持及调节能力恢复到原有平衡状态，或者形成一种新的状态。此处的"原有平衡状态"并非指前后系统完全一致，而是一种大致相当的状态，强调的是能够维持生态系统正常运转的性能。

参考前面的理论分析，本研究认为生态功能恢复力内涵包括以下几个方面：①生态功能恢复力的实质是生态系统在应对系统内外干扰活动时所呈现的能力和潜力，它并非一个简单的指标和数值，而是对区域生态功能恢复潜力的系统性表达。②生态功能恢复力是生态系统内部的自然属性和系统外部的社会属性共同作用的综合表现，内部属性是其决定因素，外部属性是其催化剂。③生态功能恢复力是相对而言的，没有绝对稳定的生态系统，生态功能及其恢复力时刻处于变动中。综上，生态功能恢复力是指在自然要素和人类活动的共同驱动下，区域生态系统功能所能够呈现出的相对恢复力强弱，可以在一定程度上体现生态系统的脆弱性特征，与地形地貌、气候、植被等息息相关，同时还受到人为干扰等外界环境的制约。

生态功能恢复力评价则是以研究区的自然资源本底为前提，利用地理空间分析工具并辅以定性与定量评估相结合的方法，对区域自然条件、土地压力度及景观破碎化进行科学评估的过程。

四、国土空间生态修复分区

迄今为止，国土空间生态修复的内涵尚未得到统一的界定。在实际研究中，学者们对此的释义也各有侧重，如直接使用"国土空间生态修复"（彭建等，2020）的语义描述，或者使用"国土整治"（尹延兴等，2022）的语义描述，又或者使用"国土整治与生态修复"（王军等，2020）的语义描述。其中，在国土空间生态修复的内涵阐述中，曹宇等（2019）和高世昌（2018）的界定比较具有典型意义。前者认为，较传统意义上的生态修复而言，国土空间生态修复开展的是面向宏观尺度的全局性生态保护与修复工作，在这一过程中，重点修复的是面临生态退化风险或者功能已受损和结构已紊乱的区域性生态系统，并强调对生态服务供给能力的保护与提升。后者认为，国土空间生态修复实际上可以与国土综合整治活动相联系。基于学者们对国土空间生态修复的解读，本研究认为，国土空间生态修复主要是通过人为干预措施或者自然恢复手段，对存在生态结构失衡、生态功能受损等问题区域进行修复，实现国土生态系统的重构，促进区域生态系统及其功能稳定发展的过程（王静等，2021）。因此，为实施更具针对性的国土空间生态保护和修复措施，首先需要根据特定的研究内容及研究目的划分不同的国土空间生态保护和修复类型区。

分区是根据分区因素的空间格局分布特征，将具有一定地理位置且边界清晰的地理空间划分为若干个不同的子空间的过程。依据不同的要素、功能和目的，可以形成不同的国土空间生态修复区域。从国土要素内容上看，可以分为城镇集中建设区、永久基本农田保护区、核心生态保护区、农业农村发展区等（李立峰等，2020）；从生态功能受损程度上看，可分为优先保护区、一般保护区、重点修复区、预防修复区等（王鹏等，2022）。基于本研究的评价内容，将国土空间生态修复分区进行如下界定：在一定国土空间范围内，依据研究区主要生态环境问题开展生态功能衰退度和生态功能恢复力空间分异特征评价，以提升生态功能为导向，综合评价结果的共性并区分其个性，在此基础上结合研究区实际进行修正，最终划分生态重点保育区、生态优化提升区、生态改良重建区和生态重点治理区的过程，其目的是通过精准识别区域内生态功能衰退较严重且恢复力较低的空间，采取综合措施对其进行调节、治理及修复，并对生态功能衰退度较低但恢复力较高的空间予以保护。

第二节　国土空间生态修复分区的理论基础

一、景观生态学理论

1939 年，德国地理学家 Toll 在借助航空影像照片来分析土地利用问题时提出了"景观生态学"一词，并将其看作是人居环境空间的全部及人类视觉所能看到的一切。后来，该理念被许多学者作为研究土地利用生态问题，自然资源规划、利用与保护等方面的理论基础。景观的内涵比一般的生态系统更加丰富，同时其层次也高于生态系统。景观生态学主要研究景观的结构、功能、动态性及异质性问题，强调的是过程耦合和空间集成，前者是景观要素关联的认知基础，后者是景观综合的实践手段（吴健生等，2020），因此被看作是一门全面、系统、综合的跨学科研究。目前，景观结构的相关研究多以景观指数表示，通过计算该指数，可以清晰地定量化表达该地区的景观现状和景观格局。由于区域生态系统具备一定程度的抗干扰和自我修复能力，并非时刻处于平衡状态，因此，景观的空间异质性问题是自然界普遍存在的现象，研究中多以景观连接度或景观分离度来表述。

新时期下的国土空间生态修复首要目标是在人为干涉下，依据"景观格局—过程反馈"机理，实现具有一定景观生态相关性的受损生态系统的自我演替与更新（曹宇等，2019）。实现该目标的核心是系统治理，这符合景观生态学的系统性与整体性原则。景观生态学中的"格局—过程—尺度"级联和"格局与过程耦合—生态系统服务—景观可持续性"路径为国土空间生态修复提供了机理认知和实践方法（彭建等，2020）。因此，通过识别生态功能衰退较严重且恢复力低下的区域并对其进行治理，对衰退度较低且恢复力较强的区域予以保护，合理调控其空间布局，能较大程度地改善生态系统环境，从而取得显著的多重效益，最终达到保护与修复生态系统的目的。

二、恢复生态学理论

长期以来，在人们不合理的土地利用行为及全球环境危机等的多重作用下，自然生态系统大范围退化，其内部的功能和结构也由此遭受巨大威胁。如何基于现有的生态系统结构及功能，采取综合措施改善与恢复已受损和已退化的生态系统，一直是生态学领域研究的热点。恢复生态学是一门致力于以生态学理论为指导的用来解决环境问题的新兴应用科学。它将生态退化的过程与成因、恢复与重建的措施、生态学过程及其作用机理作为主要研究内容，其恢复的最终目标是构建一个具有弹性、恢复力强、连通性好的生态系统，在向人类提供高质量的物质产品、服务功能和价值的同时，也能够为其他物种带来良好的生境条件。在发展的过程中，恢复生态学诞生了两门独有的理论——自我设计理论和人为设计理论。生态系统退化的成因主要是人类活动，其次是自然灾害，或者两者相互叠加。根据其成因，两种理论均提出了不同的修复方向，主要区别是人为设计理论从个体或种群层次出发，强调恢复结果的多样性；自我设计理论则从整个生态系统出发，强调环境因子的完全决定性（Steiner，2013）。

经过长期发展，矿山、森林、湖泊等以恢复生态学为理论基础的生态恢复研究，在生态退化成因和恢复措施探索上积累了丰富的经验和研究成果，能够为本研究开展国土空间生态修复分区研究提供坚实的研究基础和思路。因此，国土空间生态修复需要综合运用人为设计理论和自我设计理论，即当受损生态系统仍具备一定的自我调节和维持能力时，主要采取自我设计的方式来恢复区域生态系统的多样性；而当生态功能衰退较严重时，可以通过人类活动的积极引导作用，考虑加入生物或者实施工程措施控制外来物种的侵入，对受损系统进行恢复与重建，逐步恢复其综合生态功能。

三、人地关系理论

人地关系历来都是地理学相关领域研究的重点，从地理学的兴起贯穿至现今的蓬勃发展。有学者认为，人地系统是由人类社会系统和自然生态系统混合形成的复杂开放式的巨系统，并且其内部存在一定的结构和功能（吴传钧，2008）。从土地科学领域来看，人地关系就是人类在占用或者利用土地过程中所产生的人与人、人与地之间的关系。具体来看，"人"作为有思想的动物，既是人类社会系统的核心组成部分，也是人地关系中的积极因素，通过深入认识、合理利用和适当改造土地，可以提升人类的需求量；而"地"相对于人类来讲，扮演的则是被动角色，支撑和制约人地关系的发展（李小云等，2018），为人类提供活动的场所和空间。

人们对土地的认知能力和改造能力在不同的时间段内不尽相同，人地关系也不断演化。现代社会中，健康的生态系统在为人类提供生态服务的同时，也可以增进民生福祉。若追究生态退化的原因，则离不开人类活动的负面干扰作用。"人地协调论"是人地关系论的重要子理论之一，协调人地关系的关键点在于及时纠正并改变人类不合理的行为，将生态文明理念贯穿于人地关系发展全过程，在喀斯特地区生态环境治理中这一点尤为重要。国土空间生态修复是落实"绿水青山就是金山银山"这一生态文明理念的重大举措，人地协调发展才能确保经济社会得以可持续发展。因此，以人地关系作为喀斯特地区国土空间生态修复分区的理论指导，构建基于国土空间生态修复分区的人地协调修复模式，以提升区域生态功能为基本框架，限制不当的土地利用模式，并提出区域绿色发展新的人地关系管理方法，扭转生态功能衰退轨迹，最终实现区域生态系统要素配置更加合理的目标。

四、地域分异理论

地域分异规律是指自然地理环境系统所包含的一切及其内部各要素的特性在某一方向上具有共性，但在另一方向上却存在差异性，故而产生交替的规律（阳利永等，2021）。地域分异理论是对这一规律的详细阐述，是人类系统认识和了解地表特征的重要手段和方式，也是划分自然区划的前提，被认为是自然地理学相关研究尤为重要的理论基础。学者们普遍认为，地带性规律和非地带性规律是地域分异规律最基本的两大规律。其中，地带性规律是太阳辐射在地球表面具有纬度分带性而产生的后果，故地带性因素是其影响因子；非地带性规律以地带性规律为基础，是由于地球内部能量释放所引起的地壳与岩浆活动等自然现象所形成的无规律分布状态，故非地带性因素是其影响因子（戴云哲，2019）。

河池市作为一个相对独立的地域综合体，内部包含多种生态系统类型及功能类型。各自然要素在不同区域内的差异性导致生态资源和生态功能存在明显的地域分异性，即地域分异与区域内的自然资源本底、主导生态功能等的差异性息息相关。在开展国土空间生态修复分区时，相似性高的区域可归结为一个分区；相似性低的则再次分区，直至区划范围内的均质性和集聚性良好、整体分区结果差异性较明显。因此，基于区域生态功能衰退度与恢复力评价来划分国土空间生态修复区域，需要以地域分异理论为基础。

五、土地可持续利用理论

1980 年 3 月，《世界自然资源保护大纲》发表并开创性地提出"可持续"这一概念，目的是推动自然资源的保护与可持续利用。1987 年 2 月，世界环境与发展委员会（WCED）在其报告《我们共同的未来》中率先系统性论述了"可持续发展"一词的含义，即在能够满足人类自身需求的同时也不危害后代人满足其自身需要的能力的一种发展模式。基于此，土地可持续利用可理解为在满足当代人对土地利用需求的同时，不损害后代人利用土地资源满足其自身需求的能力，也不损害当代及后代人生存和发展所需要的其他利益。土地具备承载和养育万物、仓储资源、提供景观等多重功能，是人类发展离不开的场所。然而，人类的需求随着经济社会的发展也在不断扩大，与资源环境承载力的冲突在时代前进步伐中日益明显，引发耕地"非粮化"和"非农化"、生态空间被占据、生态功能衰退等一系列威胁人类生存的问题，解决这些问题的根源仍需从土地本身的角度去挖掘土地利用的可持续性问题。

土地可持续利用理论要求在确保土地得以持续利用的前提下，实现满足人类需求的目标，可持续性、公平性和共同性是其强调的重点。也就是说，土地的利用和保护需要保持平衡状态，具体来说，就是要协调好"三生"空间（生产、生活及生态空间）之间的关系，在行使生产和居住等功能的同时也要对具有生态功能的土地进行保护，确保区域生态系统及其功能的稳定发展。国土空间生态修复分区研究正是这一理论的严格落实。该研究通过修复受干扰或失调的国土空间及其生态功能，助力提升生态系统的自我恢复力和自我更新力，在保障土地生态安全的同时推动区域经济社会的发展，是一种高效且具备多重效益的可持续生态治理举措。

第三节　国土空间生态修复分区的原则和思路

一、国土空间生态修复分区的原则

1. 相似性与差异性原则

一般情况下，国土空间规划分区后，区域存在非均质性特征。国土空间生态修复分区的前提是识别区域主导生态问题，明晰生态功能衰退度与生态功能恢复力的空间分异规律。因此，分区工作要综合甄别系统内部的差异性与相似性，并对其进行总结和归并，各个分区之间应存在差异性。

2. 区域共轭性与空间集聚性原则

国土空间生态修复分区结果应体现独特性，即每个保护与修复区域应是一个独立且相对完整的空间单元，呈现一定的规模性和集聚性，能够充分反映区域生态功能特征和典型的生态环境问题。

3. 可持续性与前瞻性原则

国土空间生态修复分区的最终目标是实现自然资源的合理利用及维护区域生态

安全，提升生态系统服务功能，协调人地关系，最终促成经济、社会、生态三位一体健康可持续发展。因此，划分保护与修复区域的同时要参考研究区相关规划，具备一定的可持续性与前瞻性。

4. 实用性与管理性原则

国土空间构成要素具有多样性与复杂性，自然因素只是划分国土空间生态修复区域的依据之一，更多的是要将人为因素纳入其中，以便后期对国土空间进行保护、修复与管理。

二、国土空间生态修复分区的思路

我国在经济社会快速发展的同时，国土空间自然生态系统也遭到了破坏，出现了生态功能衰退的现象，导致了水土流失、石漠化、生物多样性减少等一系列生态问题，制约了国土空间的高质量利用，影响了经济社会发展。开展国土空间生态修复分区的目的主要是在人为活动的干预下实现国土空间生态功能的提升与优化，缓解资源开发与生态环境保护之间的冲突，最终实现国土空间高质量利用与可持续发展的目标。而生态功能衰退度与恢复力评价则通过评价生态系统的健康程度，寻求提升区域生态功能的有效措施，为国土空间生态修复提供具体分区方案。生态功能衰退度越低且恢复力越高，实施国土空间生态修复的难度就越小。基于此，本研究提出基于生态功能衰退度与恢复力评价的国土空间生态修复分区方案和管制措施，为区域国土空间生态修复提供科学依据。具体步骤如下：

1. 开展国土空间生态功能衰退度评价

以研究区域的生态问题识别结果为基础，从主导生态服务功能角度考虑，甄别能够代表研究区域生态环境特点的生态功能衰退度评价指标体系，运用InVEST3.11.0 模型、ArcGIS10.2 软件对数据加以处理，并辅以 Jenks 断点法和空间叠加法进行单项因子和综合生态功能衰退度评价，明晰衰退程度空间布局的差异性，同时借助 Moran's I 指数分析其自相关程度。

2. 开展国土空间生态功能恢复力评价

依据研究区域的生态环境现状，结合已有的文献研究构建适宜研究区域的生态功能恢复力评价指标体系。结合 Fragstats4.2、ArcGIS10.2、ENVI5.3 等软件对数据进行处理，通过 Jenks 断点法和空间叠加法进行单项因子及综合生态功能恢复力评价，明确生态功能恢复力的空间差异性，同时借助 Moran's I 指数分析其自相关程度。

3. 划分国土空间生态修复类型区

依据综合性、相似性与共轭性等分区原则，结合国土空间生态修复分区的目标，以生态功能衰退度和生态功能恢复力综合评价结果为依据，采用 ArcGIS 空间叠加法将两者进行叠加，引入互斥矩阵模型将叠加结果划分为不同的生态修复区，以构建整个研究区域的国土空间生态修复体系，最终完成研究区的国土空间生态修复方案。

4. 制定差异性国土空间生态修复分区管控措施

根据研究区域的国土空间生态修复分区结果，区分各类国土空间生态修复区占主导地位的生态问题，明确修复重点方向，并为各个分区制定针对性与匹配性较好的修复策略与管控措施。

第四节　国土空间生态修复分区的方法

一、生态功能衰退度与恢复力评价方法

（一）评价单元确定

生态功能衰退度与恢复力评价的结果是否准确，在很大程度上取决于评价单元是否可靠。评价单元是开展生态功能衰退度与恢复力评价的最小单位，是一个由诸多影响生态功能的因子所构成的界限清晰的空间实体。目前，研究中最常见的评价单元可归结为矢量单元和栅格单元。矢量单元多以行政区划开展功能识别，其只能粗略地反映不同行政区的生态功能平均水平，无法精细体现其空间差异性。在 GIS 技术支持下，结合栅格尺度和行政区划尺度开展河池市生态功能衰退度与恢复力评价，解决了矢量单元中仅以区域平均值来代替整个区域值的约束性，弥补了传统的矢量单元边界受限和人的主观性强的缺陷，极大地提高了评价精度。考虑到各评价因子的地块差异性问题，结合河池市的行政面积、收集到的数据精度及上述的分析情况，本研究对不同栅格尺度下的评价结果及其差异进行了比较，决定将河池市以 30 m × 30 m 大小的正方形栅格精度来划分，即为河池市生态功能衰退度与恢复力评价基本单元，同时辅以县级行政区划作为综合评价单元来开展多尺度的研究。

（二）评价指标选取原则

构建科学合理并且符合研究区实际的评价指标体系是确保生态功能衰退度与恢复力评价结果科学客观的前提。本研究以喀斯特地区河池市为对象开展实证研究，依据综合性、科学性、可操作性、系统层次性及地域性原则，从生态功能衰退度和恢复力两大层面出发，选取能够体现河池市国土空间生态功能水平的可行性指标，确保区域生态功能衰退度与恢复力评价结果的准确度和可信性。

1. 综合性原则

生态功能影响因素较多，可分为地形地貌、植被覆盖、土壤质地等直观可见的因子，以及降雨、气温、蒸散量等需感受的因素。因此，生态功能衰退度与恢复力评价需以基本的生态因子为基底，结合区域土地利用特点及其制约性生态因素，构建能够从不同角度反映其生态环境特征的综合性评价指标体系。

2. 科学性原则

科学性原则即评价活动须在科学思想的指导下，以一定事实为依据，遵循科学的程序解决实际问题，评价结果应反映事物的真实性。科学性原则可以从以下两个方面体现：一是评价指标的科学性与独立性。在选取指标时，应选取既要与生态功能具有相关性和内部逻辑性，又体现研究区主导的限制性生态因子。同时，在进行指标解释时，应含义明确并且逻辑清晰，因此应尽可能以具有可靠性来源的基础数据作为评价指标。二是评价方法及结果的科学性与合理性。各指标层的评价方法应遵循科学的依据，并结合研究区实际情况及专家意见进行因子修正，以保证整体评价结果的科学可靠性。

3. 可操作性原则

构建指标体系的最终目的是更好地划分不同类型的国土空间生态修复区域，从而将分区管控措施真正落到土地上，稳固并增强生态系统功能，为调整国土空间结构和布局，提升国土空间生态功能奠定基础。在评价过程中，可操作性原则要求所选取的指标不仅可以直接或间接反映生态功能衰退度或恢复力，而且要易于获取，便于定量分析和比较，确保指标的质量。因此，本研究基于研究区实际现状，选取可获取性强和可操作性强的指标，以便后续数据的处理与分析。

4. 系统层次性原则

生态功能衰退度与恢复力评价指标体系由多层次的多指标体系构成，不能从单因素视角对其进行评估，需基于系统视角来分析并确定影响区域生态功能衰退程度及其恢复能力的最相关因素。因此，在考虑各因素关联性大小的基础上，选取与喀斯特地区生态功能关联度较高的因子作为其评价指标。同时，从系统的角度厘清各项指标之间的逻辑关系，将反映同一目标层的指标归为一类，构建层次分明的整体体系，避免所选指标相互重叠，从而更加系统全面地反映研究区生态功能实际情况。

5.地域性原则

在构建指标体系时除了要兼顾生态功能衰退度及恢复力的共性指标，还要结合研究区的实际情况，充分考虑喀斯特地区土地利用的特殊性，选取典型的具有地域特色的指标。相较于其他地区，喀斯特地区具有土壤薄且易于流失、地表渗水性强等特点，且研究区地处南方，降水量丰沛，生物资源丰富。因此，在选取评价指标时要对研究区地形地貌分布特征、水文特征及社会人文特征进行充分调研，梳理大量生态功能重要性评价、生态恢复力评价、生态环境质量评价及生态脆弱性评价等相关文献，遴选表征区域生态功能衰退度和恢复力的指标，从而使评价结果更具针对性和准确性。

（三）评价指标体系构建

评价指标体系的构建作为生态功能衰退度与恢复力评价的关键一环，其科学与否直接影响评价结果的可信程度。生态功能的区域差异性及人们对土地利用方式的地域差异性，使得生态功能衰退度与恢复力评价要具备综合性特征。现阶段，国内外尚未形成一套普适的生态功能衰退度与恢复力评价指标体系，但已有的如田美荣等（2016）基于"生态功能维护力—生态自身恢复能力—外界干扰"模式开展的生态退化诊断，常溢华等（2022）基于"生态敏感性—生态恢复力—生态压力度"模式开展的生态脆弱性评价，牛丽楠等（2023）基于"生态质量—生态系统服务"模式开展的生态恢复潜力评价，以及张正昱等（2020）开展的国土空间脆弱性与恢复力评价等量化实践案例中所构建的评价指标体系，都为本研究指标的选取提供了参考。因此，本研究依据指标数据获取的难易程度，借鉴不同指标各自的优点，将自然因素与人文因素相结合，构建了一套包含目标层、准则层及指标层在内的递阶层次结构，共22项指标的喀斯特地区生态功能衰退度与恢复力评价指标体系。

1.生态功能衰退度评价指标体系解析

生态功能衰退度是以生态能力、生态活力和生态价值3个方面为子集的概念集合（如表7-1所示）。

表 7-1　生态功能衰退度评价指标体系

目标层	准则层	指标层	指标属性	指标权重
生态功能衰退度	生态能力 0.54	水源涵养能力	+	0.19
		水土保持能力	+	0.61
		生物多样性维护能力	+	0.10
		固碳能力	+	0.10
	生态活力 0.07	水网密度指数	+	0.50
		人均生态承载力	+	0.38
		植被净初级生产力	+	0.12
	生态价值 0.39	生态系统服务价值	+	1.00

注："+"表示指标层因子与准则层呈正相关。

（1）生态能力。

生态能力评价主要是评估研究区土地生态服务功能的水平。生态能力是生态系统本身具有的一种生境调节功能，是衡量区域生态功能衰退度高低的重要指标。一般来说，生态能力越高的区域，其生态功能衰退度越低，所呈现的生态系统稳定性也就越高。喀斯特地区土层疏松浅薄，山地多、平原少，土壤侵蚀地区差异大。与此同时，研究区内有 3 处国家级湿地公园、6 处自然保护区及 6 处森林公园，生物资源富集。因此，基于研究区的生态现状并结合当前的"双碳"目标，选取水源涵养能力、水土保持能力、生物多样性维护能力和固碳能力 4 项主要生态能力建立评价模型，定量揭示区域生态系统水、土、生、碳等要素的空间格局分布特征。

（2）生态活力。

生态活力主要包括生态平衡力、生态承载力及生态调节力等内容。当生态系统的平衡和秩序遭到破坏时，生态活力就会逐渐缺乏甚至丧失。而生态活力越充实，生态功能得以发挥的空间越大，其衰退度则越低。研究区内大小河流共计 635 条，以红水河、龙江及其主要支流所形成的水网星罗棋布，造就了大化七百弄国家地质公园、凤山国家地质公园、龙滩大峡谷等秀美景观，生态承载力高。因此，选取水网密度指数、人均生态承载力和植被净初级生产力 3 项指标作为评价研究区生态活力的依据。

（3）生态价值。

生态价值评价主要是评估研究区土地生态系统服务价值的水平。生物多样性锐减和生态功能衰退是现今各国面临的主要环境危机之一，开展生态价值评估可以加强人们的环保意识和增加对"自然资源有价"的认识。不同土地利用类型的生态价值各有差异，人类干扰越强，生态系统所提供的供给、调节、支持及文化等各项服务越强，但当该干扰超过生态系统所能承受的范围时，土地可能会发生退化，生态价值也随之降低，生态功能衰退的风险越大，修复成本也相应增加。河池市喀斯特区具有深谷、溶洞、暗河和瀑布等各种自然景观，也是革命老区、西部大开发重点区及少数民族聚集区，红色文化与民俗文化绚丽多姿。因此，根据生态系统服务价值评估生态系统具有重要的意义。

2.生态功能恢复力评价指标体系解析

基于生态功能恢复力的内涵解析，可从自然条件指数、生态压力度和景观破碎化 3 个维度选取评价指标（如表 7-2 所示）。

表 7-2　生态功能恢复力评价指标体系

目标层	准则层	指标层	指标属性	指标权重
生态功能恢复力	自然条件指数 0.65	坡度	−	0.09
		地形起伏度	−	0.21
		土壤侵蚀度	−	0.05
		多年平均降雨量	+	0.18
		多年平均气温	+	0.18
		归一化植被指数	+	0.06
		生境质量指数	+	0.23
	生态压力度 0.10	人口密度	+	0.41
		GDP 密度	+	0.55
		单位耕地化肥使用量	+	0.04
	景观破碎化 0.25	斑块丰富度密度	+	0.26
		最大斑块密度	−	0.35
		景观分离度指数	+	0.30
		香农多样性指数	−	0.09

注："+"表示指标层因子与准则层呈正相关；"−"表示指标层因子与准则层呈负相关。

（1）自然条件指数。

自然条件指数是生态功能的最直接体现，从地形、土壤、气候、植被等方面进行分析。①地形：地形条件是制约区域植被、气候及土地利用等地理环境发展的基底条件，立地条件越好的地区，其生态功能发挥越充分。研究区位于云贵高原向东南盆地过渡地带，地势由西北向东南呈阶梯式下降，复杂的地形对区域土地生态系统的发展及其生态功能的发挥影响更大，故选取坡度和地形起伏度表征地形变化对生态功能恢复力的影响。②土壤：考虑到喀斯特地区水土流失较严重且不同区域的土壤贫瘠与肥沃程度不同，选取土壤侵蚀度表征土壤流失状况。③气候：气候可以反映区域的气候环境变化，对当地植物生长及土地生态系统类型产生影响。研究表明，热带森林生态系统的恢复力在气候发生变化后没有得到充分发挥，特别是在应对降雨量减少及气候干旱方面的恢复能力相对较弱（IPCC，2007）。总体上看，气候变化通过作用于区域植被和土地利用类型后引起生态系统结构的变化，从而影响生态功能的恢复力。多年平均降水量和多年平均气温是气象系统的重要参数，可作为气候因素的表征指标。④植被：植被是土地资源质量的代表，是促进生态平衡的重要因素，同时也是衡量土地管理和生态功能恢复力的重要指标。喀斯特地区较薄的土层造就了区域内的植被类型多具备喜钙和嗜旱特征，其分布的空间非均衡性也造成了境内不同县（区）生态环境的差异性。因此，选取归一化植被指数和生境质量指数作为植被状况的表征指标，能更好地反映研究区地表植被的生长状况及生态系统的多样性。

（2）生态压力度。

生态压力度体现为人类活动对土地生态系统产生的负荷程度。人类所进行的各种土地利用生产活动可能会使区域内土地利用类型发生结构性变化，这种积累效应进而会使生态功能恢复力发生变化。研究区作为名副其实的"老、少、边、穷、库"欠发达地区，石漠化现象突出，第二产业和第三产业产业吸纳人才能力有限，城市内部经济发展能力空间差异大。例如，以宜州和金城江为中心的区域综合发展能力较强，而凤山、都安等地经济发展水平较低。因此，结合研究区实际，生态压力度主要表现为区域人口的集聚、城市建设过程中经济社会的发展及农药化肥的使用。人类活动越强，土地压力越大，生态功能恢复力越低，故选用人口密度、GDP密度和单位耕地化肥使用量表征土地压力对生态功能恢复力的影响。

（3）景观破碎化。

景观破碎化是指国土空间范围内景观格局与生态系统在受到自然或人类活动的干扰时所表现的景观破碎程度和空间异质性问题，从而致使其结构、功能和特性发生变化。这也意味着，景观破碎化程度越低，生态功能发挥越充分，生态系统抵抗外界干扰的能力越强，在受干扰后有更多的功能恢复；反之，景观功能的丧失在直接影响区域水源涵养、水土保持等生态系统服务功能发挥的同时，生态功能恢复力也随之下降。新时期下，国土空间优化强调生态文明建设与经济社会发展的协同共进，注重过程耦合和空间整合，这就迫切需要加强景观生态学在相关研究中的应用。因此，引入景观破碎化指数，选取斑块丰富度密度（Patch Density）、最大斑块指数（Largest Patch Index）、景观分离度指数（DIVISION）及香农多样性指数（Shannon's Diversity Index）评价研究区的景观破碎化程度，从景观层面反映生态系统的抗干扰能力。

由于上述各项指标的数据类型与性质差异性较大，无法直接比较，故须对其进行标准化处理，使所有值控制在［0，1］，以便后续更好地进行各项指标的空间叠加操作。计算方法如式（7-1）和式（7-2）所示。

$$X'_{ij} = \frac{X_{ij} - \max{(X_{ij})}}{\max{(X_{ij})} - \min{(X_{ij})}} \qquad 式（7-1）$$

$$X'_{ij} = \frac{\max{(X_{ij})} - X_{ij}}{\max{(X_{ij})} - \min{(X_{ij})}} \qquad 式（7-2）$$

式中，X'_{ij} 为各项指标经过标准化处理后的值；X_{ij} 为第 i 个栅格单元的第 j 个指标的原始值；$\max{(X_{ij})}$ 和 $\min{(X_{ij})}$ 分别为各项指标原始数值的最大值和最小值。若需标准化的指标与上一级指标存在正向相关，则运用式（7-1）计算，反之，则运用式（7-2）计算。

（四）评价指标权重确定

虽然各项指标对生态功能衰退度和恢复力都较重要，但其贡献程度仍有差别。为突出各项指标在评价系统中的微小差异性和重要性，可运用变异系数法测算其权重。变异系数法是通过衡量指标指数在所有评价因子中的变异程度，进而计算不同指标权重的一种赋权方法（赵浩楠等，2021）。其中，变异系数越小，指标差异程度就越小，所赋予的权重也越小，反之，其权重就越大。计算方法如式（7-3）和式（7-4）所示。

$$V_{ij} = \frac{\sigma_{ij}}{\overline{X}_{ij}} \qquad 式（7-3）$$

$$W_{ij} = \frac{\sigma_{ij}}{\sum_{j=1}^{n} \sigma_{ij}} \qquad 式（7-4）$$

式中，σ_{ij} 为变异系数；$\bar{X}_{ij}$ 为各项指标的平均值；V_{ij} 为指标的标准差；W_{ij} 为各项指标的权重。

（五）综合指数计算

1. 生态功能衰退度综合指数计算及分级方法

首先从生态能力、生态活力、生态价值 3 个维度构建生态功能衰退度评价指标体系，然后开展生态能力、生态活力和生态价值 3 个维度的分项评价，最后基于三者的分析结果进行生态功能衰退度的综合评价。计算方法如式（7-5）所示。

$$I_{EFD}=f(I_{EC}, I_{EE}, I_{EV})=\sum_{u=1}^{n}(C_u \times W_C)+\sum_{u=1}^{n}(E_u \times W_E)+\sum_{u=1}^{n}(V_u \times W_V) \quad 式（7-5）$$

式中，I_{EFD} 为生态功能衰退度指数（Ecological Function Decline Index）；I_{EC} 为生态能力指数（Ecological Capability Index）；I_{EE} 为生态活力指数（Ecological Energy Index）；I_{EV} 为生态价值指数（Ecological Value Index）；C_u、E_u 和 V_u 分别为各栅格数据的生态能力指数、生态活力指数和生态价值指数的值；W_C、W_E 和 W_V 分别为生态能力指数、生态活力指数和生态价值指数的值的权重。采用自然断点法将河池市各空间单元的生态功能衰退度标准化值分为微度（无）衰退、轻度衰退、中度衰退和较高度衰退、高度衰退 5 个等级（如表 7-3 所示）。

表 7-3　河池市生态功能衰退度等级划分标准

生态功能衰退度指数	衰退度等级	表现特征
[0.0049, 0.1476)	微度（无）衰退	国土空间生态状况非常好，受干扰程度低，生态能力、生态活力及生态价值高
[0.1476, 0.3135)	轻度衰退	国土空间生态状况较好，对生态胁迫问题表现出较强的抗干扰能力，生态能力、生态活力及生态价值相对较高
[0.3135, 0.5063)	中度衰退	国土空间生态状况一般，抗干扰能力一般，生态能力、生态活力及生态价值一般
[0.5063, 0.7145)	较高度衰退	国土空间生态状况较差，生态能力、生态活力及生态价值较低，生态问题发生概率较高
[0.7145, 0.9884]	高度衰退	国土空间生态状况较差，受干扰程度高，生态能力、生态活力及生态价值极低，生态问题发生概率非常高

2. 生态功能恢复力综合指数计算及分级方法

首先从自然条件指数、生态压力度和景观破碎化 3 个维度构建生态功能恢复力评价指标体系，然后开展自然状况指数、生态压力度和景观破碎化3个维度的分项评价，最后基于三者的分析结果进行生态功能恢复力综合评价。计算方法如式（7-6）所示。

$$I_{EFR}=f\left(I_{NC},\ I_{EP},\ I_{LF}\right)=\sum_{u=1}^{n}\left(NC_{v}\times W_{NC}\right)+\sum_{u=1}^{n}\left(EP_{v}\times W_{EP}\right)+\sum_{u=1}^{n}\left(LF_{v}\times W_{LF}\right)$$

式（7-6）

式中，I_{EFR} 为生态功能恢复力指数（Ecological Function Resilience Index）；I_{NC} 为自然条件指数（Natural Conditions Index）、I_{EP} 为生态压力指数（Ecological Pressure Index）；I_{LF} 为景观破碎化指数（Landscape Fragmentation Index）；NC_{v}、EP_{v} 和 LF_{v} 分别为各栅格数据的自然条件指数、生态压力指数和景观破碎化指数值；W_{NC}、W_{EP} 和 W_{LF} 分别为自然条件指数、生态压力指数和景观破碎化指数的值的权重。采用自然断点法将河池市各空间单元的生态功能恢复力标准化值分为弱恢复力、较弱恢复力、中等恢复力、较强恢复力和强恢复力5个等级（如表7-4所示）。

表7-4　河池市生态功能恢复力等级划分标准

生态功能恢复力指数	恢复力等级	表现特征
［0.0943，0.4139）	弱恢复力	国土空间自然条件较差，所承受的生态压力极大，景观破碎化程度较高，生态功能遭到严重破坏，受损后恢复难度极大
［0.4139，0.5276）	较弱恢复力	国土空间自然条件相对较差，所承受的生态压力较大，景观破碎化程度相对较高，生态功能遭到较严重破坏，受损后恢复难度较大
［0.5276，0.6555）	中等恢复力	国土空间自然条件一般，所承受的生态压力大，景观破碎化程度一般，生态功能受到一定限制，但仍具备一定的能力恢复到之前的状态
［0.6555，0.7940）	较强恢复力	国土空间自然条件相对较好，生态压力度相对较低，景观破碎化程度相对较低，生态系统具备相对较强的能力恢复到受干扰前的状态
［0.7940，1］	强恢复力	国土空间自然条件较好，生态压力度较低，景观破碎化程度较低，生态系统具备较强的能力恢复到受干扰前的状态

（六）空间自相关分析

空间自相关分析是测量空间中同一变量在相邻位置的相互作用关系的一种模型，包括从整体视角体现其关联性的全局 Moran's I 和从各地域单元视角体现其关联性的局部 Moran's I（熊昌盛等，2021）。基于此，以 GeoDa 软件中的单变量 Moran's I 为依托，以全局空间自相关指数探测河池市生态功能衰退度和恢复力在整个区域的集聚或离散程度，以局部空间自相关指数进一步测度某一局部生态功能衰退度和恢复力与周围区域的差异程度。计算方法如式（7-7）和式（7-8）所示。

$$全局\ Moran's\ I = \frac{\sum_{i=1}^{n}\sum_{j=1}^{m}W_{ij}\left(x_i-\bar{x}\right)\left(x_j-\bar{x}\right)}{S^2\sum_{i=1}^{n}\sum_{j=1}^{m}W_{ij}} \qquad 式（7-7）$$

$$局部\ Moran's\ I = \left(\frac{x_i-\bar{x}}{m}\right)\sum_{j=1}^{m}W_{ij}\left(x_j-\bar{x}\right) \qquad 式（7-8）$$

式中，x_i 和 x_j 分别为 i 单元和 j 单元的生态功能衰退度或生态功能恢复力值；$\bar{x}$ 为其均值；n 为单元总数；W_{ij} 为权重矩阵。本文采用 queen 邻接矩阵。

二、国土空间生态修复分区的具体方法

现有的土地分区、自然生态空间分区及国土空间生态修复分区等相关分区方法主要有两种：一是定性分析法，即凭借其自身的经验与知识，基于研究区的自然资源和经济社会等情况进行分区，分区结果存在主观性。二是定量分析法，即通过构建评价模型对研究区进行评估和分级，依据得分等级进行分区，包括 SOFM 神经网络（江志猛等，2019）、高斯混合模型（耿雨等，2022）、空间聚类分析法（赵庆磊等，2021）、四象限法（乔斌等，2023）等方法。该方法需要收集影像或统计数据，分区结果较为客观。除上述方法外，聚类分析法（赵庆磊等，2021）、空间叠加法（田野等，2019）、三维魔方模型（姜芳茗等，2022）和矩阵模型（黄心怡等，2020）也是国土空间相关分区研究中较为常见的方法。参考上述学者的分区方法并结合本研究的评价内容及目的，基于 ArcGIS10.2 平台，采用 GIS 空间叠加法与互斥矩阵模型相结合的方法进行国土空间生态保护与修复区域的划分。

互斥矩阵模型是基于平面坐标系来进行分析的，其原理是首先分别对 x 轴和 y 轴进行划分，得出 x^2 个不同的等级，其次运用乘法原理对不同等级进行栅格运算，最后利用关联表的方式形成多种组合类型（李建春等，2013）。基于此步骤，本研究引入互斥矩阵模型，将生态功能衰退度评价结果与生态功能恢复力评价结果进行聚类归并和趋同性分析，根据所搭建的二维关联矩阵进行区域比较优势的甄别，划分出生态重点保育区、生态优化提升区、生态改良重建区和生态重点治理区 4 类区域。具体地，生态功能微度（无）衰退—强恢复力地区及微度（无）衰退—较强恢

复力地区的生态基底优良，生态功能完善，应作为生态重点保育区进行保护与自然恢复，以稳固并提升其生态系统质量；生态功能衰退度等级为较高度、高度及恢复力等级为较弱和弱组合而成的区域生态基底较差，生态功能严重衰退，需加入人为干预，作为生态重点治理区进行综合治理，以挖掘其生态系统潜力；生态功能衰退度等级为轻度、中度、较高度或者高度及恢复力等级为弱、较弱或者中等组合而成的区域为生态改良重建区，以改良为主，通过整治与修复活动提高其生态功能；其余组合类型划分为生态优化提升区，该区域生态基底相对较好，应尽可能发挥生态系统的自我恢复能力，提升其生态功能，并作为屏障以保护生态重点保育区。具体如表 7-5 和表 7-6 所示。

表 7-5　国土空间生态功能衰退度与恢复力二维关联矩阵

	弱恢复力 13	较弱恢复力 14	中等恢复力 15	较强恢复力 16	强恢复力 17
微度衰退 2	（2，13）	（2，14）	（2，15）	（2，16）	（2，17）
轻度衰退 3	（3，13）	（3，14）	（3，15）	（3，16）	（3，17）
中度衰退 4	（4，13）	（4，14）	（4，15）	（4，16）	（4，17）
较高度衰退 5	（5，13）	（5，14）	（5，15）	（5，16）	（5，17）
高度衰退 6	（6，13）	（6，14）	（6，15）	（6，16）	（6，17）

注：表中生态功能衰退度与生态功能恢复力等级赋值需遵循栅格乘积运算后数值唯一原则。

表 7-6　国土空间生态修复分区划分依据

二级区	互斥矩阵组合
生态重点保育区	（2，16）、（2，17）
生态优化提升区	（2，13）、（2，14）、（2，15）、（3，15）、（3，16）、（3，17）、（4，16）、（4，17）、（5，16）、（5，17）、（6，16）、（6，17）
生态改良重建区	（3，13）、（3，14）、（3，16）、（4，15）、（5，15）、（6，15）
生态重点治理区	（5，13）、（5，14）、（6，13）、（6，14）

第八章 河池市国土空间生态修复分区

第一节 河池市概况

一、地理位置与行政区划

河池市地处广西北部、云贵高原南部边缘，位于东经 106° 34′ ～ 109° 09′、北纬 23° 41′ ～ 25° 37′，东西最大距离约 228 km，南北最大距离约 260 km，土地面积 33 479.72 km²，约占广西土地总面积的 14.09%。2020 年末，河池市下辖 2 个区（宜州区、金城江区），9 个县（南丹县、天峨县、凤山县、东兰县、巴马瑶族自治县、都安瑶族自治县、大化瑶族自治县、罗城仫佬族自治县和环江毛南族自治县），周围与 4 个州（市）相邻，其中，东与柳州市相接，西与百色市为邻，南与南宁市毗连，北与贵州黔南布依族苗族自治州接壤，地理位置极具特色。

二、自然环境条件

（一）地形地貌

河池市境内的喀斯特地貌（主要为峰丛洼地）广泛覆盖并集中分布在南丹、大化和都安等地，其裸露面积占全市土地总面积的 65.74%，占广西喀斯特地貌总面积的 24.34%，被誉为"喀斯特王国"。河池市地势起伏大，可概括为"三山一岭，两河一平原"的景观分布格局。其中，"三山"即九万大山、凤凰山、都阳山，分别分布于该市的东北部、西北部和西南部；"一岭"即东风岭，分布于该市的西北部；"两河"即红水河和龙江；"一平原"即溶蚀平原，分布于该市的东部。大致符合"北、西、南三面高山环绕，东部低洼"的地形分布格局，构成由西向东倾斜的地势。

（二）气候条件

河池市属于亚热带季风气候，区域内山岭绵亘，高低悬殊，呈现出明显的山地小气候特征，夏季较长且气温较高，而冬季则相反，农作物和植被的繁茂生长也得益于其较长的无霜期。据《广西统计年鉴（2021 年）》记载，2020 年河池市年平均降水量为 2 100.4 mm，年平均气温 20.8℃，年平均蒸发量约 1 424 mm，年平均降水量和年平均气温均呈现"南高北低"的空间分布规律，降水集中的地方易发生水土流失，增加石漠化发生的概率。河池市自然灾害统计资料显示，全市曾多次出现洪灾、地灾、风雹、干旱等现象，同时也发生过低温冷冻、森林火灾等灾害，对区域农业生产及生态环境造成了一定程度的破坏。

（三）土壤条件

据《河池市志》记载，河池市的土壤类型主要包括赤红壤、红壤、黄壤、水稻土、草甸土、石灰（岩）土。其中，红壤是河池市自然土壤构成的主体部分，占全市土地总面积的 38.97%，呈片状分布于该市西部和东北部地区，如天峨县、环江毛南族自治县、罗城仫佬族自治县、凤山县、东兰县等地的部分区域，质地多为轻黏土，适宜种植稻谷和甘蔗等经济作物；其次是石灰（岩）土，主要分布于南部、东部、中北部地区，如大化瑶族自治县、都安瑶族自治县、南丹县和宜州区等地的部分区域，占河池市土地总面积的 37.36%。

（四）水文条件

据河池市水利局统计，河池市水土资源丰富，河流总长度 10 581 km，河网密度 0.153 km/ km²，大小河流共计 635 条，以红水河、龙江及其支流为主，以古龙河与下枧河为辅。其中，红水河流经河池市 458.6 km，主要支流有盘阳河、布柳河及刁江；龙江流经河池市 222 km，主要支流有大环江、小环江和东小江。另外，区域内还拥有多座大型水库，主要为位于天峨境内的龙滩水库，大化境内的岩滩水库和大化水库，以及宜州境内的六坡水库、土桥水库和拉甫水库。由于降水量的季节性分布不均匀，导致水资源在不同季节的分布也不同，据《广西统计年鉴（2021 年）》数据显示，2020 年河池市人均水资源占有量为 10 364.95 m²，虽远高于广西平均水平（4 219 m²），但时空分布不均，部分地区在旱季严重缺水，制约其粮食产量的提高。

（五）植被条件

根据中国植被区划图，河池市属于中亚热带常绿阔叶林地带和南亚热带季风常绿阔叶林地带，自然植被类型包括阔叶林、针叶林、灌丛、草丛和其他类型，主要以灌丛为主。适宜的地形、土壤、水文等条件是区域内植被类型繁多的重要基础。其中，阔叶林以壳斗科、胡桃科、木兰科等乔木树种居多，小面积分布于河池市东北、西北和西南部；针叶林中人工林的面积占绝对优势，主要以杉木和松木为主；灌丛植被包括常绿阔叶灌丛和落叶阔叶灌丛，呈片状广泛分布于丘陵和山地中。栽培植被类型结构简单，主要以水田和旱地作物为主，包括水稻、玉米和大豆等粮食作物及花生、甘蔗、水果、茶叶等经济作物，分布于地势平坦且具有灌溉水源的地区。据《2020年河池市国民经济和社会发展统计公报》数据显示，河池市2020年森林面积达238.93万hm²，森林覆盖率达71.32%，是桂西北喀斯特地区的重要生态屏障。

（六）矿产资源

河池市境内所蕴藏的矿产资源非常丰富，据河池市人大网发布的《河池市2020年度国有资产管理情况的综合报告》数据显示，目前河池市已发现的矿产有46种，涵盖锡、铅、锌、锑等多种金属矿产和其他能源矿产，2020年开采1692.009万t矿产资源，主要为锡矿1.1137万t，锌矿4.5094万t，锑矿0.5959万t。河池市有色金属量占广西总量的3/4，号称"有色金属之乡"，是我国稀有的多金属群生带。丰富的矿产资源为河池市的产业和经济发展提供优越的资源配置条件，但同时也带来了诸多生态环境问题。

三、经济社会发展

近年来，河池市国民经济迅速增长，经济实力快速提升。2020年全市常住人口341.79万人，城镇人口153.40万人，城镇化率44.88%，低于广西平均水平（51.70%）。截至2020年底，河池市60岁以上老年人口60.81万人，占常住人口的17.79%，高于同期全区平均水平1.10个百分点，人口老龄化加深程度也快于全区平均水平，突出了其"中国长寿之乡"的特点。同时，河池市经济逐渐步入快速发展轨道，"一核三副多节点，两带两轴两片区"的战略发展布局成为其经济高质量发展的助推器。2020年全市生产总值（GDP）突破900亿，达到了927.71亿元，较上年增长5.1%，其中，第一、第二、第三产业增加值占比分别为21.4%、28.5%、50.1%，人均GDP约21384元，人均可支配收入约18637元。

近年来，河池市积极融入"一带一路"倡议和粤港澳大湾区建设，目前已建有较为完善的交通路网，2020年全市民用汽车拥有量352128辆，高速路通车总里程570 km，建成区路网密度达到10.63 km/km²，并于2023年完成高铁建设，这些交通干线为河池市带来了良好的发展契机。随着经济高质量发展目标的稳步推进，区域信息网络、旅游物流、科教文卫等基础设施建设正有序完善，各族人民的幸福感和获得感也日益提高。

四、土地利用状况

河池市土地总面积 33 479.72 km²，受复杂地形的影响，其土地利用类型多样，但空间分布不均匀且相对分散。参照《土地利用现状分类》（GB/T 21010—2017）对河池市土地利用数据进行分类整合，各地类具体情况如表 8-1 所示。

表 8-1 河池市 2020 年土地利用类型面积统计情况

地类名称	面积（km²）	占比（%）
耕地	3 460.24	10.34
园地	1 292.71	3.86
林地	26 371.26	78.77
草地	742.37	2.22
商服用地	10.87	0.03
工矿仓储用地	83.05	0.25
住宅用地	395.94	1.18
公共管理与公共服务用地	38.50	0.11
特殊用地	10.98	0.03
交通运输用地	350.23	1.05
水域及水利设施用地	645.3	1.93
其他土地	78.24	0.23
总计	33 479.72	100

河池市境内土地利用类型主要为林地，耕地次之，两者作为河池市主要的地类，总占比高达 89.11%，表明河池市具备较强的生态和农业生产功能，农林生产在其土地利用结构中占据主导地位。整体来看，其他土地只占河池市国土空间的 0.23%，土地利用后备资源明显不足。

五、生态问题识别

识别区域生态环境问题是有效开展国土空间生态修复分区研究的基础。河池市作为滇桂黔石漠化片区中最典型的"老、少、边、山、穷、库"欠发达地区，受历史条件或经济发展的限制，部分地区生态问题突出，生态恢复阻力增大，主要表现如下：

（一）局部地区水土流失面积广，石漠化治理难度大

水土流失是阻碍河池市经济社会发展的主要生态环境问题之一，在局部地区表现尤为明显。水土流失不仅会侵蚀土壤层，危害农林牧渔业的发展，而且还会危害区域生物的多样性。广西水利厅发布的《广西水土保持公报（2020年）》数据显示，河池市水土流失总面积5 620.69 km²，位居全区第二，占全市土地总面积的16.79%，主要以轻度侵蚀为主，面积4 445.2 km²。水土流失主要集中在都安、大化、南丹和宜州等区域，面积分别为1 150.29 km²、603.46 km²、830.38 km²、763.84 km²，占其区域土地总面积的28.14%、21.94%、21.26%和19.80%。天峨、南丹、凤山、东兰、金城江、巴马、都安和大化8个县（区）被划为国家级水土流失重点预防区。此外，河池市以石漠化为主要特征的生态功能衰退问题突出。据广西第三次石漠化监测成果统计，河池市石漠化面积约7 230 km²，是广西石漠化面积最大的地区，占全市土地总面积的21.6%，主要分布在都安、大化等地，对河池市的经济社会发展造成了较大的影响。

（二）土地生态敏感性强，易引发地质灾害

河池市地形坡度区域差异大，在地质构造、水文和气候条件的多重影响下，加剧了滑坡、崩塌、岩溶塌陷等地质灾害发生的风险隐患。随着人口和工程建设的增加，河池市地质灾害频繁发生，据河池市自然资源局发布的《河池市2021年地质灾害防治方案》数据显示，全市地质灾害隐患点1 539处，2020年地质灾害共64起，主要发生在天峨、南丹和东兰等地区，类型以崩塌、滑坡、泥石流、岩溶塌陷为主，造成直接经济损失790.8万元。地质灾害的不确定性和突发性在对居民人身安全产生威胁的同时，也对生态系统的平衡性造成破坏，并且恢复时间较长。

（三）酸雨污染不容乐观，环境质量待提升

河池市地处南岭东西向成矿带与丹池北西向成矿带叠加处，具备优良的成矿地质基础，属于我国著名的"有色金属之乡"，但发展矿业不可避免进行开采、冶炼等矿产资源开发活动，且部分金属元素无法回收而被作为尾矿丢弃，由此加重

了区域环境污染，降低了环境质量。据 2020 年《河池市环境状况公报》数据显示，2020 年河池市总降水量 4 121.9 mm，酸雨降水量为 1 946 mm，pH 值范围为 4.00～7.58，pH 均值为 6.03，酸雨率为 32.4%，重酸雨率为 6.2%，酸雨污染程度进一步加剧，环境空气质量综合指数为 2.80，较 2019 年（3.02）下降 0.22 个指数，需开展综合治理、控制污染物排放以提升空气质量。

（四）矿山生态修复历史欠账多，环境问题突出

由于历史遗留问题及客观环境等多重因素共同作用，河池市的经济增长主要依靠资源依赖型产业来支撑，尤以有色金属矿业为主。河池市政协网发布的数据显示，2020 年河池市有色金属产值 194.9 亿元，同比增长 29.5%。丰富的矿产资源虽然能够促进地方经济发展，但若开发不当，则会加剧矿山及其周围的生态环境的脆弱性。目前，河池市矿产资源开发所引发的生态环境问题包括：①部分矿冶企业分布散乱，冶炼技术落后，矿山废渣、废石、尾矿排放量大且堆放随意，不仅无法实现矿产资源的充分化利用，更重要的是容易造成土壤酸化、局部水土流失和环境污染。②老矿山、闭坑矿山多，因无序采矿造成的矿山塌陷、生境破碎和山体裸露问题突出，历史欠账多，实施生态修复难度大。

河池市属以林地为主导土地覆被类型，自然保护区、国家地质公园及饮用水源区等生态重要区域较多，繁茂的森林与众多的江河蕴藏着丰富的生物物种资源，为当地居民提供了较高的生态服务价值，但该地区石漠化面积分布广，森林质量不高，且由于不合理的人类活动，动物栖息地逐渐减少，制约了河池市的整体发展。虽然近年来河池市针对区域所存在的生态环境问题采取了系列举措，如从市级层面制定并实施的"十四五"规划，且于 2022 年已完成国家级生态保护红线的划定工作，但生态问题并未得到根本改善。因此，通过开展生态功能衰退度与恢复力评价，寻求自然资源开发利用与生态环境保护两者的"双赢"举措，既有一定现实依据，又能更好地服务于国土空间生态修复分区工作，是"山水林田湖生命共同体"视角下区域经济社会健康可持续发展的重要保障。

六、数据来源

本研究主要依据研究目的和数据的可获取性进行资料的收集。土地利用数据和行政区划数据来源于中国科学院地理科学与资源研究所建立的"资源环境科学数据平台"（https://www.resdc.cn/），气象数据来源于国家气象科学数据中心，

Landsat8 OLI 和 GDEMV230mDEM 来源于地理空间数据云（https://www.gscloud.cn/），MOD16A3 产品和 MOD17AHGF3 产品来源于 NASA 网站（https://www.nasa.gov/），土壤数据来源于全球土壤数据库（https://www.fao.org/soils-portal/soil-survey/soil-maps-and-databases/harmonized-world-soil-database-v12/en/），社会经济数据来源于《广西统计年鉴》《河池市统计年鉴》等相关统计资料，以及河池市政府、河池市水利局等网站。

第二节　河池市生态功能衰退度与生态功能恢复力评价

生态功能衰退度的研究重点在于对生态能力、生态活力及生态价值的辨识，而生态功能恢复力的研究重点则在于对自然因素和人为因素等不确定性因素的评价，两者的共性体现在应对外界的抗干扰能力上，但两者的关系不能简单视为同一硬币的两面，而应视为一个具备交叉性的双螺旋结构，可以呈正相关，也可以呈负相关，两者的评估结果共同反映了河池市自然资源本底及其利用情况。鉴于此，本研究对河池市分别进行生态功能衰退度评价和生态功能恢复力评价，并将其作为国土空间生态修复分区的重要依据。

一、生态功能衰退度评价与空间分异

河池市生态功能衰退度评价是基于第七章第四节所构建的评价指标体系及综合指数计算模型所得的结果。本节以河池市土地生态环境特征为依托，通过选定的分指标，对生态能力、生态活力及生态价值 3 个维度的空间格局进行分析，并基于生态功能衰退度等级划分标准对河池市生态功能衰退度进行综合评价。

（一）生态能力评价与空间分异

1.评价方法

（1）水源涵养能力。

水源涵养能力是指生态系统在降水的作用下，凭借其本身所具备的结构与功能截留已降落到地表的雨水，从而增加土壤渗透力，减少雨水蒸散发量，实现局部水资源循环的能力。河池市属于亚热带季风气候，植被繁茂，雨量充足，为区域生态系统水源涵养能力构筑重要的自然屏障及为珠江下游地区居民提供充足的资源保障。水源涵养能力深受当地降水、植被、蒸散发量、径流量等因素的影响，因此运用水量平衡法对河池市生态系统水源涵养能力进行评估，计算方法如式（8-1）所示。

$$TQ = \sum_{i=1}^{n} (P_i - R_i - ET_i) \times A_i \times 10^3 \qquad 式（8-1）$$

式中，TQ 为总水源涵养量（hm^3）；P_i 为降水量（mm）；R_i 为地表径流量（mm），ET_i 为蒸散发量（mm）；A_i 为第 i 类生态系统面积（km^2）；n 为研究区生态系统类型数。

降水量 P_i 通过收集研究区 2000—2020 年多年降水数据与进行克里金插值所得，蒸散发量采用的是 MOD16A3 数据，地表径流系数与多年平均降水量相乘即可得到地表径流量。其中，地表径流系数参考《生态保护红线划定指南》和《资源环境承载能力和国土空间开发适宜性评价指南（试行）》，将其与河池市不同地类一一对应所得（如表 8-2 所示）。

表 8-2　河池市各类型生态系统地表径流系数均值

生态系统类型	地表径流系数（%）
水田	30.00
水浇地	40.00
旱地	50.00
园地、其他林地	19.20
草地	9.37
灌木林地	4.17
乔木林地、竹林地	2.04
森林沼泽	1.50
建设用地、水利设施用地、其他土地	100
水域	0.00
内陆滩涂	1.00

（2）水土保持能力。

水土保持主要是生态系统通过利用其内部特有的功能结构，达到降低因降水而产生的土壤侵蚀的目的。2020 年河池市水土流失总面积 5 620.69 km^2，位居广西第二，水土流失面积约占全市土地总面积的 16.79%。因此，开展河池市水土保持能力评价是有效维护河池市饮水安全及生态安全的一项基础性任务。考虑到数据的可获得性，运用 RUSLE 模型对河池市水土保持能力进行评价，以水土保持量来反映各评价单元水土保持能力的高低，计算方法如式（8-2）所示。

$$A = R \times K \times LS \times (1 - C \times P) \qquad 式（8-2）$$

式中，A 为水土保持量；R 为降雨侵蚀力因子；K 为土壤可蚀性因子；L 为坡长因子，S 为坡度因子，通常将 L、S 合并为 LS 考虑，LS 为坡长坡度因子，无量纲；C 为植被管理因子，无量纲；P 为水土保持措施因子，无量纲。各因子计算方法如下。

①降雨侵蚀力因子（R）。

降雨是引起土壤侵蚀的关键动力之一，当雨滴降落过程中所携带的动能对土壤产生的冲击力达到一定程度时，则会发生土壤侵蚀现象，该值越大，土壤侵蚀能力越强，水土保持能力就越低。采用 Wischmeier（1958）提出的降雨侵蚀力模型进行评估，计算方法如式（8-3）所示。

$$R = \sum_{i=1}^{12} 1.735 \times 10^{\left[\left(1.5 \times \log_{10} \frac{Q_i^2}{Q}\right) - 0.8188\right]} \qquad 式（8-3）$$

式中，R 为降雨侵蚀力；Q_i 为多年平均月降水量（mm）；Q 为多年平均年降水量（mm）；i 为月份。

②土壤可蚀性因子（K）。

土壤可蚀性因子的高低与土壤本身的结构、组成要素等性质密切相关，黏粒含量和有机碳含量较高的土壤抵抗风蚀、水蚀等外界的干扰能力也较强，而沙粒含量和粉砂含量较高的土壤所具备的水土保持能力偏低，抵抗外界侵蚀能力也较弱。结合研究区的土壤分布及数据可获取情况，采用 Williams 等（1983）建立的 EPIC 模型来计算土壤可蚀性因子，计算方法如式（8-4）和式（8-5）所示。

$$K = (-0.01383 + 0.51575 K_{EPIC}) \times 0.1317 \qquad 式（8-4）$$

$$K_{EPIC} = \left\{0.2 + 0.3e\left[-0.0256 sand \left(1 - \frac{silt}{100}\right)\right]\right\} \times \left(\frac{silt}{clay + silt}\right)^{0.3} \times$$
$$\left(1 - \frac{0.25c}{c + e^{(3.72 - 2.95c)}}\right) \times \left(1 - \frac{0.7SN_1}{SN_1 + e^{(-5.51 - 22.9SN_1)}}\right)$$

$$式（8-5）$$

式中，K 和 K_{EPIC} 分别为修正前和修正后的土壤可蚀性；$sand$、$silt$ 和 $clay$ 分别为美制土壤粒集分类标准中的沙粒含量（%）、粉砂含量（%）和黏粒含量（%）；c 为有机碳含量（%）；$SN_1 = (1 - sand) / 100$。

③坡度坡长因子（LS）。

坡度因子（L）与坡长（S）因子统称地形因子，是开展水土保持能力评价的重要指标。当其他条件保持一致时，坡长则成为决定水力侵蚀强度的唯一因素，坡长越长，汇流累积量越大，侵蚀能力就越强。运用 Wischmeier（1958）提出的程序提取坡度坡长因子，计算方法如式（8-6）至式（8-9）所示。

$$L = (\lambda / 22.13)^{\partial} \qquad \text{式（8-6）}$$

$$\partial = (\beta / \beta + 1) \qquad \text{式（8-7）}$$

$$\beta = (\sin\theta / 0.0896) / [3.0 (\sin\theta^{0.8} + 0.56)] \qquad \text{式（8-8）}$$

$$S = \begin{cases} 10.80\sin\theta + 0.03, & \theta < 5° \\ 16.8\sin\theta - 0.50, & 5° \leqslant \theta < 10° \\ 21.90\sin\theta - 0.03, & \theta \geqslant 10° \end{cases} \qquad \text{式（8-9）}$$

④植被覆盖与管理因子（C）。

植被覆盖度表征特定条件下有植被覆盖与无植被覆盖土地的土壤侵蚀量之比，能够较大程度地减弱水土流失和泥沙迁移的速度，是制约土壤侵蚀的重要指标之一。植被覆盖度越高的区域，其地下根系越发达，锁水能力越强；相反，植被覆盖度越低的区域，更易于发生水土流失。基于 NDVI（归一化植被指数），可运用二值法计算植被与管理因子。

⑤水土保持措施因子（P）。

水土保持措施因子的高低表征区域保土能力的强弱，取值范围为 [0，1]，"0" 表示无侵蚀地区，水土流失防治措施最好；"1" 表示未采取任何水土流失防治措施的区域。一般来说，林地、草地等自然植被覆盖地区几乎未采取水土保持措施，而耕地多分布于平原、丘陵等较为平坦的地区，虽然具备一定的蓄水保水能力，但也需采取必要的水土保持措施。根据许月卿等（2006）、高峰等（2014）和陈思旭等（2014）对喀斯特地区研究的赋值成果并结合研究区的土地利用类型及不同地形的耕作方式，可对各土地利用类型水土保持措施因子进行赋值。

（3）生物多样性维护能力。

生物多样性是指在特定时间和特定区域内，由各种生物所包含的数量、种类及其基因与周围环境所构成的生态系统复杂性的总称。良好的生境环境和生态系统环境是不同土地利用类型发挥生物多样性能力的关键性因素，区域生物多样性丰富度通常与物种数量呈正向相关。由于研究区物种数量统计较为困难，而生态系统内的植物是生物物种之一，对维持区域生态系统平衡起着重要作用，且土地利用类型的转变程度也会对生物物种的类型、数量、质量、分布区域及生境质量等产生极大影响，甚至间接导致生物多样性的改变（王凯等，2022）。因此，可对河池市土地利用类型进行分类，并结合区域自然保护区分布情况对生物多样性维护能力进行赋值，由于九万大山国家级自然保护区、木论国家级自然保护区等各类自然保护区具备高度的水源涵养及保护濒危珍稀动植物的能力，故基于生态优先的原则，将各类自然保护区划分为生物多样性维护能力高值区。具体分级标准如表 8-3 所示。

表 8-3　河池市生物多样性维护能力分级标准

土地利用类型	能力高低	分级赋值
自然保护区等物种丰富区	高	5
天然林地、湿地等	较高	4
人工林地、灌木林地、草地、水域等	中等	3
耕地、园地	低	2
建设用地、未利用地	较低	1

（4）固碳能力。

陆地生态系统中的碳储量一般分为地上部分生物碳（above）、地下部分生物碳（below）、土壤碳（soil）及死亡有机碳（dead）4 个部分。运用 InVEST 模型中的碳储量（Carbon）模块，以河池市不同土地利用类型作为评估单元，对不同系统碳库的平均碳密度进行统计，最后将各个土地利用类型面积与其对应的碳密度的乘积作为研究区总的碳储量。计算方法如式（8-10）和式（8-11）所示。

$$C_i = C_{i\,(\text{above})} + C_{i\,(\text{below})} + C_{i\,(\text{soil})} + C_{i\,(\text{dead})} \qquad \text{式（8-10）}$$

$$C = \sum_{i}^{n} C_i \times S_i \qquad \text{式（8-11）}$$

式中，i 为某种土地利用类型；C_i 为土地利用类型 i 对应的碳密度；$C_{i(\text{above})}$、$C_{i(\text{below})}$、$C_{i\,(\text{soil})}$、$C_{i\,(\text{dead})}$ 分别表示土地利用类型 i 对应地上部分生物碳密度、地下部分生物碳密度、土壤碳密度及死亡有机碳密度（单位均为 MgC/hm^2）；n 为土地利用类型数量（本文中包含 6 种类型）；S_i 为土地利用类型 i 的面积，单位为 hm^2；C 为研究区总碳储量，单位为 MgC。

通过阅读 InVEST 模型手册可知，碳储量的计算过程所需数据包括研究区土地利用数据和四大碳库密度数据。将荣检（2017）、朱鹏飞（2018）等关于广西土地利用生物碳密度的研究及朱志强等（2021）关于广州市土壤碳的研究进行汇总，综合考虑后选定研究区土地利用碳密度数据，并运用气温和降水量对各类土地利用碳密度进行修正，反演得到河池市本地化的碳储量。计算方法如式（8-12）至式（8-18）所示。

$$C_{BP} = 6.7981 \times e^{0.00541P} \qquad \text{式（8-12）}$$

$$C_{SP} = 3.3968 \times P + 3996.1 \qquad \text{式（8-13）}$$

$$C_{BT} = 28T + 398 \qquad \text{式（8-14）}$$

$$K_{BP} = C_{BP1} / C_{BP2} \qquad \text{式（8-15）}$$

$$K_{BT} = C_{BT1} / C_{BT2} \qquad \text{式（8-16）}$$

$$K_B = K_{BP} \times K_{BT} \qquad \text{式（8-17）}$$

$$K_S = C_{SP1} / C_{SP2} \qquad \text{式（8-18）}$$

式中，C_{SP} 和 C_{BT} 分别为通过年均降水量和年均气温计算得来的生物量碳密度，C_{BP} 为通过年降水量计算得来的土壤碳密度（单位均为 kg/m^2）；P 为年均降水量（mm）；T 为年均气温（℃）；K_{BP} 和 K_{BT} 分别为生物量碳密度降水量和气温因子修正系数，二者乘积即为生物量碳密度修正系数；K_S 为土壤碳密度修正系数。将收集到的气象数据代入上述公式后，将广西及广州土地利用碳密度数据与其对应的修正系数相乘，可得到河池市不同土地利用类型的碳密度值（如表 8-4 所示）。

表 8-4　年均降雨量和年均气温修正后的河池市不同土地利用类型碳密度　　单位：t/hm^2

土地利用类型	地上部分碳密度	地下部分碳密度	土壤碳密度	死亡有机物碳密度
耕地	22.78	4.45	17.39	1.68
林地	97.86	24.47	19.79	1.68
草地	5.05	22.71	16.05	5.87
水域	4.70	4.03	0	0
建设用地	19.22	1.56	12.52	0
未利用地	5.71	0	11.39	0

2. 评价结果

结合 ArcGIS10.2 软件和 InVEST3.11.0 模型，并根据实际情况进行修正，可得到河池市单一生态能力空间格局。水源涵养能力高值区和较高值区主要集中在河池市西部和东北部山区，这些区域主要位于河池市海拔较高的一端，植被覆盖度高，蒸散量相对较低，是境内重要河流及其支流的发源地或上中游地区。另外，位于天峨的龙滩水库和大化的岩滩水库是河池市最大的水库，蓄水量极大，东北部的九万大山植被冠层、落叶层及根系具备良好的拦截和吸收降雨量的作用，成为河池市主要的水源涵养地。低值区和较低值区主要集中分布于河池市南部和中北部并零星散布于西部和东部地区，南部是河池市降水量最充沛的地区，但高强度和高集中度的降雨为地表侵蚀和降水量流失提供了有利条件，且受喀斯特溶蚀和漏蚀的影响，该地区植被单一，保水蓄水能力薄弱。中值区主要分布于河池市东部地势平坦的宜州区、环江毛南族自治县和罗城仫佬族自治县等孤峰平原地区。水土保持能力空间分布特征与水源涵养能力相似，高值区主要分布于河池市西部、中北部和东北部非石漠化地区，这些地区植被闭郁度高，土壤稳固性高，水土保持能力较强；较低值区和低值区主要分布于河池市南部、中北部和西北部，这些地区属于河池市喀斯特生态环境脆弱区，虽然土地利用类型以林地为主，但植被质量不高，且土壤类型以石灰岩土为主，土层较薄，土壤透水性强且抗侵蚀能力弱，缺乏发达的植被根系等外界固土因素，是水土流失量主要发展部位；中值区主要分布于植被稀少的宜州区孤峰平原和大、小环江下游地区。生物多样性维护能力高值区和较高值区主要分布于自然保护区与森林公园等生物多样性保护关键区内，这些区域大多属于原有地表植被保留相对完好的区域，受人类活动干扰的影响较小，是河池市现有国家级和省级野生动植物的理想栖息之地；中值区大面积分布于河池市内，植被以人工林地和灌木林地为主，为各类物种提供了广阔的生存空间和外界环境；低值区主要位于河池市东部地区，这些区域属于工农矿业生产和经济建设集聚区，植被在开发利用过程中受到一定程度的破坏，不利于动植物的迁徙和繁衍，生物多样性维护能力较低。固碳能力方面，河池市固碳能力整体较高，高值区主要位于北部、南部和西部山区，低值区主要分布在红水河、龙滩水库、岩滩水库等河流水库沿线及地势比较平坦的地区。整体上看，水源涵养能力高的区域，其水土保持能力、生物多样性维护能力和固碳能力也不低，说明四者存在密切关系。

基于 ArcGIS10.2 软件的 Spatial Analyst 工具，并根据研究区实际进行调整，将水源涵养能力、水土保持能力、生物多样性能力、固碳能力评价结果的栅格图进行归一化处理后加权叠加，可得到河池市生态能力空间分布图，然后采用聚类分析方法将其划分为高值区、较高值区、中值区、较低值区和低值区。从综合评价结果的数量特征来看，河池市生态能力高值区和较高值区的面积和比例分别为15 386.30 km²、45.96% 和 5 289.26 km²、15.80%，二者占据了河池市土地总面积的61.76%；中值区的面积和比例为 4 831.54 km²、14.43%；较低值区的面积和比例为5 753.88 km²、17.19%；低值区的面积和比例最小，为 2 218.74 km² 和 6.62%，表明河池市生态功能整体上较高。从空间分布特征来看，高值区和较高值区呈团块状集聚在河池市西北部、西南部、中北部及东北部地区，主要分布在罗城仫佬族自治县、环江毛南族自治县、天峨县和东兰县等地，尤其是在环江毛南族自治县和罗城仫佬族自治县交界处的九万大山及其周围形成了集中连片的具备高水平生态能力的区域。这些区域以林地、草地和水域为主，是生态服务功能重要区，为区域健康稳定发展提供良好的生态保障和生态服务。例如，天峨县植被茂盛，拥有广西最大的龙滩水库，是红水河上游重要的生态屏障和水源涵养，凤山国家地质公园周围有盘阳河、布柳河和百东河穿过，属于湿地湖泊汇水集中区，具备较强的水源涵养和水土保持功能。中值区主要分布在地势低洼的宜州区、罗城仫佬族自治县东部、环江毛南族自治县南部、都安瑶族自治县西南角等地区，这些区域多为城镇分布区或农业种植区等生态系统不稳定区，受建设用地和耕地等干扰源的影响较大，生态能力一般。较低值区和低值区大面积集中分布于河池市南部，西部、中北部和东部也有少量分布，这些地区也是水源涵养和水土保持低值区，生态能力明显低于邻近地区。整体上看，水源涵养能力和水土保持能力在喀斯特地区生态能力的提升中占据主导地位，主要是由于这 2 项能力受地层岩性、土壤环境等特殊地质条件的限制，其所在区域是河池市喀斯特石漠化广泛分布的区域，因此这部分地区的生态能力也较低。

（二）生态活力评价与空间分异

1.评价方法

（1）水网密度指数。

水网密度指数与河流长度、水域面积和水资源量 3 个要素有关，可以反映区域内水资源的丰富程度。河流长度和水域面积可从河池市土地利用矢量数据中提取，并在此基础上采用矢量数据属性信息无损栅格化方法将其转为 30 m×30 m 的栅格数据。由于水资源量数据搜集起来较为困难，因此根据《关于生态环境质量评价归一化系数及相关适宜的说明》，用某县（区）所在地区的水资源总量乘以该县（区）

的行政区域面积占比来计算后，将其进行克里金插值转为 30 m×30 m 的栅格数据；并结合已经栅格化的河流长度、水域面积和水资源量数据计算研究区水网密度指数。计算方法如式（8-19）所示。

$$水网密度指数 = 100 \times (A_{riv}/A_{riv\_max}) + 100 \times (A_{lak}/A_{lak\_max}) + 100 \times (A_{wat}/A_{wat\_max})$$

式（8-19）

式中，A_{riv} 为河流长度 / 区域面积；A_{lak} 为湖库面积 / 区域面积；A_{wat} 为水资源量 / 区域面积；A_{riv_max}、A_{lak_max}、A_{wat_max} 分别为 A_{riv}、A_{lak} 和 A_{wat} 归一化处理前的最大值。

（2）人均生态承载力。

人均生态承载力是度量区域土地生态系统自我调节能力和可持续发展能力的前提。运用人均生态承载力模型进行计算，计算方法如式（8-20）所示。

$$ec = \sum_{j=1}^{6} (A_j / N \times Y_j \times E_j)$$

式（8-20）

式中，ec 为人均生态承载力；A_j 为研究区第 j 类生物生产性土地面积；N 为研究区总人数；E_j 为均衡因子；Y_j 为产量因子（如表 8-5 所示）。采用 Wackernagel 等（1999）在《国家生态足迹》中发布的数据计算河池市人均生态承载力，由于未利用地的生产力极低，故 E_j 和 Y_j 均赋值为 0。

表 8-5　河池市各地类均衡因子和产量因子

土地利用类型	均衡因子	产量因子
耕地	2.80	1.66
林地	1.10	0.91
草地	0.50	0.19
水域	0.20	1.00
建设用地	2.80	1.66
未利用地	0	0

（3）植被净初级生产力。

植被净初级生产力（NPP）表征植被在光合作用下生成有机体的能力，与植物的生长繁殖等生命过程息息相关，还可以为生态系统中的生产者、消费者和分解者等所有成员的生命活动提供强大的物质保障。通过 MOD17A3 数据集可求取研究区植被净初级生产力（NPP）。

2.评价结果

基于 ArcGIS10.2 软件的 Data Management 工具可对水网密度、人均生态承载力及植被净初级生产力 3 项指标进行处理和计算，得到评价结果图。水网密度比较高的地区集中分布于湖泊周围及河流沿线，尤其是在岩滩水库、龙滩水库和红水河等水域周围地带形成了水网密度高值区，这些区域的河流水系面积大，为区域农业灌溉、蓄水发电提供重要保障，是研究区西部县（区）最主要的水体。由于研究区各土地利用类型的人均生态承载力不一，从大到小依次表现为林地、耕地、建设用地、水域、草地、未利用地。其中，耕地和林地的人均生态承载力共占河池市总人均生态承载力的 90.86%，说明耕地和林地在河池市生态系统中占据重要地位。植被净初级生产力低值区主要分布在河池市各县（区）的建成区及河流水库周边，人类活动的频繁干扰不利于植被的生长，从而降低植被净初级生产力。将水网密度、人均生态承载力及植被净初级生产力进行归一化处理后加权叠加，可得到河池市生态活力栅格图。生态活力高值区连片大面积分布于大化瑶族自治县、都安瑶族自治县、凤山县、天峨县、环江毛南族自治县东北部和东部、罗城仫佬族自治县西部和北部等区域。近年来，随着河池市退耕还林与封山育林举措的实施，形成了大面积集中连片的林地，人均生态承载力和植被净初级生产力较高，营造了较好的生态环境。生态活力低值区则主要分布在宜州区、环江毛南族自治县中部、罗城仫佬族自治县东部、南丹县北部等经济建设活动频繁的建成区和城镇及适宜发展农业的地区，这些区域水网密度指数低，植被覆盖度低，导致国土空间生态活力水平低，生态系统在某种程度上遭受破坏。因此，相关部门要因地制宜提高植被覆盖度，适当增加环保投资，积极开展生态环境治理专项行动，改善河池市国土空间生态活力水平，努力打造"山水特色突出的生态宜居城市"。

（三）生态价值评价与空间分异

1.评价方法

Costanza 等（1997）率先将生态系统划分为 16 种基本类型，并提出了生态系统服务价值（Ecosystem Service Value，ESV）的评价方法，但该研究部分数据合理性不足，引发了学术界的争论与深思。我国学者谢高地等（2003）基于 Costanza 的研究，综合考虑我国的基本国情，制定了基于专家知识的中国陆地生态系统价值当量表。谢高地等（2008）学者在有关问卷调查基础上进一步修订了该评估体系，将 1 个当量因子的经济价值等同于研究区当年平均粮食单产市场价值的 1/7。该体系得出的结果更贴近我国生态环境的实际，被广泛应用于不同尺度的研究中。因此，本研究以谢高地等学者于2007年总结的价值当量表（如表8-6所示）为基础开展河池市生态服务价值评估。

表 8-6 中国生态系统单位面积生态服务价值当量（2007 年）

一级类别	二级类别	农田	森林	草地	河流/湖泊	湿地	荒漠
供给服务	食物生产	1.00	0.33	0.43	0.53	0.36	0.02
	原材料生产	0.39	2.98	0.36	0.35	0.24	0.04
调节服务	气体调节	0.72	4.32	1.50	0.51	2.41	0.06
	气候调节	0.97	4.07	1.56	2.06	13.55	0.13
	水文调节	0.77	4.09	1.52	18.77	13.44	0.07
	废物处理	1.39	1.72	1.32	14.85	14.40	0.26
支持服务	保持土壤	1.47	4.02	2.24	0.41	1.99	0.17
	维持生物多样性	1.02	4.51	1.87	3.43	3.69	0.40
文化服务	提供美学景观	0.17	2.08	0.87	4.44	4.69	0.24
合计		7.90	28.12	11.67	45.35	54.77	1.39

根据上文所划分的河池市土地利用类型，并结合已有研究（杨光宗等，2022），将耕地、林地、草地、水域、未利用地分别对应原表中的农田系统、森林系统、草地系统、河流/湖泊系统及荒漠系统，各个系统的当量因子与谢高地等学者制定的当量因子保持一致，其中水域取湿地和河流/湖泊系统的平均值。由于建设用地的当量因子在已有研究中尚未形成公认的测算体系，故建设用地 ESV 暂未考虑（谢高地等，2008）。

根据《广西统计年鉴（2021 年）》及《全国农产品收益资料汇编（2020 年）》等资料，求得 2020 年河池市平均粮食产量为 4 190.64 kg/hm² 及主要粮食作物（稻谷和玉米）的平均市场价格为 2.72 元/kg，以此计算得到河池市土地生态系统单位当量因子经济价值为 1 628.36 元/hm²。结合表 8-6，最终得到河池市的土地生态系统单位面积生态服务价值表（如表 8-7 所示）。

表 8-7　河池市土地生态系统单位面积生态服务价值　　　　单位：元/hm²

一级类别	二级类别	耕地	林地	草地	水域	未利用地
供给服务	食物生产	1628.36	537.36	700.19	724.62	32.57
	原材料生产	635.06	4852.51	586.21	480.37	65.13
调节服务	气体调节	1172.42	7034.52	2442.54	2377.41	97.70
	气候调节	1579.51	6627.43	2540.24	12709.35	211.69
	水文调节	1253.84	6659.99	2475.11	26224.74	113.99
	废物处理	2263.42	2800.78	2149.44	23814.77	423.37
支持服务	保持土壤	2393.69	6546.01	3647.53	1954.03	276.82
	维持生物多样性	1660.93	7343.90	3045.03	5796.96	651.34
文化服务	提供美学景观	276.82	3386.99	1416.67	7433.46	390.81
合计		12864.04	45789.48	19002.96	81515.70	2263.42

将上表中各土地利用类型所对应的单位面积服务价值与其面积相乘，可得到河池市总体生态系统服务价值。计算方法如式（8-21）所示。

$$ESV = \sum_{i=1}^{n} (A_i \times VC_i) \qquad\qquad 式（8-21）$$

式中，ESV 为研究区生态系统服务总价值，单位为元；A_i 为研究区第 i 种土地利用类型的面积，单位为 hm²；VC_i 为第 i 种土地利用类型的生态服务价值系数，单位为元/hm²。

2. 评价结果

利用 ArcGIS10.2 软件的 Spatial Analyst 工具进行计算，可得到河池市生态系统服务价值空间分布格局。从数量分布上看，河池市高 ESV 区面积占比 42.13%，较高 ESV 区面积占比 30.31%，中等 ESV 区面积占比 15.53%，较低和低 ESV 区面积共占比 12.03%。从格局分布上看，河池市 ESV 与土地利用类型密切相关，空间分异性明显，以高和较高型 ESV 为主，呈现的分布特征从大到小依次为山区、丘陵区、平原区。近年来，河池市深入实施退耕还林、国家储备林建设等重点生态工程，尤其是开展石漠化的综合治理，实现了石漠化的初步"变绿"，弥补了生态破坏造成的生态价值损失。其中，ESV 相对较高的区域主要分布在南丹县西部和西南部、天峨县、东兰县西南部、巴马瑶族自治县北部、大化瑶族自治县北部、都安瑶族自治县北部等地区及环江毛南族自治县东北部、罗城仫佬族自治县北部等区域，主要因为这些区域内具有较高生态服务价值的林地、草地和水域生态系统，得益于其高覆盖的天然植被及丰富的生物物种和丰沛的降水量，生态系统多维持着自然状态，故其 ESV 显著高于其他地区。而 ESV 相对较低的宜州区、罗城仫佬族自治县东部、南丹县东北边缘、都安瑶族自治县西南角等区域，地形多为平原、缓坡、台地和低丘陵，土地利用类型多为耕地和建设用地，人类生产和生活活动相对较强且开发程度较高，生态系统结构受到其影响，故生态系统服务价值难以充分发挥。从各地类的生态系统服务价值构成来看（如图 8-1 所示），9 项 ESV 在耕地、林地、草地、水域和未利用地中的占比各有差异，但土壤保持、维持生物多样性、水文调节在各地类的价值类型中均占据较大比重，说明三者是河池市最重要的生态系统服务价值。

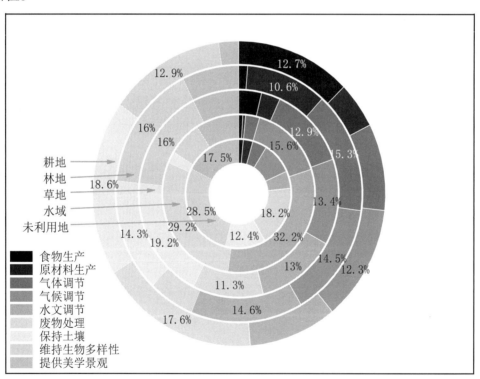

图 8-1　河池市各土地利用类型的各项生态价值占比

（四）生态功能衰退度综合评价及其空间格局

基于 ArcGIS10.2 软件的 Raster Calculator 工具，将生态能力、生态活力及生态价值评价结果的栅格图进行归一化处理后，加权叠加可得到河池市生态功能衰退度空间分异，并划分为微度（无）衰退、轻度衰退、中度衰退、较高度衰退和高度衰退 5 个等级。从各类衰退度等级面积及其占比情况来看，河池市生态功能微度（无）衰退地区的面积 10 396.42 km²，占河池市土地总面积的 31.05%；轻度衰退地区的面积 7 774.75 km²，占河池市土地总面积的 23.22%；中度衰退地区的面积 6 710.16 km²，占河池市土地总面积的 20.04%；较高度衰退和高度衰退的面积分别为 6 346.57 km² 和 2 251.82 km²，共占河池市土地总面积的 25.69%。由此可知，河池市生态功能衰退度整体以微度衰退和轻度衰退为优势类型，生态环境质量大致良好。从其空间分布特征来看，河池市整体生态功能衰退度空间分异明显，表现出相同等级小范围集聚、相近等级相互穿插、少量图斑以点状形式分散点缀在各个等级之间的镶嵌交错分布特征。其中，生态衰退度比较高的地区与生态能力空间分布格局趋同，主要集中于大化瑶族自治县、都安瑶族自治县和南丹县等地。这些地区多属于石漠化地区，喀斯特石漠化地区由于其特殊的地质条件和地表—地下二元水文结构，岩石裸露率高，但植被质量并不高，生态衰退度明显高于其他地区，是国土空间生态修复的重点治理区域；河池市东北部、西北部、西南部和中北部山地丘陵区的自然植被保持良好，生态能力、生态活力及生态价值较高，是生态保护的优先区域；东部地区地势较平坦，但高强度的人类开采建设活动导致植被的减少和不透水地面的增加，以宜州区和环江毛南族自治县中部为代表的区域生态功能呈现中度衰退状态。整体上看，该结果基本符合喀斯特地区生态环境退化和保护的一般规律。

为进一步深入分析河池市各县（区）生态功能衰退度的差异特征，基于 ArcGIS10.2 软件将河池市行政边界与生态功能衰退度二者进行空间叠加，可得到各等级生态功能衰退度在各县（区）的分布情况（1、2、3、4、5 分别表示从低到高不同等级的衰退程度），并利用统计工具统计各县（区）生态功能衰退度的均值，最后根据上述生态功能衰退度分级标准确定各县（区）的生态功能衰退度等级（如图 8-2 所示）。从现状来看，河池市各区域生态功能衰退度等级分布较不均衡，整体呈微度（无）衰退和轻度衰退，这主要得益于河池市以亚热带季风性气候为主，生态能力高，河流分布广，植被面积大，生物物种多，生态系统服务价值高，生态环境状况良好。此外，同一等级衰退度占比在不同县（区）间各不相同。经计算，大化瑶族自治县的生态功能衰退水平最高，衰退等级以较高度衰退为主，面积占该县土地总面积的 48.27%，衰退度均值为 0.561 0，根据衰退度指数分级标准，该县属于较高度衰退区。其次为都安瑶族自治县，衰退度等级也以较高度衰退为主，面积占该县土地总面积的 50.34%，衰退度均值为 0.559 1，根据衰退度指数分级标准，该县也属于较高度衰退区。究其原因，大化瑶族自治县和都安瑶族自治县是河池市石漠化最严重的地区，区域生态环境极其脆弱，受薄弱土层的覆盖，这些区域的水源涵养和水土保持能力也由此降低，从而生态功能呈现较高度的衰退状态。此外，宜州区作为河池市中心城区的双核之一，随着近年来建设项目的增加，经济社会活动对生态功能的干扰性极强，人地矛盾较为突出，生态功能衰退水平也相对较高，衰退等级以中度衰退和较高度衰退为主，整体上属于也属于较高度衰退区。其他县（区）生态功能衰退度以微度（无）衰退为主，面积占比均大于35%。各县（区）中，衰退度均值从大到小依次为大化瑶族自治县（0.561 0）、都安瑶族自治县（0.559 1）、宜州区（0.536 3）、南丹县（0.489 6）、罗城仫佬族自治县（0.390 0）、金城江区（0.348 6）、凤山县（0.343 5）、环江毛南族自治县（0.276 7）、巴马瑶族自治县（0.220 4）、天峨县（0.210 8）、东兰县（0.191 7），如图8-3所示。整体上看，河池市生态功能衰退程度较低，生态环境较好，而属于较高度衰退的大化瑶族自治县和都安瑶族自治县应是河池市今后生态环境治理的重点区域。

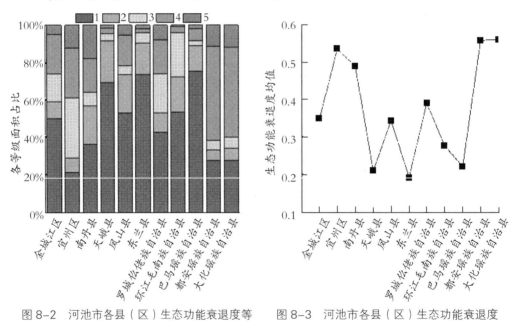

图8-2　河池市各县（区）生态功能衰退度等　　图8-3　河池市各县（区）生态功能衰退度

级面积堆栈图　　　　　　　　　　均值

（五）生态功能衰退度空间集聚特征

借助ArcGIS10.2软件的Data Management模块的Creat Fishnet工具创建1 km×1 km的格网，对每个格网内的生态功能衰退度进行统计并结合Geoda1.20软件制作

LISA 聚类图，从格网视角剖析河池市生态功能衰退度的空间集聚特征。当 Moran's I 散点落在第一象限"高—高"集聚类型的区域和第三象限"低—低"集聚类型的区域时，说明自身生态功能衰退度高且周围也高，自身低且周围也低，存在较强的正向相关性；当 Moran's I 散点落在第二象限"低—高"集聚类型的区域和第四象限"高—低"集聚类型的区域时，说明自身生态功能衰退度的高低与周围相反，存在异质性。

经计算，河池市生态功能衰退度 Moran's I 值为 0.821 8，$P=0.001$，$Z=304.871 6$，通过了 $P<0.05$ 和 $Z \geqslant 1.96$ 的显著性检验。河池市生态功能衰退度水平大部分体现为空间不显著性，具有空间相关性的以正向相关为主，即"高—高"集聚和"低—低"集聚。其中，"低—低"集聚型多呈团块状分布在环江毛南族自治县与罗城仫佬族自治县交界处、天峨县、金城江区、东兰县、巴马瑶族自治县等部分地区并在周边区域零散分布，表明这些区域的生态功能衰退度较低且邻近区域的生态功能衰退度也较低，生态质量总体较优。究其原因，这些区域涵盖河池市现有的自然保护区及一些重要的山脉范围，得到了较好保护，生态功能发挥充分，从而形成了生态功能衰退度低值集聚区。"高—高"集聚型呈条带状或面块状分布于宜州区、罗城仫佬族自治县东部、南丹县北部和东部、大化瑶族自治县和都安瑶族自治县等区域，这些区域生态质量总体较差，空间分异度高，从而呈现低值集聚特征，这与生态功能衰退度空间分布特征类似。特别是，"高—高"区集聚范围与河池市石漠化分布范围高度重合，表明石漠化可能是影响喀斯特地区生态功能衰退度"高—高"集聚的重要因素之一。因此，"高—高"集聚型区域要予以重点治理，切实落实新发展理念，发展生态经济，促进区域经济发展与环境保护并行并重。"低—低"集聚型区域要予以重点保护，在依托自身生态资源优势实现区域生态高质量发展的同时，发挥其辐射带动作用，降低周边区域的生态功能衰退度。

二、生态功能恢复力评价与空间分异

基于第七章第四节所述的最大最小值法进行指标标准化处理及变异系数法计算指标权重后，再运用综合加权求和模型测算河池市生态功能恢复力的自然状况指数、生态压力度指数及景观破碎化指数，最后综合三者的评价结果，依据河池市实际进行生态功能恢复力等级划分开展生态功能恢复力综合评价。

（一）自然条件指数评价与空间分异

1. 评价方法

（1）坡度。

坡度反映研究区地形的陡峭程度，是生态恢复力评价的重要地形因子。在降水量和植被条件相同的前提下，坡度越高，越易发生滑坡、泥石流等灾害，从而制约生态功能的恢复能力，与自然条件呈负向相关。因此，以河池市 DEM 数字高程模型为基础，可借助 ArcGIS10.2 软件的 Spatial Analysis 工具提取坡度。

（2）地形起伏度。

地形起伏度是指某一区域内最高点与最低点的海拔之差，可以从宏观层面刻画地表起伏特征。地形起伏越大，表明系统越容易受到干扰，生态脆弱性越大，自然条件越差，生态功能恢复力越弱。计算方法如式（8-22）所示。

$$R = H_{\max} - H_{\min} \qquad\qquad \text{式（8-22）}$$

式中，R 为地表起伏度；$H_{\max}$ 为研究区的最大高程值；$H_{\min}$ 为研究区的最小高程值。可运用 ArcGIS10.2 软件的 Focal Statistics 工具进行计算。由于栅格单元为 $30\,m \times 30\,m$，因此邻域范围设置为 $15\,m \times 15\,m$ 效果更佳。

（3）土壤侵蚀度。

河池市喀斯特地貌发达，石漠化面积分布广泛，加之降雨季节集中，地形起伏大，与其他地区相比，其土壤更加浅薄，地质构造更加复杂，土壤蓄水保肥能力弱，这些自然特征对地表产流、产沙的强度与速度具有较大的推动作用，久而久之容易导致水土流失，加剧石漠化的发生。因此，基于土壤流失方程估算河池市土壤侵蚀量，从而确定其土壤侵蚀度。计算方法如式（8-23）所示。

$$A = R \times K \times LS \times P \qquad\qquad \text{式（8-23）}$$

式中，A 为水土保持量；R 为降雨侵蚀力因子；K 为土壤可蚀性因子；LS 为坡长坡度因子，无量纲；P 为水土保持措施因子，无量纲。各因子计算方法同"第八章第二节"中水土保持能力各因子的计算方法。

（4）多年平均降水量。

平均降水量采用的是 11 年平均降水量。在中国气象科学数据共享服务网下载 2010—2020 年共 11 期数据，首先计算出各县（区）11 期年平均降水量，然后利用 ArcGIS10.2 软件将该数据与行政区划进行空间链接，基于 Feature To Point 工具进行要素转点，最后采用克里金插值法进行插值，得到 $30\,m \times 30\,m$ 分辨率的降雨量栅格数据。

（5）多年平均气温。

气温反映了某一特定区域的热量状况，是该地区生态系统能力发挥的基础。研究区多年以来并未出现异常高温或低温状况，因而研究区充足的热量与自然条件和生态功能恢复力呈正向相关。研究区多年平均气温数据处理步骤与多年平均降水量处理步骤一致。

（6）归一化植被指数。

归一化植被指数（NDVI）能够反映区域植被覆盖和自然地理环境状况。通常而言，在其他条件不变的情况下，NDVI 越高的区域，其自然条件越好；反之，自然条件越差。运用 Landsat8 OLI 影像（空间分辨率为 30 m）提取归一化植被指数。

（7）生境质量指数。

生境质量是指区域生态系统为生物个体或群体的生存和繁衍发展提供适宜条件的能力，是地区生态环境正常运作的有效保障。Habitat Quality 是 InVEST 模型中用于评价区域生境质量的一个模块。该模块通过设定不同的威胁源，在生境类型与威胁源之间建立联系，以土地利用数据为基础来测算不同生境类型对威胁源的敏感程度，从而得到区域生境分布规律。环境质量指数计算方法如式（8-24）所示。

$$Q_{xj} = H_j \left[1 - \left(\frac{D_{xj}^z}{D_{xj}^z + k^z} \right) \right] \qquad 式（8-24）$$

式中，Q_{xj} 为土地利用类型 j 中栅格 x 的生境质量指数，取值范围为 $[0, 1]$；H_j 为第 j 类土地利用类型的生境适宜度；D_{xj} 为第 j 类土地利用类型中第栅格 x 的生境退化指数；k 为半饱和参数（取默认值 0.5）；z 为模型默认参数（取默认值 2.5）。

基于河池市实际情况，参照 InVEST 模型手册并参考相关文献（陈慧敏等，2023；石小伟等，2021；杨志鹏等，2022），将人口、交通运输用地（铁路、公路等）、采矿用地和居住用地（城镇住宅和农村居民点）等能够集中反映国土空间开发强度的因子作为影响区域生境质量的威胁源，并设定各个威胁源的权值、最大影响距离、土地利用类型的生境适宜性得分及威胁源的敏感性参数。具体如表 8-8 和表 8-9 所示。

表 8-8　河池市生境质量威胁因子权重与影响距离

威胁源	最大影响距离（km）	权重	距离衰退函数
人口	8	0.8	指数
交通运输用地	4	0.7	线性
采矿用地	5	0.6	指数

续表

威胁源	最大影响距离（km）	权重	距离衰退函数
居住用地	6	0.75	指数

表8-9　河池市不同土地利用类型生境适宜度及对威胁因子的敏感性

土地利用类型	生境适宜度	威胁因子敏感性			
		人口	交通运输用地	采矿用地	居住用地
耕地	0.4	0.3	0.3	0.3	0.3
乔木林地	0.8	0.7	0.7	0.6	0.7
灌木林地	0.7	0.7	0.8	0.8	0.8
竹林地	0.8	0.7	0.7	0.6	0.7
其他林地	0.6	0.8	0.7	0.75	0.7
园地	0.6	0.5	0.6	0.6	0.6
草地	0.8	0.8	0.6	0.7	0.6
水域	0.85	0.75	0.8	0.85	0.8
建设用地	0	0	0	0	0
未利用地	0.5	0.2	0.2	0.2	0.2

2.评价结果

基于ArcGIS10.2软件的Raster Calculator工具，将地形地貌因子、气候因子、土壤因子及植被因子栅格图进行加权叠加后，可得到河池市自然条件指数空间分布格局。从分布特征来看，河池市自然条件指数整体表现为东西部边缘高而中心低的空间状态，与地形因子和生境质量存在较大关联性，表明地形特征和生境条件对土地利用方式起主要限制作用。自然条件比较好的区域集中在河池市东北部、中东部及西北部地区，涵盖河池市国家级自然保护区和自治区级保护区范围，虽然这些区域整体而言处于低降水量和低气温状态，但植被覆盖度较高且生境受到较少威胁，从而表现出较优的自然状态。自然条件较差的地区主要分布在河池市南部、东部及西部地区，集中体现在大化瑶族自治县、都安瑶族自治县、宜州区、罗城仫佬族自治县、金城江区和南丹县等地。一方面，大化瑶族自治县、都安瑶族自治县、南丹县等地坡度相对较高，且受工农业活动的影响，区域生态环境不佳，林地质量不高，陡峭的地形加上外界的干扰，可能会出现滑坡和泥石流等灾害，进一步破坏其自然环境条件，属于喀斯特生态极脆弱区；另一方面，宜州区、罗城仫佬族自治县和金城江区等地虽然地势比较平缓，但受不当的垦殖和过多的农业生产活动的影响，部分区域也存在石漠化现象，生境适宜性不高，制约了其自然条件的提升。

（二）生态压力度评价与空间分异

1. 评价方法

（1）人口密度。

研究中一般采用单位面积人口分布数据来衡量区域人口密度，但现有数据多以行政区划为单元进行统计，仅代表整个行政区的平均密度，无法阐释统计单元内人口分布的空间差异特征，且不便于可视化和空间分析操作。因此，本研究采用WorldPOP 人口栅格数据来衡量区域人口密度。该数据可在夜间灯光数据、土地利用数据、到各类土地利用类型的距离因子及 DEM 等多种空间数据的支撑下，结合随机森林模型确定各因子的权重，最后运用栅格空间计算功能实现人口的空间化表达。人口密度越大，对土地生态的破坏性越强，生态功能恢复力则越低。

（2）GDP 密度。

GDP 密度可以反映区域经济发展水平。GDP 密度越高的地区，其土地资源开发利用的程度越高，土地所面临的生态压力也越大。将收集到的研究区 11 个县（区）的人均 GDP 数据进行栅格化，基于 ArcGIS10.2 软件的 Raster Calculator 工具，将人口密度栅格数据与人均 GDP 栅格数据进行空间叠加分析，最终得到栅格化的 GDP 密度数据。GDP 密度计算方法如式（8–25）所示。

$$E_i = P_i \times GDP_{\text{mean}} \qquad\qquad 式（8–25）$$

式中，E_i 为第 i 个栅格的 GDP 密度；P_i 为第 i 个栅格的人口密度；GDP_{mean} 为各行政区的人均 GDP 值。

（3）单位耕地化肥使用量。

河池市耕地面积仅次于林地，在进行生产活动过程中不可避免使用化肥农药。由于河池市农药数据难以获取，因此选取单位耕地化肥使用量来反映化肥的使用对生态环境产生的影响。将收集到的各县（区）化肥使用量与各县（区）耕地面积进行相除后，可得到单位耕地农药化肥施用量，然后将其进行栅格化处理，同时对河池市土地利用数据进行二值化处理，再基于 ArcGIS10.2 软件的 Raster Calculator 工具将其与县（区）单位耕地化肥使用量进行叠加分析，然后可得到栅格化的单位耕地化肥使用量图层。单位耕地化肥使用量计算方法如式（8-26）所示。

$$F_i = F_{mean} \times C_i \qquad\qquad 式（8-26）$$

式中，i 为栅格数；F_i 为第 i 个栅格的单位耕地化肥使用量；F_{mean} 为各行政区的单位耕地化肥使用量；C_i 为二值化处理后的土地利用数值。

2. 评价结果

基于 ArcGIS10.2 软件的 Raster Calculator 工具，将人口密度、GDP 密度和单位耕地化肥使用量评价结果进行加权叠加，可得到生态压力度空间分异图。从评价结果来看，河池市人口密度和经济密度呈现明显的空间异质性，并以宜州区和金城区江为中心向四周扩散，相较而言，人口密度的高值区辐射范围更广。单位耕地化肥使用量高值区则主要集中在中部和东部地势平坦地区，宜州区、罗城仫佬族自治县、环江毛南族自治县和都安瑶族自治县的耕地面积较大且化肥使用量较高，导致其单位耕地面积化肥使用量整体偏高，而金城江区和东兰县的耕地面积虽然较小，但其化肥使用量高，致使单位耕地面积化肥使用量也偏高。整体上看，河池市生态压力出现从各县（区）中心城区向四周逐渐递减态势，空间分布特征差异明显，这与人类社会经济活动紧密相连。生态压力大的区域非生态建设化程度高，几乎没有自然的生态系统结构，人口密度和 GDP 密度大，生态压力较大的区域紧密分布在生态压力大的区域外围，同时向四周零散分布，二者多集中在平原及河谷地区，土地利用类型多为建设用地和耕地；生态压力一般的区域广泛分布于研究区地势低平地区，而生态压力较小和小的区域连片分布在地形起伏度比较大的山地丘陵区，包括环江毛南族自治县、罗城仫佬族自治县、天峨县、凤山县、大化瑶族自治县等部分国家地质公园和自然保护区，土地利用类型以林地、草地和水域为主。因此，建议生态压力较大的区域预留足够的绿地面积，提高地被植物多样性，增加景观丰富度，为区域健康发展提供生态缓冲空间。

（三）景观破碎化评价与空间分异

1. 评价方法

基于 Fragstats4.2 软件的移动窗口法可生成各类景观指数空间分布栅格图，在此基础上评价河池市景观破碎化程度。具体景观指数的计算方法如下：

（1）斑块丰富度密度（PD）。

斑块丰富度密度是指国土空间范围内单位面积生态斑块个数，与景观破碎化程度及其空间异质性程度呈正向相关。通常情况下，斑块丰富度密度值越大的区域，其景观类型被割裂破坏的程度越严重，破碎化程度也越高；反之，景观类型较完整，被割裂的程度较低，景观连通性较高。斑块丰富度密度计算方法如式（8-27）所示。

$$PD = \frac{N}{A}$$

式（8-27）

式中，N 为斑块数量；A 为斑块整体面积。

（2）最大斑块密度（LPI）。

最大斑块密度是揭示某一斑块类型中最大斑块对整个景观类型影响程度的指标，对判定景观的规模及优势斑块类型具有重要作用。其值的大小明确了景观中的优势景观类型；其值的变化反映了人类干预作用的方向和强弱，可以改变该干预的强度和频率。最大斑块密度计算方法如式（8-28）所示。

$$LPI = \frac{\max(a_{ij})}{A} \times 100$$

式（8-28）

式中，$\max(a_{ij})$ 为所有景观斑块中最大斑块的面积；A 为斑块整体面积。

（3）景观分离度指数（DIVISION）。

景观分离度指数表征某一景观类型中地物斑块的破碎分离程度。当某一景观由许多小斑块构成时，景观分离度指数越大，景观分布越零散且复杂，破碎化程度越高。景观分离度指数计算方法如式（8-29）所示。

$$DIVISION = 1 - \sum_{j=1}^{m}\left(\frac{a_{ij}}{A}\right)^2$$

式（8-29）

（4）香农多样性指数（SHDI）。

香农多样性指数是刻画不同景观类型（以斑块为主）面积比例分布的指数，用来反映景观结构组成的复杂性及其异质性，尤其对景观中斑块类型的非均匀分布较敏感。$SHDI \geq 0$。当 $SHDI = 0$ 时，说明研究区的景观仅由一个拼块构成，其值越大，表明该区域的土地利用类型越多样，各拼块在景观中的分布也趋于均匀化。香农多样性指数计算方法如式（8-30）所示。

$$SHDI = -\sum_{i=1}^{m} p_i \ln(p_i)$$

式（8-30）

式中，P_i 为景观类型 i 在景观总面积中所占的比例。

2. 评价结果

基于 Fragstats4.2 软件的移动窗口法可计算出不同窗口下河池市各景观指数的变化。为避免空间尺度过大（1 500 m、1 800 m）而损失过量景观信息或空间尺度过小（90 m、600 m）而无法体现景观内部差异等问题，经过多次实验，本研究最终选取 900 m 作为理想窗口分析尺度，得到各景观指数的空间分布格局。PD 指数有 5 个高值区，分别为宜州区、环江毛南族自治县南部、罗城仫佬族自治县东部、都安瑶族自治县西南角及南丹县的北部边缘带，这些区域地形以山地丘陵和平原为主，景观类型更加多样，平坦的地形条件为区域进行生产生活活动提供有力保障，因此受人类干扰较大，景观被割裂的程度较高。LPI 指数在以上 4 个地区较小，可能原因为这些区域的优势生态类型斑块较小且较分散，空间异质性较大，其余低值区分布则相对零散和破碎化，包括刁江、打狗河、岩滩水库、龙滩水库等水域及一些乡镇发展周边，高值区的分布则高度集中，景观类型多以林地为主，地处高海拔山地之中，受人类经济活动影响较小，致使其景观整体格局较完整，生态斑块优势度高，破碎化程度低。DIVISION 指数高值区出现在景观类型多样化的河池市东部区域，该地区多为平原地区，开发利用程度较高，水浇地、旱地、草地、水域、建设用地等多种景观类型大面积分布，出现明显的景观分离现象，低值区分布的范围则较广，尤其在乔木林地占绝对优势的西部及东北部地区，景观结构单一，景观要素异质性较低。SHDI 与 DIVISION 呈现相似的空间分布特征。

基于 ArcGIS10.2 软件的 Spatial Analyst 工具，将 PD 指数、LPI 指数、DIVISION 指数、SHDI 评价结果的栅格图进行归一化处理后加权叠加，可得到河池市景观破碎化度及其空间分布规律，采用聚类分析方法将其划分为高值区、较高值区、中等值区、较低值区和低值区。结果显示，河池市景观破碎化程度较高和高值区域主要位于宜州区、罗城仫佬族自治县东部、环江毛南族自治县南部、南丹县西北部边缘沿线、都安瑶族自治县西南角等地区，并向外延伸逐渐减轻，这些地区属于耕地、草地、建设用地交错分布地带，人类活动的增强降低了生态斑块原始的自然特性及其内聚力，景观抵抗外界干扰能力减弱，破碎化程度高。部分河流如打狗河、刁江、红水河等沿岸存在空闲地、裸土地、滩地等未利用地，斑块本身面积较小且零散，因此也表现出高程度的景观破碎化状态。中度以下破碎度区域的景观类型主要为集中连片的林地，少部分为耕地，由于二者的空间分布连续有序，加之远离城镇范围内经济活动的干扰，生态系统发育完善，景观适应性程度高，故表现为低程度的景观破碎化状态。整体上看，河池市景观破碎度空间分布规律与区域土地利用类型的分布状况及人类活动具有较强的交互耦合关系。

（四）生态功能恢复力综合评价及其空间格局

将自然条件指数、生态压力度、景观破碎化评价结果栅格图进行加权叠加，可得到生态功能恢复力综合评价图，通过自然断点法将恢复力等级分为强恢复力、较强恢复力、中等恢复力、较弱恢复力和弱恢复力 5 个等级。数量特征上，各级别（从强到弱）面积及其占河池市土地总面积的比例依次为 9 729.33 km²、29.06%，9 377.05 km²、28.01%，7 241.19 km²、21.63%，4 394.30 km²、13.12% 及 2 737.85 km²、8.18%。从统计数据中可以看出，河池市生态功能恢复力以较强恢复力与强恢复力为主，二者总面积占比为 57.07%，整体生态环境相对较乐观。空间分布上，河池市生态功能恢复力的地域差异较明显，等级由西北向东南逐级递减。具体而言，较强级别和强级别生态功能恢复力区主要集中分布在河池市东北部、西北部及西南部区域，这些地区的土壤质地是较好的红壤和黄壤，生物物种和植被质量较其他地区丰富和优良，人口分布稀疏，生态压力小，景观破碎化程度低，生态系统在受到破坏后具备较强的恢复能力；中等恢复力区主要分布在河池市东部地区，形成恢复力等级递减的缓冲带；较弱和弱生态功能恢复力区在河池市东部和西南部呈交错分布状态，主要集中分布在西南部，这些地区植被质量欠佳、土壤类型以石灰（岩）土为主，土壤有机质含量较少，对生态功能恢复力的干扰较大，且这些区域与河池市石漠化生态脆弱区的分布范围高度重合，因此呈现大面积成片分布状态。

利用 ArcGIS10.2 软件的统计工具进行计算，可得到各等级生态功能恢复力在各县（区）的分布情况（1、2、3、4、5 分别表示从低到高不同等级的恢复力程度），如图 8-4 所示。河池市各县（区）生态功能恢复力也呈现明显的区域性分布特征。其中，天峨县的生态功能恢复力指数最高，强恢复力区面积占该县土地总面积的比例高达 40.94%，2020 年该区域植被覆盖率为 81.75%，区域内分布着广西龙滩自治区级自然保护区和广西三匹虎自治区级自然保护区，原始自然景观和动植物生态群落保存完整，生态压力小；生态功能恢复力均值为 0.7279，按照生态功能恢复力分级标准，属于较强生态恢复力区。其次为环江毛南族自治县，该县生态功能恢复力等级以中等恢复力、较强恢复力和强恢复力为主，面积分别占该县面积的 32.39%、24.433% 和 32.28%，按照生态功能恢复力分级标准，也属于较强生态恢复力区。各县（区）的生态功能恢复力均值中，巴马瑶族自治县、罗城仫佬族自治县、凤山县、南丹县、金城江区、东兰县 6 县（区）的生态功能恢复力均值分别为 0.646 7、0.641 4、0.586 5、0.582 8、0.580 8、0.572 5，按照恢复力分级标准，以上 6 县（区）均属于中等生态恢复力区（如图 8-5 所示）；宜州区中等生态功能恢复力区面积较大，占该区总面积的 49.09%，生态功能恢复力均值为 0.479 7，按照恢复力划分标准，整体上属于较弱生态恢复力区；大化瑶族自治县以弱恢复力、较弱恢复力和较强恢复力为主，面积占该县土地总面积的比例分别为 20.05%、36.43% 和 25.27%，按照生态功能恢复力分级标准，整体上属于较弱恢复力区；都安瑶族自治县以较弱恢复力为主，面积占该县土地总面积的比例高达 46.56%，属于弱恢复力区。

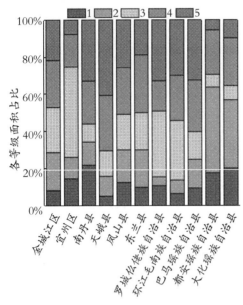

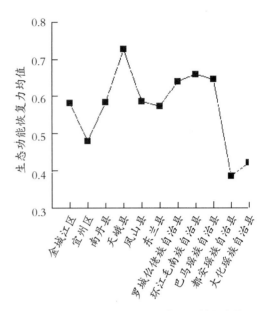

图 8-4 河池市各县（区）生态功能恢复力　　图 8-5 河池市各县（区）生态功能恢复力均值
　　　　等级面积堆栈图

（五）生态功能恢复力空间集聚特征

采用 GeoDa1.20 软件，对河池市生态功能恢复力评价结果进行空间自相关分析。结果显示，生态功能恢复力 Moran's I 值为 0.732 4，P=0.001，Z=271.991 0，通过了 P<0.05 和 Z ≥ 1.96 的显著性检验，说明河池市生态功能恢复力指数呈显著性正向相关。从局部 LISA 图来看，河池市生态功能恢复力"高—高"集聚型区域和"低—低"集聚型区域十分明显，而"高—低"集聚型区域和"低—高"集聚型区域几乎没有，表现出较强的空间集聚特征。具体地，"低—低"集聚型区域主要集中在大化瑶族自治县、都安瑶族自治县和南丹县等地，其余区域呈点块状或条带状零星分布状态，说明这些地区的生态功能恢复力值较低，并且相邻地区的生态功能恢复力值也较低，生态系统在受到外界干扰后难以恢复到原有状态，生态功能受损严重。究其原因，这些区域碳酸盐岩裸露广泛，土层较薄，受石漠化的影响，其自然条件较差，生态环境脆弱性明显，生态功能恢复力低。"高—高"集聚型区域多集中在地形条件比较复杂的山地丘陵地带，生态功能恢复力空间趋同性较强，这些区域也是河池市自然保护区所在地，如广西木论国家级自然保护区、广西龙滩自治区级自然保护区等，依托肥沃的土壤、充足的水源及丰富的物种等自然条件成为生态功能恢复力高值集聚区。结合土地利用类型分布可知，"低—低"集聚型区域内耕地和

低质量的林地相互交错分布，影响景观的干扰阻抗能力及其恢复能力，而"高—高"型区域内主要为高质量的林地，与强和较强生态功能恢复力区土地利用类型基本相符。

第三节　河池市国土空间生态修复分区

在河池市生态功能衰退度与恢复力评价的基础上开展国土空间生态修复分区研究，能够系统掌握河池市生态本底特性，精准识别不同区域生态功能衰退度与恢复力情况，可为河池市实施空间精准的生态保护与修复措施提供借鉴。由于上一节的生态功能衰退度与恢复力评价结果存在重合叠加现象，若不对其进行整合而直接作为国土空间生态修复分区的依据，有可能导致分区混乱而管控措施难以落实。因此，为了确保评价结果的有效性，在进行分析之前需对其进行赋值转换，构建互斥矩阵模型进行二维关联，再合理划分河池市国土空间生态保护与修复区域。

在空间聚类过程中，集聚区域的周围地块通常也具备相同的性质和属性。基于互斥矩阵模型将生态功能衰退度与恢复力评价结果矩阵叠加后，部分分区类型在聚类结果中数量较少且多分布在邻近集聚区周边，这些小面积图斑的辐射功能较弱，对区域整体的分区效果影响不大，故不纳入分区研究考虑。基于此，在考虑生态系统类型和分区结果的地域完整性基础上，利用 ArcGIS10.2 软件的 Spatial Analyst Tools 工具，剔除或合并部分细碎斑块，将集聚区域周边的独立微小斑块融合到邻近集聚斑块中，然后按照生态功能衰退度与恢复力评价结果及集聚情况将河池市国土空间划分为生态重点保育区、生态优化提升区、生态改良重建区及生态重点治理区，并结合实际对划分结果进行局部调整。

生态重点保育区是维护和保障区域国土空间安全底线的重要屏障，须进行严格保护。生态改良重建区城镇化进程给区域绿色发展带来较大生态压力，人类活动密切，需加强用地规划和土地整治。生态优化提升区是缓冲生态重点保育区和生态改良重建区矛盾的重要区域，在开发的同时须进行培育。生态重点治理区自然资源禀赋低，是河池市石漠化主要分布区，须进行生态保护或者开展石漠化治理。根据评价结果，河池市生态重点保育区面积 8 703.11 km^2，占全市国土空间面积的 26.00%；生态优化提升区面积 8 374.17 km^2，占全市国土空间面积的 25.01%；生态改良重建区面积 7 574.13 km²，占全市国土空间面积的 22.62% ；生态重点治理区面积 8 828.31 km²，占全市国土空间面积的 26.37%。各分区具体情况如表 8–10 所示。

表 8–10　河池市国土空间生态修复分区统计结果

分区名称	面积（km²）	占全市国土空间面积比例（%）
生态重点保育区	8 703.11	26.00%
生态优化提升区	8 374.17	25.01%
生态改良重建区	7 574.13	22.62%
生态重点治理区	8 828.31	26.37%
总计	33 479.72	100%

一、生态重点保育区

生态重点保育区是河池市生态质量最好的区域，生态功能衰退度与恢复力关系表现为微度（无）衰退—强恢复力和微度（无）衰退—较强恢复力，土壤类型以红壤和黄壤为主，区内水源涵养、水土保持、生物多样性维护及固碳等生态能力显著，生态系统服务价值突出，生态压力小，景观破碎化程度低，面积 8 703.11 km²，共占全市土地总面积的 26.00%，各县（区）范围均有涉及，涵盖大量自然保护区、饮用水一级保护区及重要湿地等，在占有量上有效保障了河池市国土空间生态安全，是国土空间生态保护的核心区域。从景观特征来看，在耕地、林地、草地、水域、建设用地和未利用地 6 类土地利用类型中，林地是其最主要的土地类型，建设用地和未利用地的生态能力、生态活力及生态服务价值较低，因而其占比最小，但部分建设用地和未利用地与自然保护区、湿地公园、河流水面等距离较近，在一定程度上发挥了防治区域水土流失和洪涝灾害服务功能，对筑牢河池市生态保护屏障起到缓冲作用，因而成为生态重点保育区的一部分。从区域特征来看，环江毛南族自治县生态重点保育区面积最大，主要原因为该县是广西第三林业大县、国家级生态示范区和全国绿化模范县，具备大面积的天然林防护带，同时还拥有九万大山和木论两个国家级自然保护区，丰富的植被和生物资源为该地区提供了较高的生态能力与生态服务价值，主要分布在川山镇、下南乡、水源镇、大才乡、长美乡、东兴镇、龙岩乡等乡镇，共占全市生态重点保育区面积的 23.85%（如表 8–11 所示）。整体上，生态重点保育区生态环境基底质量较高，是打狗河、刁江、龙江等重要河流的源头区，以及龙滩水库和岩滩水库等重要水库和饮用水源区的落脚点，提供了较高的生态服务功能和价值，构筑起河池市国土空间生态保护安全格局，是国土空间生态保护的重点区域。

表 8-11　河池市各县（区）生态重点保育区面积及所占比例

县（区）名称	面积（km²）	占全市生态重点保育区比例（％）	占全市土地总面积比例（％）
金城江区	795.83	9.14	2.38
宜州区	507.11	5.83	1.51
南丹县	254.86	2.93	0.73
天峨县	1428.50	16.41	4.27
凤山县	43.81	0.50	0.13
东兰县	87.90	1.01	0.26
罗城仫佬族自治县	1 430.44	16.44	4.27
环江毛南族自治县	2 075.75	23.85	6.20
巴马瑶族自治县	1 351.04	15.52	4.04
都安瑶族自治县	140.54	1.61	0.42
大化瑶族自治县	587.33	6.75	1.75
总计	8 703.11	100.00	26.00

二、生态优化提升区

生态优化提升区是河池市生态质量比较好的区域，其生态功能衰退度较低且恢复力较高，生态能力与生态系统服务价值较高，生态压力较小，景观破碎化程度较低，面积 8 374.17 km²，占河池市土地总面积的 25.01%，与生态重点保育区紧密相依，是缓冲生态保护和生态修复矛盾的重要区域，发挥着重要的生态维护功能，在开发建设的同时应实施生态培育。从景观特征上看，该区域土地利用类型主要以林地为主。从区域特征上看，生态优化提升区大面积集中分布在河池市西部地区，南部和东北部也有少量分布。其中，面积最大的是东兰县，主要分布在武篆镇、三石镇、大同乡、泗孟乡、金谷乡和切学乡等乡镇，共占全市生态优化提升区面积的

21.49%，其他各县（区）生态优化提升区面积占比大致相近（如表 8-12 所示）。

表 8-12 河池市各县（区）生态优化提升区面积及所占比例

县区名称	面积（km²）	占全市生态优化提升区比例（%）	占全市土地总面积比例（%）
金城江区	376.03	4.49	1.12
宜州区	334.76	4.00	1.00
南丹县	1420.47	16.96	4.24
天峨县	1 413.10	16.87	4.22
凤山县	801.51	9.57	2.39
东兰县	1 799.47	21.49	5.37
罗城仫佬族自治县	192.52	2.30	0.58
环江毛南族自治县	726.55	8.68	2.17
巴马瑶族自治县	101.28	1.21	0.30
都安瑶族自治县	1 034.61	12.35	3.09
大化瑶族自治县	173.87	2.08	0.52
总计	8 374.17	100.00	25.01

三、生态改良重建区

生态改良重建区地势相对平坦，整体上属于生态功能中度衰退和中等恢复力区。该区域受城市开发与农业发展的影响较大，相应生态功能及价值难以完全发挥，景观破碎化程度高，面积 7 574.13 km²，占河池市土地总面积的 22.62%，是河池市城镇建设和农业发展集中区。从景观特征上看，该区域土地利用类型主要以建设用地、耕地和林地为主。从区域特征上看，宜州区生态改良重建区面积最大，共计 1 795.55 km²，占全市生态改良重建区面积的 23.71%，主要分布在德胜镇、怀远镇、北山镇、庆远镇、刘三姐镇、洛东镇和洛西镇等乡镇。宜州区整体地势平坦，是全市最大的经济作物供应地，但部分区域人类干扰活动严重，伴有生态服务价值低且景观破碎化程度高等生态问题，不利于区域生态可持续发展。其次是环江毛南族自治县，面积 1 564.57 km²，占全市生态改良重建区面积的 20.66%，主要分布在中部偏南的洛阳镇、恩思镇和川山镇等乡镇，这些地区多为丘陵，略呈盆地，受人类经济建设和农业种植的影响较大。大化瑶族自治县生态改良重建区面积最小，占全市生态改良重建区面积的 1.56%（如表 8-13 所示）。

表 8-13　河池市各县（区）生态改良重建区面积及所占比例

县区名称	面积（km²）	占全市生态优化提升区比例（%）	占全市土地总面积比例（%）
金城江区	461.59	6.09	1.38
宜州区	1 795.55	23.71	5.36
南丹县	1 148.45	15.16	3.43
天峨县	239.26	3.16	0.71
凤山县	508.07	6.71	1.52
东兰县	364.69	4.81	1.09
罗城仫佬族自治县	634.4	8.38	1.89
环江毛南族自治县	1 564.57	20.66	4.68
巴马瑶族自治县	394.38	5.21	1.18
都安瑶族自治县	344.96	4.55	1.03
大化瑶族自治县	118.21	1.56	0.35
总计	7 574.13	100.00	22.62

四、生态重点治理区

河池市生态重点治理区面积 8 828.31 km²，占河池市土地总面积的 26.37%。该区域生态功能衰退度最高且恢复力最低，两者的关系表现为较高度衰退—弱恢复力、较高度衰退—较弱恢复力、高度衰退—弱恢复力和高度衰退—较弱恢复力，地貌类型是典型的喀斯特峰丛洼地，土壤类型以石灰（岩）土为主，水土流失和土壤侵蚀是其主要景观生态问题。一方面，虽然本区土地利用类型主要以林地为主，但受石灰岩土、洪涝灾害、滑坡崩塌等的影响，其质量不高，极易产生土地退化现象；另一方面，受区域人口素质及地区交通水平等外在因素的限制，以往人们为解决眼前生计而过度开采自然资源，对当前的生态环境造成了破坏，生态恢复时限较长。

从区域特征上看，生态重点治理区大部分连片分布于大化瑶族自治县、都安瑶族自治县和南丹县的喀斯特山地，少部分零星分布于宜州区、罗城仫佬族自治县、金城江区、凤山县、东兰县等的喀斯特山地。其中，都安瑶族自治县生态重点治理区面积最大，共计 2 567.69 km²，占全市生态重点治理区面积的 29.08%，主要分布在龙湾乡、地苏镇、东庙乡、澄江镇、高岭镇、保安乡、大兴镇、隆福乡、下坳镇、三只羊乡、板岭乡和永安镇等乡镇；其次为大化瑶族自治县，共计 1 870.66 km²，占全市生态重点治理区面积的 21.19%，主要分布在共和乡、贡川乡、古文乡、百马乡、六也乡、雅龙乡、七百弄乡、岩滩镇、北景镇和板升乡等乡镇。天峨县、巴马瑶族自治县、东兰县和环江毛南族自治县生态重点治理区面积较小，分别占全市生态重点治理区面积的 1.17%、1.47%、2.10% 和 2.11%。其他各县（区）生态重点治理区面积占比基本持平（如表 8-14 所示）。

表 8-14　河池市各县（区）生态重点治理区面积及所占比例

县区名称	面积（km²）	占全市生态优化提升区比例（%）	占全市土地总面积比例（%）
金城江区	713.32	8.08	2.13
宜州区	1 220.04	13.82	3.64
南丹县	1 081.74	12.25	3.23
天峨县	103.12	1.17	0.31
凤山县	376.55	4.27	1.12
东兰县	184.97	2.10	0.55
罗城仫佬族自治县	394.12	4.46	1.18
环江毛南族自治县	186.03	2.11	0.56
巴马瑶族自治县	130.07	1.47	0.39
都安瑶族自治县	2 567.69	29.08	7.67
大化瑶族自治县	1 870.66	21.19	5.59
总计	8 828.31	100.00	26.37

第四节　河池市国土空间生态修复分区管控措施

一、生态重点保育区管控措施

生态重点保育区主要位于河池市生态质量最好、生态能力和生态价值最高及生态压力最小的区域，这些区域人为活动少，林地完整性较好，整体上属于生态功能衰退度最低且生态功能恢复力最强的区域，如该区域生态系统受到破坏，则会给当地生态环境和经济社会发展带来难以逆转的损坏。因此，该区域未来应采取"自然保护地名录管理＋生态旅游经济建设＋生态保护红线划定"的基本国土空间生态修复模式。针对该区域的自然保护区，一方面，要强化其生态保护的核心地位，采取封山育林及划分核心区、缓冲区和试验区的圈层控制方式以高效利用和保护自然资源；另一方面，除保留必要的生态设施外，应严格禁止一切与该区域自然资源主导功能不符的开发建设活动及项目进入，严格禁止任意改变其用途，对已破坏和已侵占该区域的建设及生产生活活动应有序退出，并对部分已受损空间以自然修复为主进行生态恢复，确需人工干预的则需要进行充分论证，实现污染物的"零排放、零污染"。除自然保护区以外，将其附近区域及其他生态功能衰退度较低且恢复力较高的区域也划入了生态重点保育区。这些区域在通过专家论证评估后可适当划入生态保护红线进行保护，可允许开展对生态功能无损害的基础设施、重大项目、生态修复、民生工程等有限人为活动；对于区域内已有的小规模零星分散的城镇村现状建设用地，修缮生产生活设施并固定其范围，禁止任何单位和个人随意扩建建设用地规模和耕地规模；对于合法采矿等历史遗留问题，应由上级政府结合相关补偿安置、生态修复等矿业清理工作在限期内有序退出。整体上，该区域未来应持续优化林业资源的结构和布局，提高森林生态系统功能、质量和碳汇增量，以区域内现有的优质生态资源为"启动器"，合理开展以维护生态系统健康稳定和改善生态质量及其功能为主要目的的生态经营活动。

二、生态优化提升区管控措施

生态优化提升区主要分布在河池市西部地区，该区域主要实行"生态保护利用＋产业准入负面清单＋复合型生态旅游"的基本国土空间生态修复模式。具体地，在不损害生态环境的基础上践行生态经济理念，适当进行以经济建设为主的土地资源开发利用活动，有序推动产业生态化和生态产业化统筹发展新模式，挖掘生态农业多重功能，提升生态系统服务价值，拓宽"生态+"模式，如"生态+产业""生态+文化""生态+数字"等模式，形成区域经济发展与生态环境保护双赢的新格局，对经济效益低且生态破坏性强的微小企业实行合并，将破坏性极强的产业和企业纳入负面清单，强化污染物排放控制和环境风险防控；大力发展节水型农业并创新节水技术，缩减化肥农药的使用，以保护区域内的水资源和减少面源污染；对于区域内高产优质的耕地，在符合划定标准的前提下将其划入永久基本农田进行严格保护，不能随意占用和改作他用；在减少人为干扰的同时，通过荒地造林、补植改造、水体治理等修复措施改善生态功能；定期对土地利用的数量和状态进行动态监测，防止建设挤占生态用地导致生态功能衰退度进一步升高和生态问题加剧；鼓励生态优化提升区内满足转换条件的用地向生态重点保育区转变，以提升生态环境质量，加强生态保护。

三、生态改良重建区管控措施

生态改良重建区主要集中于河池市河谷平原地区，即各县（区）的城区范围及其周边地区，主要是河池市经济活动和开发建设突出的区域。该区域城镇化发展、矿产资源开采及耕地化肥使用等行为造成了生态环境破坏，面临较大的生态压力，因此，该区域实行"用地布局详细规划+生态综合整治+生态景观建设"的基本国土空间生态修复模式。具体地，今后应控制好发展与保护二者的关系，健全建设用地管控制度，有序推动"建设用地减量化"发展，从规模扩张转向盘活存量，为城市发展腾出绿色空间，构建"城市公园广场—城郊生态游憩带"的城市休闲空间体系结构，极力打造山水特色突出的生态宜居城市；以国土空间规划编制为背景，科学合理进行农业和工业的发展，构建和发展城市绿色基础设施网络体系；对于已受损的污染耕地、污染水体和废弃矿山，鼓励统筹使用上级政府的专项拨款对其实施生态修复工程，并结合遥感监测技术进行及时准确的全方位监管，开展修复前期、中期和后期的生态环境效益评价。特别地，建设耕地质量监测网络，大力推广酸化耕地治理、耕地提质改造、种植冬种绿肥等措施提高耕地生产力；对于零星分布且破碎化程度较高的斑块，以生态廊道作为支撑骨架，加强斑块间物质与能量的交流与转换，提升景观连通性。

四、生态重点治理区管控措施

生态重点治理区主要集中在大化、都安和南丹等南部和西北部地区，属于生态功能衰退度较高且恢复力较低的区域，同时也是河池市生态环境治理及生态修复的重点区域，一旦该区域生态系统受到破坏，其生态功能将遭受较大损害且恢复过程漫长。因此，该区域未来主要采取"经济作物种植＋封山育林＋生态保护红线划定"的基本国土空间生态修复模式。一方面，针对生态功能已严重衰退的区域，应选取核桃、油茶、板栗等适宜性经济作物，在灌草结合护坡的基础上，推广生态农业发展模式，削减裸露土覆盖，同时加强对都阳山、弄耳山等重要山脉的保护与修复；另外，该区域应减少人为干扰，构建自然恢复和生态保护红线划定相结合的生态治理模式，在坡度大的山地采取退耕还林还草方式，在坡度比较小的山地采取植树造林、封山育林及坡改梯工程措施，逐渐恢复乔木灌草等自然植被覆盖，实现水土资源利用效率的最大化，达到控制区域水土流失和提高土壤保水蓄水能力的目的。另一方面，针对生态功能衰退度次高和恢复力次低的区域，限制农业生产和建设项目的进入，在封山育林的基础上开展低效林改造，提高森林质量，并采取人口控制与生态移民、生态补偿、生态保护宣教措施，减少植被与土壤的再次被破坏，强化居民的林地生态保护意识。整体上看，该区域今后应注重整体治理与系统修复，坚持绿色发展与生态优先原则，加强石漠化综合治理，建立政府主导、多元化、可持续的生态产品价值实现机制，通过划定生态保护红线和编制生态修复规划的形式对其进行严格保护，严惩生态破坏行为，并定期开展生态环境遥感调查与监测，确保石漠化治理的成效。

参考文献

[1] 王莹，贾良清.生态关键区研究［J］.国土与自然资源研究，2008（1）：55-57.

[2] 马克平.中国生物多样性热点地区（Hotspot）评估与优先保护重点的确定应该重视［J］.植物生态学报，2001，25（1）：124-125.

[3] MYERS N. Threatened biotas: "hot spots" in tropical forests［J］. Environmentalist, 1998, 8（3）：187-208.

[4] MYERS N, MITTERMEIER R A, MITTERMEIER C G, et al. Biodiversity hotspots for conservation priorities［J］. Nature, 2000（403）：853-858.

[5] 赵淑清，方精云，雷光春.全球200：确定大尺度生物多样性优先保护的一种方法［J］. 生物多样性，2000，8（4）：435-440.

[6] 曾颖.生物多样性保护优先区遥感评估与区划［D］.杭州：浙江大学，2017.

[7] 谢花林，姚干，何亚芬，等.基于 GIS 的关键性生态空间辨识：以鄱阳湖生态经济区为例［J］.生态学报，2018，38（16）：5926-5937.

[8] ROUGET M, COWLING R M, PRESSEY R L, et al. Identifying spatial components of ecological and evolutionary processes for regional conservation planning in the Cape Floristic Region, South Africa［J］. Diversity and Distributions, 2003, 9（3）：191-210.

[9] Vimal R , Pluvinet P, Sacca C, et al. Exploring spatial patterns of vulnerability for diverse biodiversity descriptors in regional conservation planning［J］. Journal of Environmental Management, 2012, 95（1）：9-16.

[10] VOS C C. VAN DER HOEK D C J, VONK M. Spatial planning of a climate adaptation zone for wetland ecosystems［J］. Landscape Ecology, 2010, 25（10）：1465-1477.

[11] BROUWER R , Ek R V. Integrated ecological, economic and social impact assessment of alternative flood control policies in the Netherlands［J］. Ecological Economics, 2004, 50（1）：1-21.

[12] ZAGAS T D, RAPTIS D I, ZAGAS D T.Identifying and mapping the protective forests of southeast Mt. Olympus as a tool for sustainable ecological and silvicultural planning, in a multi-purpose forest management framework［J］. Ecological Engineering, 2011, 37（2）：286-293.

[13] 中华人民共和国环境保护部.中国生物多样性保护战略与行动计划［M］.北京：中国环境科学出版社，2011.

［14］武建勇，薛达元，王爱华，等．生物多样性重要区域识别：国外案例、国内研究进展
［J］．生态学报，2016，36（10）：3108-3114.

［15］陈灵芝.中国的生物多样性：现状及其保护对策［M］.北京：科学出版社，1993.

［16］王瑞，安裕伦，王培彬，等.贵州省生物多样性热点地区研究［J］.水土保持研究，2014，
21（6）：152-157.

［17］陈子琦，董凯凯，张艳红，等.全国重要生态功能区生物多样性保护成效区域对比评估
［J］.生态学报，2022，42（13）：5264-5274.

［18］王君婷.我国主体功能区规划的现实背景与目标导向［J］.全球化，2013（11）：
103-113，125.

［19］俞孔坚，李迪华，李海龙，等.国土生态安全格局：再造秀美山川的空间战略［M］.北京：
中国建筑工业出版社，2012.

［20］许尔琪，张红旗.中国核心生态空间的现状、变化及其保护研究［J］.资源科学，2015，37
（7）：1322-1331.

［21］周念平.我国重要生态功能区的生态补偿机制研究：以怒江流域为例［D］.昆明：昆明理工
大学，2012.

［22］吴丹，邹长新，高吉喜.我国重点生态功能区生态状况变化［J］.生态与农村环境学报，
2016，32（5）：703-707.

［23］谢花林，姚干，何亚芬，等.基于GIS的关键性生态空间辨识：以鄱阳湖生态经济区为例
［J］.生态学报，2018，38（16）：5926-5937.

［24］梁秋平，强真，刘军会，等.重要生态空间界定和保护价值评价研究［J］.经济师，2021
（3）：9-10.

［25］邹长新，徐梦佳，高吉喜，等.全国重要生态功能区生态安全评价［J］.生态与农村环境学
报，2014，30（6）：688-693.

［26］陈国阶.论生态安全［J］.重庆环境科学，2002（3）：1-3，18.

［27］贾良清，欧阳志云，张之源.生态功能区划及其在生态安徽建设中的作用［J］.安徽农业大
学学报，2005，32（1）：113-116.

［28］曲格平.关注生态安全之一：生态环境问题已经成为国家安全的热门话题［J］.环境保护，
2002（5）：3-5.

［29］肖笃宁，陈文波，郭福良.论生态安全的基本概念和研究内容［J］.应用生态学报，2002，
13（3）：354-358.

［30］郭中伟.建设国家生态安全预警系统与维护体系：面对严重的生态危机的对策［J］.科技导
报，2001（1）：54-56.

［31］傅伯杰.土地资源系统认知与国土生态安全格局［J］.中国土地，2019（12）：9-11.

［32］DAILY G C. Natures's Services: Societal Dependence on Natural Ecosystems［M］.
Washington D C: Island Press, 1997.

［33］欧阳志云，王如松，赵景柱.生态系统服务功能及其生态经济价值评价［J］.应用生态学
报，1999，10（5）：635-640.

[34] 欧阳志云，郑华，高吉喜，等.区域生态环境质量评价与生态功能区划［M］.北京：中国环境科学出版社，2009.

[35] 欧阳志云，王效科，苗鸿.中国陆地生态系统服务功能及其生态经济价值的初步研究［J］.生态学报，1999，19（5）：607-613.

[36] COSTANZA R, D'ARGE R, GROOT R D, et al. The value of the world's ecosystem services and natural capital［J］. Nature, 1997, 387（6630）：253-260.

[37] MOBERG F, FOLKE C. Ecological Goods and Services of Coral Rcef Ecosystems［J］. Ecological Economics, 1999, 29（2）：215-233.

[38] Millennium Ecosystem Assessment. Ecosystems and Human Well-Being: Synthesis［M］. Washington DC: Island Press, 2005.

[39] 谢高地，张彩霞，张昌顺，等.中国生态系统服务的价值［J］.资源科学，2015，37（9）：1740-1746.

[40] 王莹.河北省重要生态功能保护区研究［D］.石家庄：河北师范大学，2011.

[41] 于海燕.钱塘江流域生态功能区划研究［D］.杭州：浙江大学，2008.

[42] 马琪，赵永宏.秦岭北麓重要生态功能空间辨识与保护［J］.环境生态学，2019，1（7）：59-66.

[43] 周嘉慧，黄晓霞.生态脆弱性评价方法评述［J］.云南地理环境研究，2008，20（1）：55-59，71.

[44] 广西壮族自治区地方志编纂委员会.广西通志：自然地理志［M］.南宁：广西人民出版社，1994.

[45] 温远光，李治基，李信贤，等.广西植被类型及其分类系统［J］.广西科学，2014，21（5）：484-513.

[46] 《广西森林》编辑委员会.广西森林［M］.北京：中国林业出版社，2001.

[47] 苏宗明.广西天然植被类型分类系统［J］.广西植物，1998，18（3）：237-246.

[48] 王献溥，胡舜士.广西酸性土地区季节性雨林的群落学特点［J］.西北植物研究，1982，2（2）：69-86.

[49] 胡舜士，王献溥.广西石灰岩地区季节性雨林的群落学特点［J］.东北林学院学报，1980（4）：11-26，124-125.

[50] 王献溥，胡舜士.广西石灰岩地区常绿、落叶阔叶混交林的群落学特点［J］.东北林学院学报，1981（3）：30-47.

[51] 苏宗明，李先琨.广西岩溶植被类型及其分类系统［J］.广西植物，2003，23（4）：289-293.

[52] 国家林业局.中国湿地资源：广西卷［M］.北京：中国林业出版社，2015.

[53] 广西壮族自治区统计局，国家统计局广西调查总队.广西统计年鉴2022［M］.北京：中国统计出版社，2022.

[54] 潘良浩，史小芳，陶艳成，等.广西海岸互花米草分布现状及扩散研究［J］.湿地科学，2016，14（4）：464-470.

［55］范航清，陆露，阎冰.广西红树林演化史与研究历程［J］.广西科学，2018，25（4）：343-351，449.

［56］陶艳成，潘良浩，范航清，等.广西海岸潮间带互花米草遥感监测［J］.广西科学，2017，24（5）：483-489.

［57］刘倩.桂林喀斯特世界独一无二：访中国科学院院士、著名地质学家袁道先［N］.桂林日报，2015-06-22（1）.

［58］韦清耀.广西的世界自然遗产：广西桂林、环江喀斯特成功入选《世界遗产名录》［J］.广西城镇建设，2014（8）：80-88.

［59］黄云清，阳旴初.丹霞之魂：广西资源八角寨国家地质公园［J］.南方国土资源，2012（10）：36-39.

［60］李烈干，甘梁.丹霞之魂：广西资源国家地质公园［J］.南方国土资源，2004（9）：35-37.

［61］王蕾.广西地质公园空间分布差异及可持续发展路径研究［D］.武汉：中国地质大学，2018.

［62］仲艳，熊康宁，杜芳娟.环江喀斯特世界遗产提名地景观美学价值及其全球对比分析［J］.昆明理工大学学报（自然科学版），2014，39（3）：25-32.

［63］廖正城.广西壮族自治区地理［M］.南宁：广西人民出版社，1988.

［64］广西壮族自治区地质矿产局.广西壮族自治区区域地质志［M］.北京：地质出版社，1985.

［65］蔡会德.广西壮族自治区林业地图集［M］.长沙：湖南地图出版社，2013.

［66］广西壮族自治区通志馆.广西市县概况［M］.南宁：广西人民出版社，1985.

［67］广西壮族自治区地方志编纂委员会.广西通志：水利志［M］.南宁：广西人民出版社，1994.

［68］谭伟福.广西自然保护区［M］.北京：中国环境出版社，2014.

［69］李振宇，邱小敏.广西九万山植物资源考察报告［M］.北京：中国林业出版社，1993.

［70］沈利娜，侯满福，张远海，等.桂林喀斯特世界自然遗产提名地珍稀濒危和特有生物物种多样性及保护［J］.中国岩溶，2014，33（1）：91-98.

［71］黄奇波，覃小群，程瑞瑞，等.加强漓江水资源保护，维护"桂林山水"世界遗产［J］.中国矿业，2020，29（S1）：573-576.

［72］谭伟福.广西岑王老山自然保护区生物多样性保护研究［M］.北京：中国环境科学出版社，2005.

［73］许基伟，方世明，黄荣华.广西大化七百弄国家地质公园地质遗迹资源评价及地学意义［J］.山地学报，2017，35（2）：221-229.

［74］温远光，和太平，谭伟福.广西热带和亚热带山地的植物多样性及群落特征［M］.北京：气象出版社，2004.

［75］游建华.广西西大明山自然保护区的发展及思考［J］.中南农业科技，2023，44（5）：93-96.

［76］林林.西大明山水源林保护区［J］.广西林业，1995（6）：23.

［77］方清浩.广西大容山海西花岗岩的特征及成因探讨［J］.桂林冶金地质学院学报,1981
　　　（3）：65-79.

［78］李乐乐,史文强,李成展,等.广西大新德天瀑布地质遗迹景观［J］.中国矿业,2019,
　　　28（S2）：499-501.

［79］车光福.广西弄岗国家级自然保护区大型真菌资源调查与评价［D］.南宁：广西大学,
　　　2019.

［80］黄俞淞,吴望辉,蒋日红,等.广西弄岗国家级自然保护区植物物种多样性初步研究［J］.
　　　广西植物,2013,33（3）：346-355,345.

［81］唐艳雪.广西十万大山自然保护区苔藓植物区系及地理分布研究［D］.上海：上海师范大
　　　学,2014.

［82］谭伟福.广西十万大山自然保护区生物多样性及其保护体系［M］.北京：中国环境出版社,
　　　2005.

［83］周放,周解.十万大山地区野生动物研究与保护［M］.北京：中国林业出版社,2004.

［84］韦跃龙,王国芝,陈伟海,等.广西浦北五皇山国家地质公园花岗岩景观特征及其形成演
　　　化［J］.热带地理,2017,37（1）：66-81.

［85］陈波,董德信,邱绍芳,等.北仑河口海岸地貌特征与环境演变影响因素分析［J］.广西科
　　　学,2011,18（1）：88-91.

［86］张伯虎.广西重点港湾沉积动力特征及其冲淤演变［D］.上海：华东师范大学,2010.

［87］中国海湾志编纂委员会.中国海湾志第十二分册（广西海湾）［M］.北京：海洋出版社,
　　　1993.

［88］黄玥,黄元辉.广西珍珠湾表层沉积硅藻分布特征［J］.海洋科学进展,2016,34（3）：
　　　411-420.

［89］黎树式,林俊良,黄鹄,等.广西海滩侵蚀原因与修复［J］.北部湾大学学报,2019,34
　　　（12）：30-37.

［90］陶玉华,黄星,王薛平,等.广西珍珠湾三种红树林林分土壤碳氮储量的研究［J］.广西
　　　植物,2020,40（3）：285-292.

［91］朱文军,莫荣雄,杨郑贝.北仑河口滨海湿地资源专项调查与"三调"数据融合探析［J］.
　　　南方自然资源,2022（10）：34-39.

［92］苑长军,汤乔,钟文.299种鸟类栖息"海上森林"［N］.广西日报,2022-11-14（11）.

［93］郭雨昕.广西北部湾海草床生态经济价值评估与保护对策［J］.现代农业科技,2019（2）：
　　　170-173.

［94］范航清,彭胜,石雅君,等.广西北部湾沿海海草资源与研究状况［J］.广西科学,2007,
　　　14（3）：289-295.

［95］李树华,陈文广,彭云胜,等.防城港湾潮流数值模拟试验［J］.广西科学院学报,1994,
　　　10（1）：63-69.

［96］李谊纯,董德信,王一兵.防城港湾潮余流及潮汐不对称特征［J］.广东海洋大学学报,
　　　2021,41（4）：50-57.

［97］潘良浩，史小芳，曾聪，等.广西红树林的植物类型［J］.广西科学，2018，25（4）：352-362.

［98］陈宪云，何小英.防城港东湾纳潮量减弱及其影响分析［J］.广西科学，2014，21（4）：365-369.

［99］张业祺，宋书巧.地学角度下江山半岛旅游资源研究［J］.旅游纵览（下半月），2019（6）：117-120，122.

［100］张栋，韦重霄，文娟，等.钦州茅尾海国家级海洋公园生态保护与开发对策［J］.南方国土资源，2014（3）：39-41.

［101］妙星，宋普庆，刘世刚，等.三娘湾游泳动物种类组成及群落结构分析［J］.集美大学学报（自然科学版），2022，27（4），299-306.

［102］龙志珍.浅析广西钦州中华白海豚现状及保护对策［J］.畜牧兽医科技信息，2019（7）：156-157.

［103］廖雨霞，潘良浩，阎冰，等.广西廉州湾红树林群落分布特征及物种多样性分析［J］.广西科学院学报，2020，36（4），361-370.

［104］何斌源，赖廷和，王欣，等.廉州湾滨海湿地潮间带大型底栖动物群落次级生产力［J］.生态学杂志，2013，32（8）：2104-2112.

［105］覃鸿图.百里银滩书写优异生态答卷：北海银滩入选生态环境部美丽海湾优秀案例观察.广西日报［N］，2023-9-27（15）.

［106］王广军.广西北海滨海国家湿地公园湿地资源现状及保护研究［J］.绿色科技，2016（18）：20-22.

［107］邓秋香，郭国，潘良浩.广西北海滨海国家湿地公园红树林植物群落调查与分析［J］.广西林业科学，2022，51（3）：388-393.

［108］余桂东.广西山口国家级红树林自然保护区冬季鸟类对沿海植被的利用［D］.南宁：广西大学，2015.

［109］梁士楚.广西英罗湾红树植物群落的研究［J］.植物生态学报，1996，20（4）：310-321.

［110］樊祺诚，孙谦，龙安明，等.北部湾涠洲岛及斜阳岛火山地质与喷发历史研究［J］.岩石学报，2006，22（6）：1529-1537.

［111］龙秋萍.广西北部湾涠洲岛风景资源调查与评价［D］.南宁：广西大学，2017.

［112］亓发庆，黎广钊，孙永福，等.北部湾涠洲岛地貌的基本特征［J］.海洋科学进展，2003，21（1）：41-50.

［113］何精科，黄振鹏.广西涠洲岛珊瑚分布状况研究［J］.海洋开发与管理，2019，36（1）：57-62.

［114］周浩郎，王欣，梁文.涠洲岛珊瑚礁特点、演变及保护与修复对策的思考［J］.广西科学院学报，2020，36（3）：228-236.

［115］林林.涠洲岛鸟类保护区［J］.广西林业，2001（5）：33.

［116］欧阳志云.GEP核算，认与知［N］.学习时报，2021-8-11（7）.

［117］包晓斌，朱小云.农业生态产品价值实现：困境、路径与机制［J］.当代经济管理，2023，45（9）：47-53.

［118］窦亚权，杨琛，赵晓迪，等.森林生态产品价值实现的理论与路径选择［J］.林业科学，2022，58（7）：1-11.

［119］夏鹏，王德杰，胡卉明.生态产品价值实现路径及政策建议［J］.中国土地，2020（5）：28-30.

［120］刘浩，余琦殷.我国森林生态产品价值实现：路径思考［J］.世界林业研究，2022，35（3）：130-135.

［121］封羽，覃婕，李毅.对自然资源统一确权登记有关问题的思考：以广西为例［J］.南方自然资源，2022（8）：55-57，62.

［122］牛利斌，肖德明，张学洲.第三次全国国土调查成果在自然资源统一确权登记中的应用［J］.测绘与空间地理信息，2022，45（9）：129-132.

［123］周兴，陈务开.区域生态保护空间类型划分及保护对策探讨：以广西崇左市为例［J］.安徽农业科学，2012，40（2）：892-895.

［124］张传华，王钟书，张凤太，等.基于"重要性—脆弱性"分析框架的国土空间生态保护修复分区研究［J］.地理与地理信息科学，2022，38（6）：84-94.

［125］刘彦随.现代人地关系与人地系统科学［J］.地理科学，2020，40（8）：1221-1234.

［126］COSTANZA R，D'ARGE R，GROOT R D，et al. The value of the word's ecosystem services and natural captial［J］. Nature，1997，387（5）：253-260.

［127］HANLEY N D，RUFFELL R J. The contingent valuation of forest characteristics: Two experiments［J］. Journal of Agricultural Economics，1993，44（2）：218-229.

［128］MANSOOR D K L，MARTY D M，ERIC C C，et al. Quantifying and mapping multiple ecosystem services change in West Africa［J］. Agriculture，Ecosystems and Environment，2013，165：6-18.

［129］郭晓娜，陈睿山，李强，等.土地退化过程、机制与影响：以土地退化与恢复专题评估报告为基础［J］.生态学报，2019，39（17）：6567-6575.

［130］FIELD C B，MALMSTROM C M，RANDERSON J T. Global net primary production: Combining ecology and remote sensing［J］. Remote Sensing of Environment，1995，51（1）：74-88.

［131］United Nations. Convention to Combat Desertification in Those Countries Experiencing Serious Drought and/or Desertification，Particularly in Africa［J］. International Legal Materials，1994，33（5）：1328-1382.

［132］GEERKEN R，ILAIWI M. Assessment of rangeland degradation and development of a strategy for rehabilitation［J］. Remote Sensing of Environment，2004，90（4）：490-504.

［133］ABEL N O J，BLAIKIE P M. Land degradation，stocking rates and conservation policies in the communal rangelands of Botswana and Zimbabwe［J］. Land Degradation and Development. 1989，1（2）：101-123.

[134] 闫海明，战金艳，张韬.生态系统恢复力研究进展综述 [J].地理科学进展，2012，31（3）：303-314.

[135] HOLLING C S. Resilience and stability of ecological systems [J]. Annual Review of Ecology and Systematics, 1973, 4 (4): 1-23.

[136] PIMM S L. The complexity and stability of ecosystems [J]. Nature, 1984, 307 (5949): 321-326.

[137] ZHEN L, HU J, DU B Z, et al. International experience of green development in Western China: An overall review of policy and practice [J]. Chinese Journal of Population, Resources and Environment, 2015, 13 (4): 281-290.

[138] SASAKI T, FURUKAWA T, IWASAKI Y, et al. Perspectives for ecosystem management based on ecosystem resilience and ecological thresholds against multiple and stochastic disturbances [J]. Ecological Indicators, 2015, 57: 395-408.

[139] BAVOSO M A, DA S A, FIGUEIREDO G C. Physical resilience of two red oxisols under no-tillage [J]. Revista Brasileira De Ciencia Do Solo, 2012, 36 (6): 1892-1904.

[140] KAURIN A, MIHELIC R, KASTELEC D, et al. Resilience of bacteria, archaea, fungi and N-cycling microbial guilds under plough and conservation tillage, to agricultural drought [J]. Soil Biology and Biochemistry, 2018, 120: 233-245.

[141] WHITFORD W G, RAPPORT D J, DESOYZA A G. Using resistance and resilience measurements for 'fitness' tests in ecosystem health [J]. Journal of Environmental Management, 1999, 57 (1): 21-29.

[142] PETERSON G D. Contagious disturbance, ecological memory, and the emergence of landscape pattern [J]. Ecosystems, 2002, 5 (4): 329-338.

[143] BENNETT E M, CUMMING G S, PETERSON G D. A systems model approach to determining resilience surrogates for case studies [J]. Ecosystems, 2005, 8 (8): 945-957.

[144] 刘国华，傅伯杰.生态区划的原则及其特征 [J].环境科学进展，1998，6（6）：68-73.

[145] DOKUCHAEV V V. On the concept of natural zones-St. Petersburg, 1899 [J]. Eurasian Soil Science, 1999, 32 (7): 726-727.

[146] 曹永强，郭明，刘思然，等.基于文献计量分析的生态修复现状研究 [J].生态学报，2016，36（8）：2442-2450.

[147] SYLVAIN Z A, BRANSOM D H, RAND T A, et al. Decoupled recovery of ecological communities after reclamation [J]. PeerJ, 2019, 7: e7038.

[148] BURGER J. Environmental management: Integrating ecological evaluation, remediation, restoration, natural resource damage assessment and long- term stewardship on contaminated lands [J]. Science of the Total Environment, 2008, 400 (1/3): 6-19.

[149] ADRIAENSEN F, CHARDON J P, DE BLUST G, et al. The application of "least-cost" modelling as a functional landscape model [J]. Landscape and urban planning, 2003, 64 (4): 233-247.

［150］DILTS T E, WEISBERG P J, LEITNER P, et al. Multiscale connectivity and graph theory highlight critical areas for conservation under climate change ［J］. Ecological applications, 2016, 26（4）: 1223-1237.

［151］SPYRA M, KLEEMANN J, CETIN N I, et al. The ecosystem services concept: A new Esperanto to facilitate participatory planning processes?［J］. Landscape Ecology, 2019, 34（7）: 1715-1735.

［152］欧阳志云, 郑华.生态系统服务的生态学机制研究进展［J］.生态学报, 2009, 29（11）: 6183-6188.

［153］傅伯杰, 吕一河, 高光耀.中国主要陆地生态系统服务与生态安全研究的重要进展［J］.自然杂志, 2012, 34（5）: 261-272.

［154］谢高地, 张彩霞, 张雷明, 等.基于单位面积价值当量因子的生态系统服务价值化方法改进［J］.自然资源学报, 2015, 30（8）: 1243-1254.

［155］傅伯杰, 于丹丹, 吕楠.中国生物多样性与生态系统服务评估指标体系［J］.生态学报, 2017, 37（2）: 341-348.

［156］李德一, 张树文, 吕学军, 等.基于栅格的土地利用功能变化监测方法［J］.自然资源学报, 2011, 26（8）: 1297-1305.

［157］王浩, 马星, 杜勇.基于生态系统服务重要性和生态敏感性的广东省生态安全格局构建［J］.生态学报, 2021, 41（5）: 1705-1715.

［158］官晨, 吴文瑾, 段怡如, 等.基于遥感RMMF模型的喀斯特地区水土保持功能评价［J］.生态学报, 2022, 42（11）: 4389-4400.

［159］叶勤玉, 杨世琦, 张强, 等.三峡库区（重庆段）水源涵养功能遥感监测及时空分布特征分析［J］.自然资源遥感, 2022, 34（2）: 184-193.

［160］马琪, 潘秋玲, 涂纯.生物多样性维护功能评估及其空间尺度效应分析: 以陕西省为例［J］.自然资源学报, 2021, 36（8）: 1937-1948.

［161］王永静, 宋风娇.玛纳斯河流域土地利用时空演变及对生态系统服务价值的影响［J］.生态经济, 2021, 37（7）: 161-168.

［162］郭韦杉, 李国平, 王文涛.自然资源资产核算: 概念辨析及核算框架设计［J］.中国人口·资源与环境, 2021, 31（11）: 11-19.

［163］吴英迪, 蒙吉军.中国自然资源生态服务重要性评价与空间格局分析［J］.自然资源学报, 2022, 37（1）: 17-33.

［164］牛丽楠, 邵全琴, 宁佳, 等.西部地区生态状况变化及生态系统服务权衡与协同［J］.地理学报, 2022, 77（1）: 182-195.

［165］邱坚坚, 刘毅华, 陈澄静, 等.生态系统服务与人类福祉耦合的空间格局及其驱动方式: 以广州市为例［J］.自然资源学报, 2023, 38（3）: 760-778.

［166］刘香华, 王秀明, 刘谞承, 等.基于外溢生态系统服务价值的广东省生态补偿机制研究［J］.生态环境学报, 2022, 31（5）: 1024-1031.

［167］田亚平, 邓运员.概念辨析与实证: 脆弱生态环境与退化生态环境［J］.经济地理,

2006，26（5）：846-849，860.

[168] 吕国旭，陈艳梅，邹长新，等.京津冀植被退化的空间格局及人为驱动因素分析［J］.生态与农村环境学报，2017，33（5）：417-425.

[169] 闫妍，胡宝清，侯满福，等.广西岩溶区县域石漠化治理模式适宜性评价［J］.广西师范大学学报（自然科学版），2017，35（4）：145-153.

[170] 肖蓉，韩玲，白军红，等.基于污染压力-退化表征的珠江河口湿地土壤退化评价［J］.北京师范大学学报（自然科学版），2018，54（1）：125-130.

[171] 殷宝库，曹夏雨，张建国，等.1999—2018年黄河源区水土流失动态变化［J］.水土保持通报，2020，40（3）：216-220，325.

[172] 李雪莹，许娅威，王峥，等.青藏高原2000—2015年草地质量的时空变化研究［J］.北京师范大学学报（自然科学版），2023，59（1）：147-155.

[173] 文子祥，屈建军，张伟民.晋陕蒙接壤区土地退化类型及其评价［J］.中国沙漠，1994，14（2）：90-94.

[174] 郭晓娜，陈睿山，李强，等.土地退化过程、机制与影响：以土地退化与恢复专题评估报告为基础［J］.生态学报，2019，39（17）：6567-6575.

[175] 曾馥平.西南喀斯特脆弱生态系统退化原因与生态重建途径［J］.农业现代化研究，2008，29（6）：672-675.

[176] 程晋南，赵庚星，李红，等.基于RS和GIS的土地生态环境状况评价及其动态变化［J］.农业工程学报，2008，24（11）：83-88.

[177] 程武学，周介铭，王玉宽，等.基于GIS的长江上游生态系统功能退化威胁评价［J］.湖北农业科学，2012，51（19）：4247-4250.

[178] 李俊刚.盘县煤矿区土地退化演变［D］.徐州：中国矿业大学，2017.

[179] 于昊辰，卞正富，陈浮，等.矿山土地生态系统退化诊断及其调控研究［J］.煤炭科学技术，2020，48（12）：214-223.

[180] 胡思汉，姚玉增，付建飞，等.基于RSEI指数的东北矿区生态质量变化评价：以辽宁弓长岭区为例［J］.生态学杂志，2021，40（12）：4053-4060.

[181] 张子墨，姜虹，徐子涵，等.面向多重生态保护目标的广东省生态系统服务退化风险情景模拟［J］.生态学报，2022，42（3）：1180-1191.

[182] 王云霞，陆兆华.北京市生态弹性力的评价［J］.东北林业大学学报，2011，39（2）：97-100.

[183] 王文婕，葛大兵，周双，等.平江县生态弹性度定量分析评价研究［J］.环境科学与管理，2015，40（3）：130-134.

[184] 秦会艳，刘婷婷，黄颖利.我国省域尺度森林生态系统恢复力评价及敏感性分析［J］.生态与农村环境学报，2022，38（3）：281-288.

[185] 牛丽楠，邵全琴，宁佳，等.黄土高原生态恢复程度及恢复潜力评估［J］.自然资源学报，2023，38（3）：779-794.

[186] 郑伟.基于植物多样性的喀纳斯景区山地草甸生态系统恢复力评价［J］.草地学报，

2012，20（3）：393-400.

[187] 张行，梁小英，刘迪，等.生态脆弱区社会—生态景观恢复力时空演变及情景模拟［J］.地理学报，2019，74（7）：1450-1466.

[188] 王成，任梅菁，樊荣荣.基于"潜力—支持力—恢复力"框架的村镇可持续发展能力及其类型甄别［J］.自然资源学报，2021，36（12）：3069-3083.

[189] 燕守广，李辉，李海东，等.基于土地利用与景观格局的生态保护红线生态系统健康评价方法：以南京市为例［J］.自然资源学报，2020，35（5）：1109-1118.

[190] 王松茂，牛金兰.山东半岛城市群城市生态韧性的动态演化及障碍因子分析［J］.经济地理，2022，42（8）：51-61.

[191] 官清华，张虹鸥，叶玉瑶，等.人地系统耦合框架下国土空间生态修复规划策略：以粤港澳大湾区为例［J］.地理研究，2020，39（9）：2176-2188.

[192] 张潇文，苏腾，张富刚，等.新时期我国国土空间生态修复理念与模式探讨［J］.应用生态学报，2021，32（5）：1573-1580.

[193] 方莹，王静，黄隆杨，等.基于生态安全格局的国土空间生态保护修复关键区域诊断与识别：以烟台市为例［J］.自然资源学报，2020，35（1）：190-203.

[194] 倪庆琳，侯湖平，丁忠义，等.基于生态安全格局识别的国土空间生态修复分区：以徐州市贾汪区为例［J］.自然资源学报，2020，35（1）：204-216.

[195] 冯琰玮，甄江红，田桐羽.基于生态安全格局的国土空间保护修复优化：以内蒙古呼包鄂地区为例［J］.自然资源学报，2022，37（11）：2915-2929.

[196] 王秀明，赵鹏，龙颖贤，等.基于生态安全格局的粤港澳地区陆域空间生态保护修复重点区域识别［J］.生态学报，2022，42（2）：450-461.

[197] 谢余初，张素欣，林冰，等.基于生态系统服务供需关系的广西县域国土生态修复空间分区［J］.自然资源学报，2020，35（1）：217-229.

[198] 田美荣，高吉喜，宋国宝，等.基于主导生态功能与生态退化程度的生态修复分区研究［J］.生态与农村环境学报，2017，33（1）：7-14.

[199] 宋伟，韩赜，刘琳.山水林田湖草生态问题系统诊断与保护修复综合分区研究：以陕西省为例［J］.生态学报，2019，39（23）：8975-8989.

[200] 丹宇卓，彭建，张子墨，等.基于"退化压力-供给状态-修复潜力"框架的国土空间生态修复分区：以珠江三角洲为例［J］.生态学报，2020，40（23）：8451-8460.

[201] 韩博，金晓斌，项晓敏，等.基于"要素—景观—系统"框架的江苏省长江沿线生态修复格局分析与对策［J］.自然资源学报，2020，35（1）：141-161.

[202] 黄心怡，赵小敏，郭熙，等.基于生态系统服务功能和生态敏感性的自然生态空间管制分区研究［J］.生态学报，2020，40（3）：1065-1076.

[203] 徐海顺，杜红玉，蔡超琳.基于生态修复视角的上海市黄浦江河岸带景观格局空间特征分析［J］.南京林业大学学报（自然科学版），2019，43（4）：125-131.

[204] 邢韶华，周鑫，刘云强，等.京津冀地区物种多样性保护优先区识别研究［J］.生态学报，2021，41（8）：3144-3152.

［205］温远光，周晓果，王磊，等.中国岩溶森林生态保护修复的理论与技术［J］.广西科学，2022，29（1）：61-70.

［206］樊应凭，周寅康，韩博.国土空间治理视角下苏南地区农用地生态修复分区［J］.农业工程学报，2022，38（1）：287-296.

［207］林知远，张晨辉，丁鹏飞，等.河岸带生态修复策略研究：以重庆市广阳湾为例［J］.西南大学学报（自然科学版），2022，44（11）：179-189.

［208］唐德才，张燕，王路霞.长江经济带碳减排能力综合评价研究［J］.生态经济，2021，37（6）：44-50.

［209］刘春芳，李鹏杰，刘立程，等.西北生态脆弱区省域国土空间生态修复分区［J］.农业工程学报，2020，36（17）：254-263.

［210］杨庆媛，张浩哲，唐强.基于适应性循环模型的重庆市国土空间生态修复分区［J］.地理学报，2022，77（10）：2583-2598.

［211］韦宝婧，胡希军，张亚丽，等.基于"重要性-脆弱性-服务价值"的国土空间生态保护与修复管控［J］.农业工程学报，2022，38（19）：249-258.

［212］岳文泽，侯丽，夏皓轩，等.基于生态系统服务供需平衡的宁夏固原生态修复分区与优化策略［J］.应用生态学报，2022，33（1）：149-158.

［213］曾晨，程轶皎，吕天宇.基于生态系统健康的国土空间生态修复分区：以长江中游城市群为例［J］.自然资源学报，2022，37（12）：3118-3135.

［214］周璟，王宏卫，谈波，等.开都河流域生态安全格局构建与生态修复分区识别［J］.生态学报，2022，42（24）：10127-10137.

［215］肖金成，刘保奎.国土空间开发格局形成机制研究［J］.区域经济评论，2013（1）：53-57.

［216］曹宇，王嘉怡，李国煜.国土空间生态修复：概念思辨与理论认知［J］.中国土地科学，2019，33（7）：1-10.

［217］牛潜，周旭，张继，等.喀斯特山地城市生态系统弹性变化分析：以贵阳市区为例［J］.长江流域资源与环境，2019，28（3）：722-730.

［218］彭建，吕丹娜，董建权，等.过程耦合与空间集成：国土空间生态修复的景观生态学认知［J］.自然资源学报，2020，35（1）：3-13.

［219］尹延兴，金晓斌，韩博，等."空间冲突-功能障碍"视角下国土综合整治内涵、机制与实证［J］.农业工程学报，2022，38（7）：272-281，345.

［220］王军，应凌霄，钟莉娜.新时代国土整治与生态修复转型思考［J］.自然资源学报，2020，35（1）：26-36.

［221］高世昌.国土空间生态修复的理论与方法［J］.中国土地，2018，395（12）：40-43.

［222］王静，方莹，翟天林，等.国土空间生态保护和修复研究路径：科学到决策［J］.中国土地科学，2021，35（6）：1-10.

［223］李立峰，徐进勇，祝文明.县域生态空间系统化修复路径与实践［J］.规划师，2020，36（22）：12-18.

[224] 王鹏，赵微.典型喀斯特地区国土空间生态修复分区研究：以贵州猫跳河流域为例 [J].自然资源学报，2022，37（9）：2403-2417.

[225] 吴健生，王仰麟，张小飞，等.景观生态学在国土空间治理中的应用 [J].自然资源学报，2020，35（1）：14-25.

[226] STEINER F R. Introduction to Restoration Ecology [J]. Journal of Planning Education and Research, 2013, 33 (2): 247-248.

[227] 吴传钧.人地关系地域系统的理论研究及调控 [J].云南师范大学学报（哲学社会科学版），2008，40（2）：1-3.

[228] 李小云，杨宇，刘毅.中国人地关系的历史演变过程及影响机制 [J].地理研究，2018，37（8）：1495-1514.

[229] 阳利永，吴利，杨艳俊.地域分异与农户分化对农户农地转出行为的影响 [J].中国农业资源与区划，2021，42（4）：187-195.

[230] 戴云哲.湖南省土地生态服务功能演化特征及优化路径研究 [D].武汉：中国地质大学，2019.

[231] 田美荣，高吉喜，邹长新，等.重要生态功能区生态退化诊断理论、思路与方法探析 [J].生态与农村环境学报，2016，32（5）：691-696.

[232] 常溢华，蔡海生.基于SRP模型的多尺度生态脆弱性动态评价：以江西省鄱阳县为例 [J].江西农业大学学报，2022，44（1）：245-260.

[233] 张正昱，金贵，郭柏枢，等.基于多准则决策的长江经济带国土空间脆弱性与恢复力研究 [J].自然资源学报，2020，35（1）：95-105.

[234] IPCC. Climate Change 2007: The Physical Science Basis [M]. Cambridge: Cambridge University Press, 2007.

[235] 赵浩楠，赵映慧，宁静，等.基于TOPSIS法的长三角城市群土地利用效益评价 [J].水土保持研究，2021，28（5）：355-361.

[236] 熊昌盛，张永蕾，王雅娟，等.中国耕地多功能评价及分区管控 [J].中国土地科学，2021，35（10）：104-114.

[237] 江志猛，陈文波，郑蕉.基于SOFM神经网络的土地整治时空配置分区研究 [J].中国土地科学，2019，33（11）：89-97，104.

[238] 耿雨，梁小英，荔童，等.陕北黄土高原土地利用多功能时空分异及分区管理研究 [J].西北大学学报（自然科学版），2022，52（1）：32-42.

[239] 赵庆磊，姜广辉，熊婵，等.土地整治功能分区及其整治方向研究 [J].中国农业资源与区划，2021，42（2）：52-60.

[240] 乔斌，曹晓云，孙玮婕，等.基于生态系统服务价值和景观生态风险的生态分区识别与优化策略：以祁连山国家公园青海片区为例 [J].生态学报，2023，43（3）：986-1004.

[241] 田野，冯启源，唐明方，等.基于生态系统评价的山水林田湖草生态保护与修复体系构建研究：以乌梁素海流域为例 [J].生态学报，2019，39（23）：8826-8836.

[242] 姜芳茗，徐志红，王建锋，等.国土空间复合生态功能识别与分区：以浙江省湖州市为例

［J］.浙江大学学报（农业与生命科学版），2022，48（2）：227-239.

［243］李建春，张军连，李宪文，等.银川市基本农田保护区空间布局合理性评价［J］.农业工程学报，2013，29（3）：242-249，302.

［244］WISCHMEIER W H, SMITH D D. Rainfall energy and its relationship to soil loss［J］. Trans. AGU, 1958, 39（2）: 285-291.

［245］WILLIAMS J R, RENARD K G, DYKE P T. EPIC: a new method for assessing erosion's effect on soil productivity［J］. Journal of Soil & Water Conservation, 1983, 38（5）: 381-383.

［246］许月卿，邵晓梅.基于GIS和RUSLE的土壤侵蚀量计算：以贵州省猫跳河流域为例［J］.北京林业大学学报，2006，28（4）：67-71.

［247］高峰，华璀，卢远，等.基于GIS和USLE的钦江流域土壤侵蚀评估［J］.水土保持研究，2014，21（1）：18-22，28.

［248］陈思旭，杨小唤，肖林林，等.基于RUSLE模型的南方丘陵山区土壤侵蚀研究［J］.资源科学，2014，36（6）：1288-1297.

［249］王凯，王聪，冯晓明，等.生物多样性与生态系统多功能性的关系研究进展［J］.生态学报，2022，42（1）：11-23.

［250］荣检.基于InVEST模型的广西西江流域生态系统产水与固碳服务功能研究［D］.南宁：广西师范学院，2017.

［251］朱鹏飞.基于InVEST模型的广西沿海地区土地利用/覆被变化的生态效应研究［D］.南宁：广西师范学院，2018.

［252］朱志强，马晓双，胡洪.基于耦合FLUS-InVEST模型的广州市生态系统碳储量时空演变与预测［J］.水土保持通报，2021，41（2）：222-229，239.

［253］WACKERNAGEL M, ONISTO L, BELLO P, et al. National Natural Capital Accounting with the Ecological Footprint Concept［J］. Ecological Economics, 1999, 29（3）: 375-390.

［254］谢高地，肖玉，甄霖，等.我国粮食生产的生态服务价值研究［J］.中国生态农业学报，2005，13（3）：10-13.

［255］杨光宗，吕凯，李峰.基于格网尺度的南昌市土地利用变化及生态系统服务价值时空相关性分析［J］.中国土地科学，2022，36（8）：121-130.

［256］谢高地，甄霖，鲁春霞，等.一个基于专家知识的生态系统服务价值化方法［J］.自然资源学报，2008，23（5）：911-919.

［257］陈慧敏，赵宇，付晓，等.西辽河上游生境质量时空演变特征与影响机制［J］.生态学报，2023，43（3）：948-961.

［258］石小伟，冯广京，苏培添，等.大都市郊区土地利用时空演变特征与生境质量评价［J］.农业工程学报，2021，37（4）：275-284.

［259］杨志鹏，王士君，田俊峰，等.东北三省县域开发强度与生境质量的空间关系研究［J］.地理与地理信息科学，2022，38（3）：83-90.